중도·중복장애
의사소통 이해와 지원

Nicola J. Maier-Michalitsch · Gerhard Grunick 편저

이숙정 · 민세리 · 정 은 · 채희태 공역

학지사

역자 서문

♦♦♦

　코로나 팬데믹 시대이다. 타자와의 대면을 피하라 하기에 더욱 사람과의 대면이 그립고 소통을 갈망한다. 소통이 단절되어 가는 시대에 우리는 코로나 블루를 염려한다. 줄어든 소통의 여파가 우리 삶의 물리적 변화를 넘어 정신과 영혼에까지 스며든다. 우리는 소통의 단절이 가져오는 답답함과 외로움을 1년도 채 못 버티겠건만, 하물며 평생 소통의 어려움과 단절 속에 살아가는 중도·중복장애인의 마음과 일상은 어떨지 새삼 생각이 거기까지 미친다.

　독일의 중도·중복장애 재단인 Leben pur에서 2003년부터 매년 학술대회를 개최한 후 다양한 분야 전문가들의 글을 책으로 출간하고 있는데, 지금까지 매년 중도·중복장애인의 놀이, 사회참여, 건강보건, 의사소통, 도전행동, 활동과 창의성, 노년, 죽음, 평생교육 등 삶의 다양한 핵심 주제를 다루어 왔다. 역자들은 이 중 2010년에 발간된 '중도·중복장애인의 의사소통 이해와 지원'이라는 주제를 국내 독자에게 소개하고자 한다.

　이 책은 중도·중복장애인의 의사소통 중 신체언어부터 보완대체의사소통, 특히 중복으로 시각장애를 지닌 중도장애 학생의 의사소통을 전자보조장치를 활용하여 지원하는 방법, 나아가 아직 국내에 자세히 소개되지 않은 중도·중복장애인의 촉독수화까지 매우 다양하고 광범위한 주제로 구성되어 있다. 이 책은 의사소통에 대한 철학이나 관념적 논의보다는 실질적 안내를 제공하는 내용에 비중을 두기에 국내 독자에게도 도움이 되리라 본다. 이 책에는 독일의 중도·중복장애 관련 학계의 학자와 전문가들이 현장에 실질적 조언을 제공하는 내용이 담겨 있다.

국내 특수교육계에는 의사소통에 어려움이 있는 이들을 지원하기 위한 책이 많지만, 정작 보완대체의사소통이 필요한 중도·중복장애인의 의사소통이 어떤 현상인지, 그들의 의사소통 현상을 교육적으로 어떻게 해석하고 접근해야 하는지, 나아가 대화상대자는 어떤 태도를 견지하고 이들을 어떻게 구체적으로 지원해야 하는지에 대한 서적은 매우 드문 현실이다.

이러한 점에서 이 책의 각 구절이 강조하는 중도·중복장애인과의 의사소통 중요성과 쌍방성은 국내 독자에게 중도·중복장애인을 바라보는 자신의 시각을 되돌아보게 하고, 그들과의 의사소통에 대한 기존의 관념을 비판적으로 바라보게 해 준다. 나아가 좀 더 집중해서 그들과의 의사소통 행동을 관찰하고 의미를 파악하여 지원방안을 구체화하는 데 도움을 주리라 확신한다.

이 책에서 중도·중복장애 아동을 둔 부모들이 소통의 어려움과 단절로 우울증을 느끼고, 심지어 삶을 포기하려는 생각까지 한다는 것을 읽으면서 소위 복지 선진국의 상황도 우리와 크게 다를 바 없으며, 특히 당사자와 그 가족에게 소통과 관계 맺기를 위한 전폭적 지원이 제공되어야 함을 새삼 느꼈다. 그럼에도 부모들은 자녀가 보내는 신호에 끊임없이 반응해 주고, 자녀 역시 미미하게나마 호응을 보일 때 부모들은 그렇게 기쁠 수가 없다고 한다. 절망 끝에서 희망을 부여잡는 힘. 그렇게 살아온 힘으로 앞으로 살아가는 기적을 이루는 것이리라.

중도·중복장애인과의 소통이 '불러도 대답 없는 메아리(Bodenheimer)'가 되지 않기 위해, 나아가 그들이 혼란스런 세계에 혼자 머물지 않고 세계로 나와 소통할 수 있도록 이 책에 눈길을 주신 독자들에게 특히 감사한 마음이다. 그들에게는 미세한 부름에도 세심하게 응답해 주는 대화상대방이 절실히 필요하다.

번역을 시작한 이후 마무리하기까지 1년이 훌쩍 넘는 시간이 걸렸다. 바쁜 여건에도 끝까지 손을 놓지 않고 작업을 마무리해 준 역자 모두에게 서로 감사의 마음을 전한다. 특히 같은 역자로서 독일에서 국내 동료들의 탈고까지 큰 도움을 준 베를린 Humboldt 대학교 특수교육학과 박사과정 민세리 선생에게 심심한 감사를 전한다.

마지막으로, 중도·중복장애인에 '대해서'가 아닌, 그들과 '함께' 연구하는 특수교육이 되길 기원하며(Nicht an den Menschen mit Komplexer Behinderung forschen sondern mit ihnen!) 국내의 중도·중복장애인들에게 이 책을 바친다.

2021년 3월
역자 일동

추천사

존경하는 독자 여러분, 'Leben pur'[1]는 이중적인 의미가 있습니다. 주변 사람의 도움과 배려가 절대적으로 필요한 중도장애인은 사실 우리에게 선물과 같은 존재입니다. 물론 이들과 직접적인 관련이 없는 사람들은 언뜻 이해하기 힘든 말이겠지요.

저는 이것을 한 장의 그림으로 설명하고자 합니다. 풀이 무성하고 드넓은 초원에 말 한 마리가 자유롭게 풀려 있습니다. 그런데 무슨 이유인지 매우 슬퍼 보입니다. 하필이면 풀이 잘 자라지 않는 자리에 서서 허무하게 풀을 찾고 있기 때문이지요. 왜 그럴까요? 사실 이 말은 조련장에서 트랙을 따라 달리기만 해 온 서커스 말입니다. 늘 똑같은 자리만 맴돌며 풀을 뜯다가 이제는 먹을 풀이 없는데도 자신의 자리를 벗어날 생각을 못하는 것이지요.

----
1) 직역하면, '삶 자체'-역자 주

우리가 위기에 대처하는 모습도 마찬가지입니다. 막막한 위기 상황에서 우리는 터널시야[2]를 갖고 오로지 문제와 결핍에만 집중하려는 경향이 있습니다. 더 이상 존재하지 않거나 조만간 사라질 대상에만 집중하는 것이지요. 이러한 모습은 모든 사람의 삶에 존재하며, 오늘날 우리 사회 집단이 경험하기도 하는 현상입니다. 그런데 해결책은 아주 단순할 수 있습니다.

"머리를 똑바로 세우고 풀이 자라는 곳을 보세요! 당신 삶의 긍정적인 면을 보세요!"

우리가 직면한 심각한 실존적 위기 속에 이 말이 의미하는 바는, 바로 우리가 여전히 살아 있음을 인식하는 일입니다. "나는 아직 살아 있다(Ich lebe noch)."를 다른 말로 Leben pur라고 번역할 수 있을 것입니다. 삶은 여전히 존재하고 지속된다는 것, 우리보다 거대한 존재 덕분에 우리가 존재한다는 것은 어떠한 위기 상황에서든 명백한 사실입니다. 필자의 책 제목이자 삶의 모토이기도 한 '단순하게 살아라(simplify your life)'의 핵심이 바로 이것입니다. 가진 것에 대해 감사하는 태도이지요. 아이러니하게도, 범사에 감사하는 마음은 심신이 편할 때보다는 정말 절박하고 위급한 상황, 존재를 위협받는 절체불명의 상황 속에서 더욱 분명하게 느낄 수 있는 법입니다.

Leben pur, 바로 이것이 제가 (중도)장애인과 가난하고 아픈 사람들, 심지어 삶의 끝자락에서 절망하는 사람들로부터 배우고 싶은 교훈입니다.

삶 자체를 배우기 위해서는 소통이 필요합니다. 그리고 바로 그 소통하는 방법을 이 책은 다루고 있습니다.

독자 여러분에게 신의 축복, 창조주의 축복이 있기를 빕니다.

축복은 우리의 노력이 아닌, 우리가 선물로 받은 무엇이, 우리 자신보다 거대한 그 무엇이 성장하는 것을 의미합니다.

목사 겸 카투니스트
Werner Tiki Küstenmacher

----
2) 눈앞의 상황에만 집중하느라 주변에 일어나는 현상을 제대로 파악하지 못하는 현상-역자 주

9

편저자 서문

♦♦♦

  인간의 기본 욕구인 의사소통은 우리 일상에 깊숙이 파고든다. 의사소통
을 통해 우리는 정보를 주고받고 지식을 습득하며 욕구를 전달한다. 단순한
의미에서 의사소통은 타인과 이야기를 나누며 생각을 공유하는 즐거움을 제
공하기도 한다. 이 책에서 Andreas Fröhlich가 라틴어 'communicare'의 유
래를 설명하듯, 우리는 의사표현을 하는 가운데 우리를 둘러싼 환경의 일부
가 된다.

  우리가 의사표현을 하고 상대방이 우리를 이해하는 과정은 생존에도 필요
한 일이다. 가령, 우리는 어디가 아프면 이를 말로 표현하고, 상대방 역시 내
가 어디가 불편한지 알아챈다. 그러나 중도·중복장애인은 스스로 의사표현
을 하기 힘들고, 상대방 역시 중도·중복장애인의 의사표현을 이해하는 데 어
려움이 많다. 중도·중복장애인은 대부분(신체 경직이 심한 정도가 아니라면)
단순한 소리와 표정, 몸짓과 같은 비음성 언어에 의존한다. 간혹 혈압이나
맥박 같은 생체징후(vital sign)를 통하여 중도·중복장애인의 컨디션을 부분적
으로나마 짐작할 수도 있다.

  Leben pur 재단이 설립한 학술센터는 2009년 중도·중복장애인의 일상에
중요한 의미를 갖는 주제로 '의사소통'을 선정하였다. 우리는 지난 몇 년간
Leben Pur 책 시리즈 형태로 '식이와 영양'(1권)과 '수면'(2권) 그리고 '통증'(3
권)을 주제로 다루었고, 이번에는 '중도·중복장애인의 의사소통'이란 주제를
다양한 분야의 전문가들과 함께 다각도에서 조명하고자 한다.

  이 책은 기초적인 신체언어부터 보완대체의사소통 분야의 전자보조장치
를 활용한 의사표현 방식까지 매우 다채로운 주제로 구성되어 있다. 그중에

는 통상적으로 사용되는 어휘구성 체계를 비판적으로 분석하는 글이 있는가 하면, 중도·중복장애를 가진 영아나 시각장애인의 의사소통 혹은 시청각중 복장애인을 위한 촉독수화와 같이 특별하고도 세분화된 주제를 다루는 글도 있다. 음악을 듣고 느끼는 과정을 통해 의사소통을 시작하는 방법, 사회적 관계망을 활용하여 의사소통을 지원하는 방식도 다룬다. 또한 일상 속 의사 소통을 고찰하는 글도 있다. 이전의 시리즈와 마찬가지로, 이 책에서도 생생 한 현장 이야기가 빠질 수 없다. 그 예로 무선 인터넷망이 구축된 시설에 거 주하는 중도·중복장애 성인이 동창이나 옛 친구들과 영상통화를 하는 프로 젝트가 소개된다. 또한 음성출력장치를 적극 활용하여 의사표현을 하는 젊 은이가 현재 어떻게 소통하는지, 과거 의사소통 보조장치가 없었을 때의 삶 은 어떠했는지에 대해 서술하는 글도 있다.

이 책에 실린 글들은 2009년 Leben pur가 주최한 학술회의 강연 결과물이 다. 이 자리를 빌려 이 책의 출판을 위해 기꺼이 강연록을 제공해 준 저자들 에게 진심으로 감사한다.

마지막으로 Andreas Fröhlich의 말을 인용하고자 한다.

> "상대방(중도·중복장애인)이 의사표현을 못하는 것은 문제가 아니며, 우리는
> 상대방을 이해하기 위해 '낯선 언어'를 배울 줄도 알아야 한다."

이 책이 많은 독자에게 유익한 배움의 시간이 되기를 바란다.

2009년 12월 뮌헨
Gerhard Grunick
Dr. Nicola J. Maier-Michalitsch

차례

□ 역자 서문 _ 3
□ 추천사 _ 7
□ 편저자 서문 _ 9

제1부 의사소통: 주제에 대한 소개

제1장 Communico, 유대를 형성하다 …… 19

1. 의사소통 장해가 장애의 본질이다 _ 20

2. 의사소통장애는 소통에 참여한 모든 사람과 관련된다 _ 21

3. 의도된 의사소통은 유대 형성을 목표로 한다 _ 22

4. 오래된 논쟁 _ 23

5. 발화 능력이 곧 의사소통 능력은 아니다 _ 24

제2장 복합장애 아동의 언어지원에 대한 새로운 관점 ······ 35

1. AAC: 속설인가, 연구의 실제인가 _ 36
2. 의사소통 발달촉진에서 핵심어휘와 부수어휘의 중요성 _ 38
3. 전망 _ 48

제2부 신체언어적 의사소통

제3장 중도·중복장애인의 신체언어적 의사소통 ······ 55

1. 서론 _ 55
2. 중도·중복장애인의 신체언어 _ 56
3. 중도·중복장애인 보호자가 처한 상황 _ 59
4. 이해한다는 것은 응답하는 것이다 _ 61
5. 신체언어의 단점 및 한계 _ 63
6. 신체언어적 표현 지원방법 _ 64
7. 결론 _ 69

제4장 중도·중복장애인의 의사소통 가능성 ······ 73

1. 서론 _ 73
2. Fröhlich의 신체적 대화 _ 75
3. Mall의 기초적 의사소통 _ 85
4. Praschak의 근 긴장 대화 _ 91
5. '의사소통은 곧 교육이다' _ 94
6. 교육적 시사점 _ 97
7. 결론 _ 99

제3부 일상적 의사소통

 제5장 **사회적 관계망** ······ **107**

1. 사회적 관계망의 중요성 _ 108

2. AAC 사용자의 다양성 _ 108

3. 대화파트너 _ 109

4. 중재 계획 _ 112

5. 사회적 관계망의 이론적 근거 _ 115

6. 요약 _ 119

 제6장 **중도·중복장애인과의 일상적 의사소통** ······ **123**

1. 의사소통의 기능 및 의미 _ 123

2. 관계 형성과정의 의사소통 연구방법 _ 125

3. 주요 연구결과 _ 127

4. 현장 실천 과제 _ 135

5. 중도장애인과의 의사소통 활동 지원 _ 136

제4부 중도·중복장애인과의 보완대체의사소통

 제7장 **"저도 머릿속엔 표현하고 싶은 게 있어요"** ······ **145**

1. 시각장애 아동의 의사소통 및 언어 발달 _ 146

2. 시각중복장애 아동의 의사소통 및 AAC 지원 _ 151

3. 일상에서의 참여와 실천 _ 158

제8장 **'나에 대한 책'** ⋯⋯ **161**

1. 서론 _ 161
2. Exkurs: AAC 지원에 내재한 인간상 및 태도 _ 162
3. 속성 부여에 관한 사회심리학 연구 _ 166
4. '나에 대한 책'이란 _ 170

제5부 세분화된 주제

제9장 **중도·중복장애 영아와 의사소통하기** ⋯⋯ **195**

1. 기본적 고찰 _ 195
2. 의사소통: 말을 걸어도 될까 _ 197
3. 의사소통: 나는 다른 방식으로 체험해요 _ 200
4. 의사소통: 내 앞의 난관을 극복해요 _ 201
5. 의사소통: 조기중재의 결정적 요소 _ 203
6. 의사소통: 조기중재에서 아동과 만나기 _ 204
7. 의사소통: 아동의 언어를 함께 발견하기 _ 206
8. 의사소통: 아동의 보호자는 부모이다 _ 206

제10장 **촉독수화** ⋯⋯ **211**

1. 서론 _ 211
2. 촉독수화 유형 _ 215
3. 촉독수화의 유형별 장단점 _ 217

제11장 인공호흡기 사용 아동·청소년의 의사소통과 자기결정 및 참여 … 225

1. 인공호흡기 사용 아동·청소년의 실태 _ 225
2. 생명유지장치인 인공호흡기 _ 227
3. 아동의 성장터(가 아닌) 집중치료실 _ 229
4. A-S-H 콘셉트 _ 230
5. AAC의 조기 활용 _ 239
6. 인공호흡기 아동 대상 언어치료의 질 관리 _ 243
7. A-S-H에서 의사소통하고 생활하기 _ 244

제12장 음악으로 접촉하기 …… 257

1. 서론 _ 257
2. 음악치료의 기초 _ 258
3. 장애인과 함께하는 음악 _ 259
4. 개인치료에서의 음악적 만남 _ 260
5. 집단치료에서의 음악적 의사소통 _ 263
6. 소리와 음악을 느끼며 소통하기 _ 267
7. 몸으로 느끼는 악기 _ 269
8. 결론 _ 275

제13장 보조장비 제공에 관한 사회보장법 …… 279

1. 서론 _ 279
2. 보완대체의사소통이 필요한 대상 _ 280
3. 국제 기능, 장애 및 건강 분류에 근거한 자원과 장애 _ 281
4. 의사소통장애 극복전략 _ 283
5. 급부 관련 법적 근거 _ 284
6. 장애인의 재활 및 참여 _ 286

제6부 당사자들의 경험담

 "당신과 말하는 방식이 다를 뿐이에요" ······ 293

 친구와 연락해요 ······ 303

1. 도움의 손길 협회 _ 303
2. 프로젝트 아이디어: 기업과 연구소 협업을 통한 혁신 네트워크 _ 304
3. 우리의 기본 입장과 출발점 _ 305
4. 장비 갖추기 _ 308
5. 유튜브를 통한 첫 시도 _ 309
6. 스카이프를 통한 첫 시도 _ 310
7. 발화가 가능한 대화상대방, 중재자, 지원자의 역할 _ 313
8. 프로젝트를 마치며 _ 315
9. 전망 _ 316

□ 찾아보기 / 318

제1부

의사소통: 주제에 대한 소개

제1장   Communico, 유대를 형성하다

제2장   복합장애 아동의 언어지원에 대한 새로운 관점

Communico, 유대를 형성하다

Prof. Dr. Andreas Fröhlich (안드레아스 프뢸리히)

라틴어 'communico'를 단순히 '나는 의사소통한다(ich kommuniziere)'로 번역할 경우, 단어의 본래 의미가 왜곡될 수 있다. 왜냐하면 라틴어 동사 'communicare'는 '참여시키다' '유대를 형성하다' '함께 나누어 가지다'를 의미하기 때문이다.

오늘날 우리가 '의사소통하다(kommunizieren)'라는 단어와 연결 짓는 여러 의미 요소는 최근 몇 세기를 거치면서 정착한 것이다. 따라서 '의사소통'을 '대화'나 '일정한 내용을 다른 사람에게 알리는 것' 정도로만 이해한다면 단어의 의미가 협소해질 위험이 있다. 이 장에서는 '유대를 형성한다(Gemeinsamkeit herstellen)'는 '의사소통'의 본래 의미에 충실하고자 한다. 유대를 형성함에 있어서 언어(language)가 매우 중요한 요소임은 자명하다. 그러나 언어만이 '유대를 형성하기', 즉 의사소통을 위한 유일한 기본 토대는 아니다. 오히려 누군가와 함께 어떤 일을 하고, 공동의 목표와 생각, 욕구와 (비)선호 등의 요소를 인식하는 것이야말로 '의사소통'의 토대가 된다. 이 모든 요소를 언어로 명명하거나 표현하는 것은 그 다음 단계로서, 이 역시 인간의 공동생활에 매우 중요하다.

인류의 진화와 문화의 발달을 거치며 인간은 언어를 통해 욕망과 반감, 선호, 열망, 생각, 이상 그리고 갈등까지도 표현할 수 있게 되었다. 언어는 나름의 방식으로 현실을 묘사하고, 생각과 감정을 명명하여 식별하도록 하기 때문에 유대 형성에 매우 용이하다.

그러나 글이나 말로 표현하지 못하거나, 서로 다른 또는 분화되지 않은 기호체계를 사용하는 사람들은 직접적인 이해 수단이 없으므로 차별을 받기 쉽다.

특히 의사소통에 심각한 어려움을 겪는 중도·중복장애인은 상호 이해를 위한 공동의 소통방식을 찾기가 힘들다. 따라서 중도·중복장애인과 의사소통 파트너는 공동의 이해 수단이 없기에 '빈손'으로 마주하게 되고, 결국 이러한 상황에서 유대를 형성하기가 어려울 수밖에 없다.

이 책에 실린 모든 글은 이러한 문제를 고찰하며 실질적인 해법을 모색하는 데 의의가 있다.

1. 의사소통 장해가 장애의 본질이다

신체 변화와 감각 기능의 제한, 나아가 이동성 감소 및 악화는 인간의 삶에 심각한 부담과 어려움을 야기한다. 그러나 그보다 더 근본적인 어려움은 이러한 제한으로 인해 타인과의 사회적 접촉이나 의사소통, 나아가 타인과 유대를 형성할 가능성이 보이지 않는다는 데 있다. 거듭 강조하지만, 바로 이것이 장애인의 고립을 초래하고, 궁극적으로 장애인을 우리 사회에서 격리하는 결과를 유발한다.

중도·중복장애 아동의 부모들이 늘 호소하는 부분(Fröhlich, 1986)은 자녀의 양육이나 보호, 외형상의 문제나 수행능력 결함 등이 아니라, 자녀의 의사를 이해할 수 없고 자신의 의사를 자녀에게 이해시킬 수 없는 어려움, 즉 의사소통의 어려움이다.

나의 제자 중 통합교육 프로젝트를 수행하는 박사과정생은 통합에서 '가장 불리한 카드'를 쥐고 있는 사람은 의사소통 능력이 심하게 제한된 아동이라는 사실을 발견하였다. 또래 아동들은 의사소통장애를 가진 아동에게 쉽게 등을 돌리기에 서로 제대로 된 관계를 형성하지 못하는 것이다.

의사소통은 사람과 사람 사이에서 이루어지기에, 의사소통장애는 의사소통 참가자들, 즉 장애인과 비장애인 모두를 방해하는 요소로 이해해야 한다. 의사소통에 장애가 있거나 심지어 의사소통이 전혀 불가능한 경우, 이는 어느 한 사람의 문제일 수만은 없다. 두 사람 또는 여러 사람 간의 의사소통의 실패는 상호적으로 영향을 주고받는 것이다.

2. 의사소통장애는 소통에 참여한 모든 사람과 관련된다

다른 학문 분야와 마찬가지로, 우리 학문 분야에도 다양하게 해석 가능한 개념이 몇 가지 있다. 반복되는 질문 중 하나는, 사람이 '자체적으로 행하는 모든 것'이 과연 의사소통에 해당하는가이다. 가령, (헛)기침하기, 다리 움직이기, 귓등 긁기, 또는 길고 차별화된 문장으로 말하기 등 이 모든 행위가 똑같이 의사소통에 해당하는가이다. 저명한 심리치료사이자 의사소통 연구자인 Paul Watzlawick는 "우리는 의사소통을 하지 않을 수 없다."라는 말로 유명하다. Watzlawick는 인간의 모든 행동은 의사소통이자 의사소통적 작용이라고 본다. 그리고 인간의 행위와 상호작용, 의사소통은 서로 결합되어 있다고 주장한다. 그런가 하면 다른 연구자들은 진정한 의사소통이란 '의도된(intentional) 의사소통'이라고 주장한다. 즉, 특정 행위나 행동, 움직임 또는 표현을 잠시 멈추거나 삼가는 것 등이 의사소통이 되기 위해서는 반드시 특정 의도나 목적을 내포해야 한다는 말이다.

보완대체의사소통(Unterstützten Kommunikation)에서는 '의도적 의사소통' 개념이 널리 확산되어 중시되는 반면, 넓은 의미에서의 기초적 의사소통(Basale Kommunikation)은 인간의 모든 행위를 의사소통으로 간주한다. 호흡이나 근 긴장도, 체온, 피부의 습도 등과 같은 생체징후도 의사소통 파트너가 감지하여 공유된다면 이 역시 의사소통이라고 본다. 이러한 생체징후(vital sign)를 수용하고 활용하는 또 다른 의사소통 방식으로 신체적 대화(Somatischer Dialog)가 있는데, 신체적 대화에서는 중도·중복장애인에게 상대방이 '공감(empathy)'하고 있음을 전달하고, 자신 말고도 타인의 존재가 있으며 그 타인이 자신의 심신상태를 수용하고 반영하여 대화를 이끌어 내고자 한다는 것을 전달하는 데 의의가 있다.

3. 의도된 의사소통은 유대 형성을 목표로 한다

이 책에 실린 글을 읽다 보면 중도·중복장애인의 특성이 매우 다양하다는 사실을 알게 된다. 중도지체장애와 의사표현에 심각한 제약이 있는 가운데 인지발달 정도가 개인별로 상이한 사람들이 있는가 하면, 의사소통 파트너를 인식하는지조차 확인하기 힘든 사람들도 있다.

지난 몇 십 년 동안 중도·중복장애인의 특성은 뚜렷하게 변화하였다. 생명을 구하고 유지하는 의학적 중재의 발달로 예전 같으면 상상하지 못할 비관적인 상황에서도 중도·중복장애인의 삶은 이어지고 있다. 인공호흡기에 의존하여 연명하는 사람, 위장관 삽관을 통해 음식을 공급받는 사람, 전적으로 타인의 지원에 의존하는 사람, 시한부 삶을 사는 사람 등 매우 다양하다. 이러한 의학적·치료적 가능성은 아동에게도 적용된다. 조산아나 유전적 질병을 앓는 아동, 사고를 당한 아동, 익사 직전에 살아난 아동 등 다양한 유형의 아동이 생명을 유지할 수 있게 되었다.

그러나 우리는 중도·중복장애인의 심리적·정서적 상황에 대해서는 거의 알지 못한다. 어떤 사람은 만족스러워 보이는 반면, 다른 사람은 고통받거나 자해하고, 무감각 또는 무관심해 보이기도 한다. 우리는 중도·중복장애인이 무엇에 대해 만족하고 행복감을 느끼는지, 반대로 그들의 삶을 절망적으로 만드는 게 무엇인지 거의 알지 못한다.

의사소통인가? 그들과의 '유대 형성' 성공인가? 아니면 '유대 형성' 실패인가?

추측하건대, 그들을 행복하게 하는 것이 단지 의사소통만이라고는 할 수 없다. 그러나 부모나 가족, 간병인, 교육자, 치료 전문가들은 중도·중복장애인과 접촉하여 이들에게 보다 나은 도움과 지원을 제공하고 어떠한 소통 수준에서든 상호 이해가 가능하길 바라는 마음이 간절하다.

4. 오래된 논쟁

　(중도·중복장애인에게) 표면적으로는 존재하지 않는 듯한 의사소통 능력에 관한 논쟁은 새로운 게 아니다. 일부 소수 연구자는 이미 수년 전부터 이 주제를 심도 있게 연구해 왔다. 필자가 1973년 3월 '구어장애와 실어증이 있는 뇌성마비 아동들의 수업에 활용한 비구어적 의사소통도구'라는 제목의 첫 연구를 마쳤을 때, 언어치료사 Paul Goldschmidt는 이미 오래전에 획기적인 연구를 수행하였고, Ursula Haupt는 발화능력이 없는 지체장애아동에 대한 연구를 수년간 지속하고 있었다(Haupt, 1971). 그리고 Mary Crickmay의 문헌들은 중증장애 아동의 초기 의사소통에 대한 연구에 영향을 미쳤으며, Helene Saal은 실어증 아동들을 위한 수업을 진행하고 있었다. Jean Claude Gabus는 그의 첫 번째 언어컴퓨터인 Hektor를 연구하였고, 화학자 Charles Bliss는 '블리스 상징'이라는, 의사소통 문제 해결에 기여하는 새로운 유형의 서체를 개발하였다. 무엇보다 Otl Aicher가 1972년 뮌헨 올림픽을 위해 완전히 새로운 오리엔테이션 시스템인 픽토그램[1]을 개발하여 전 세계에 제시함으로써, 언어라는 수단을 넘어 이미지로 서로 소통할 수 있는 시스템을 만들었다는 점을 잊어서는 안 될 것이다. 이들 덕분에 새로운 방식의 의사소통을 위한 보편적인 기반이 마련된 셈이다.

　Agnes Wettstein, Ursi Kristen 그리고 Franziska Schäffer는 의사소통의 개념과 의사소통 매체, 특히 교육 및 치료 분야에서 의사소통의 내용을 획기적

----

1) 그림문자, 상징 디자인-역자 주

으로 확대하기 위해 많은 이와 협력하며 연구하였다.

5. 발화 능력이 곧 의사소통 능력은 아니다

1) 인간의 얼굴

지금부터는 중도·중복장애인을 위한 의사소통 연구라는 맥락에서 특히 생체징후와 주요 표현동작에 대하여 알아보겠다. 특히 의도적 의사소통의 체계화와 관련하여 최근 몇 년간 국제보완대체의사소통학회(International Society for Augmentative and Alternative Communication: ISAAC) 및 보완대체 의사소통(AAC)에 관심을 기울여 온 사람들의 활동 성과를 소개하고자 한다.

의사소통에서 인간의 얼굴이 중요하다는 사실은 의심의 여지가 없다. 일반적으로 우리는 상대방의 얼굴에서 우리의 표현에 대한 반응을 보고 그 반응을 수용하여 표현을 발전시켜 나간다. 이때 시각은 핵심적인 역할을 하며, 청각은 물론 우리가 흔히 의식하지 못하는 기타 의사소통 경로 역시 중요하다(Fröhlich & Simon, 2004).

인간의 얼굴은 세 가지 측면에서 특별한 의미가 있다. Irenäus Eibl-Eibesfeldt에 따르면, 사람을 만날 때 순간적으로 눈썹을 치켜올리는 행위가 중요한데(Eibl-Eibesfeldt, 1967: 579 ff.), 이는 무의식적으로 주고받는 신호로서 서로를 향한 친근함과 열린 마음을 드러내는 표현이다. 반대로 눈썹을 올리는 행위 없이 접근할 경우, 이는 상대방에게 적대적 또는 공격적으로 느껴질 수 있다. 중도의 구어장애(Anathrie)와 대뇌운동장애(cerebraler Dyskinesie)가 있는 아동들의 경우 눈썹을 올리는 행위가 나타나지 않는데, 아마도 중추 운동장애가 원인으로 추정된다. 이처럼 무정위 강직성 운동장애를 가진 사람에게 다가가거나 의사소통을 시도할 때, 우리는 어떤 의도로 다가가야 할지 몰라 상대방에게 접근하기가 힘들 수 있다. 이러한 어려움은 다시금 불안을 야기하고 양가감정을 일으킬 수 있는데, 한편으로는 만남을 피하고 싶은 마음과 동시에 다른 한편으로는 만남을 유지해야 한다는 의무감이 작용할 수 있다. 이러한 긴장은 의사소통적 공감 형성에 저해가 된다.

　40년 이상 표정언어를 연구한 Paul Elman은 사람의 표정도 그에 해당하는 기분을 조성한다고 강조한다. 흐뭇하게 미소를 지으면 상대방뿐만 아니라 본인도 좋아진다는 것이다. 우리는 마비나 경련, 무정위 운동(Athetose), 기타 운동장애 등이 있는 사람의 표정이 그의 기분을 어떻게 나타내는지 거의 알지 못한다. 겉으로 보기에 오히려 이들은 감정기복이 심한 것 같은 인상을 주는데, 이것은 이들이 겪는 심한 근 긴장 변화와 관련이 있어 보인다.

　Ulrich Sachsse는 사랑하는 사람의 애정 어린 얼굴보다 더 강한 동기부여는 없다고 언급한다. 사랑하는 사람의 지긋한 응시는 우리가 경험할 수 있는 가장 강한 확신이다. 아기가 어머니나 자신을 매우 아끼는 사람의 시선을 듬뿍 받으며 환하게 미소 짓는 모습만 떠올려 봐도, 우리는 이러한 사실을 잘 알 수 있다(Spitzer, 2003: 184 ff.).

　중중장애 아동의 경우 실제로 이러한 '긍정적인 강화'를 충분히 받고 있는지 한번 고민해 볼 필요가 있다. 우리는 소위 '기형아', 끊임없이 몸을 비트는 아기, 또는 뻣뻣하게 굳은 아기를 바라보며 항상 밝게 미소 지을 수 있는가? 반대로, 이 아기는 그 보호자에게 앞서 서술한, 애정 어린 미소를 짓도록 동기를 부여하는가? 우리는 이 부분에서 많은 한계와 어려움이 있음을 받아들일 수밖에 없다(Fröhlich & Simon, 2004).

2) 몸짓, 제스처의 의미

　최근 Susan Goldin-Meadow가 (비장애) 아동들을 대상으로 한 연구에 따르면, 아동의 몸짓, 제스처가 다양할수록 다양하고 차별화된 언어 발달에 긍정적인 영향을 미친다. 반대로 제스처가 부족할수록 구어가 빈약해지거나 언어가 미분화될 가능성이 매우 크다. 따라서 제스처는 발화언어의 준비단계이고 언어 발달의 지표라 할 수 있다. 이러한 관점에서 우리는 운동장애가 언어 발달에 미치는 영향에 대해 생각해 볼 필요가 있다. 과연 운동능력의 제한으로 다양하고 세분화된 제스처를 표현하지 못하는 것이 필연적으로 언어영역의 제한으로 이어지는가? 유감이지만 이에 대해 우리는 아직 자세히 알지 못한다. Ursula Haupt는 중증지체장애아동의 눈 움직임이 신체 움직임을 대신할 수 있다고 거듭 지적한다. 눈 움직임이 활발하고 세분화된 중증장애아동은 눈을 통해 의사소통하고 세계를 분석하고 상호 관련성을 인식함으로써 비장애아동이 직접적인 경험을 통해서 얻게 되는 지식의 일부를 보완한다는 것이다. 그러나 많은 중도·중복장애 아동이 그렇듯 시야 조절을 위한 눈 움직임이 거의 불가능하다면, 즉 (안구진탕증 등의 원인으로) 불수의적으로 눈이 계속 돌아가고, 더불어 시력이 급격히 감소한다면 어떻게 해야 할 것인가?

3) 공동주의집중을 위한 삼각관계망

삼각관계망(triangulation)은 아동이 움직임과 시선을 통해 상대방이 자신의 관심사에 집중하도록 만드는 능력이다. 아동은 성인에게 제3의 대상을 가리키면서 삼각형, 즉 아동과 성인과 사물 또는 사건의 삼각형 관계를 형성한다. 따라서 삼각관계망은 아동이 의사소통을 시작하면서 관계 삼각형을 만드는 것으로, 여기서 의사소통은 앞서 언급했던 원래 의미로서의 의사소통, 즉 유대 형성을 뜻한다. 두 사람을 연결하는 대상은 관찰한 사건이나 사물이며, 이때 성인은 아동에게 서서히 접근하고 조심스레 접촉하거나 또는 아동의 손에 물건을 쥐어 줌으로써 물건의 또 다른 특징을 경험하도록 이끌어야 한다.

삼각관계망은 AAC 지원에서도 매우 중요하다. 왜냐하면 아동이 조금이라도 사람과 사물을 연결짓고 관계를 형성할 수 있어야 AAC 지원이 효과를 나타낼 수 있기 때문이다.

소위 신체적 의사소통은 상대방의 생체징후를 정확하게 살피고 반응하는 것이 핵심이다. 예를 들어, 아동의 전신에 긴장감이 느껴질 때, 아동을 팔로 강하게 감싸안아 아동이 발부터 어깨에 이르기까지 반대 압력을 느끼게 해

표 1-1 개별적 의사소통으로서의 생체징후

기본활동	의사소통 신호
호흡	리듬 변화 심호흡 크기 변화 호흡 중단 하품-한숨-기침-헛기침
근 긴장	이마 주름 잡힘 또는 펴짐 입술 긴장 또는 이완 입 벌리기 콧구멍(비문)의 긴장이나 움직임 어깨를 들어 올리거나 내림 목 근육 변화 복부 긴장 또는 이완 손과 사지 긴장 또는 이완 경직 상태의 변화
움직임	손을 펴거나 발을 움직임 안구 움직임 눈꺼풀 경련 눈썹 올림 삼키기 미소 짓기
분비	긴장 완화 시 타액 증가 장내 진수음(위와 장에서 소리) 땀 분비 변화(두려움이나 스트레스)

표 1-2 의학적 측정 조건

혈액 변화	심박 변화 혈압 변화 말초 혈액순환 변화

주는 방법으로 반응할 수 있다. 이때 너무 강하게 붙잡지 말고, 아동이 자신의 방식대로 느끼도록 하며, 성인은 아동의 증가된 근 긴장에 주목하여 반응

해야 한다. 호흡이 가빠질 때에는 먼저 차분하고 조심스럽게 배 위에 손을 얹어 주면 조금 안정될 수 있다. 배 위에 얹은 어른의 손이 아동에게 보내는 신호는 다음과 같다. "너는 지금 긴장해 있구나. 지금부터 내가 너와 동행을 하면서 긴장을 풀 수 있게 도와줄게."

여기서 말로 동행할지 아니면 말없이 침묵으로 동행할지는 상황과 개인의 특성에 따라 달라진다.

Winfried Mall은 '기초적 의사소통(Basale Kommunikation)'에서 주로 호흡 활동을 다루고 있지만 근 긴장과 그 외 생체징후도 중시한다. 특히 의식이 제한된 사람과의 상호작용에서는 이러한 생체징후나 직접적인 신체접촉을 통한 의사소통은 필수불가결하며, 이는 간호 분야의 표준 사항이기도 하다. 심지어 혼수상태에 있는 코마 환자의 경우도 기초적 의사소통을 통해 효과를 경험할 수 있다. 이러한 의사소통은 어쩌면 장애인 당사자의 입장에서는 '전(pre-) 의도적 의사소통'일 수 있다. 그러나 이러한 '전 의도적 의사소통'도 수용될 수 있고 응답 가능한 의사소통 형태이다. 그리고 이러한 방식의 소통에서도 당사자가 상대방의 응답을 경험할 때 비로소 그 의도라는 것이 형성될 수 있는 것이다.

4) 아직은 내가 (스스로) 답할 수 없는 질문들

지난 수년 동안 의사소통의 이론과 실제에 대한 연구가 진행되는 가운데 끊임없이 새로운 질문들이 제기되고 있다. 아직 해답을 찾지 못하는 이러한 질문들은 학자들에게는 흥미롭겠지만, 정작 현장 실무자들은 일상에서 효과적으로 적용할 수 있는 해답이 절실히 필요하다. 여기에서는 아직 해결되지 않은 문제나 설명할 수 없는 현상 중 일부를 논의해 보겠다.

(1) 비밀 협상
더글라스, 올리버 그리고 마리오는 중증의 운동성 장애가 있는 10세 소년들이었다. 이들은 모두 실어증을 보였고, 구어 표현이 불가능했다. 관찰 당시에는 컴퓨터나 손을 대신할 포인팅보드(Zeigetafel)도 없었고, 수화나 다른 대체의사소통 수단도 없었다. 그러나 소년들은 눈으로 보고 눈을 움직이며 말을 확실히 이해할 수 있었다. 가끔씩은 서로 다투고 화내며 타협점을 찾지 못하곤 하였다. 특히 원하는 활동을 함께 의논해야 하는 상황에서는 의견 일치가 힘들었다. 한 사람이 어떤 제안을 하면 나머지가 거부한다거나 한 사람이 동의하더라도 나머지는 투덜대곤 하였다. 그럴 때마다 나는 아이들에게 말하였다. "조금 있다 쉬는 시간에 생각을 해 보렴. 나는 지금 너희와 논쟁하고 싶지 않아. 쉬는 시간이 끝나면 너희가 원하는 것을 말해 주렴." 쉬는 시간에 세 소년은 커다란 매트 위에 함께 누워 휴식을 취하곤 했는데, 특이하게도 휴식이 끝나면 이견 없이 함께 배우고 놀며, 앞서 다투었던 문제를 자연스럽게 해결하였다. 나는 아이들이 어떤 식으로 서로 타협하게 되었는지는 알지 못한다. 그러나 분명한 점은 세 소년이 서로 협력하여 문제를 해결하는 모습까지 보였다는 것이다.

(2) 다중 언어

처음에 도나를 보고 알게 된 점은 지적장애가 있는 미국인 소녀이고 영어권에서 성장했으며 부모가 미국인이라는 것이었다. 그런데 언제부터 도나는 독일어 욕설을 뚜렷하게 발음하기 시작하였다. 나중에 알게 된 사실이지만, 중도·중복장애와 지적장애 아동도 기본적으로 여러 언어를 이해하고 언어 사이의 차이를 분별할 수 있었다. 또한 이들이 특정 장소(예, 가정)에서 사용하는 언어와 그 외 장소(예, 학교)에서 사용하는 언어에서 차이가 났다 (Fröhlich, 2006).

안드레아는 울면서 소리 지를 때마다 프랑스어를 들려주면 곧 진정하고 즐거워했다. 그러나 독일어로는 아이를 진정시키거나 관심을 돌릴 수 없었다. 안드레아의 가족 중 불어를 사용하는 사람은 아무도 없는데도 말이다.

생후 4개월에서 6개월 사이의 신생아는 입술의 움직임만으로도 영어와 프랑스어를 구별할 수 있다. 물론 그들은 무엇이 영어이고 프랑스어인지 모르지만 언어의 차이는 알아차린다. 2개 국어로 성장하는 아동들만이 그렇게 할 수 있다. 여기서 생기는 의문은, 중도·중복장애가 있는 아동이 어떻게 서로 다른 언어들의 차이를 인식하는지, 그리고 어떠한 차이를 인식하는가 이다.

(3) 언어 이해

몇 년 동안 내게 풀리지 않는 의문은 Françoise Dolto와 Caroline Eliacheff가 다루었던 영아의 언어 이해 문제이다. 독일어로 번역되기도 한 Caroline Eliacheff의 저서 『고양이가 되고 싶은 아이』에 소개되는 예들을 보면 영아도 성인의 언어를 이해하고 처리할 수 있는 것처럼 보인다. 우리가 흔히 베이비 토크(Babytalk)에 커다란 의미를 두는 것과는 달리 이 책에서는 전혀 다른 부분을 강조한다. 즉, 아동과 직접 관련이 있는 사실이나 문제에 대하여 (아기식 말투가 아닌) 성인의 말투로 진지하게 설명하는 것이 아동에게 더 '효과적인' 듯하다. 최근 Marie-Claire Busnel과 Thierry Volff(2005)의 연구는 태아와 진지한 대화를 한 임산부의 경우 태아에게 더욱 특별한 관심과 주의를 기울인다는 사실을 증명하였다. 이런 태아들의 행동은 기존의 베이비 토크로 언어 자극을 받은 태아들과는 분명한 차이가 났는데, 특히 심장박동과 성장 변화, 기타 태아 움직임 등에서 명확한 차이를 보였다.

이러한 관찰은 일반적인 언어이해 발달에 대한 기존의 설명과는 일치하지 않는다. 나는 어려운 상황에 처한 영아들, 즉 조산이나 심각한 장애를 가지고 태어난 아기들과 이런 방식으로 다양하게 대화를 해 본 적이 있다.

중도·중복장애가 있는 15세 소녀 엘리안과 단 한 차례 만나 집중적으로 시간을 보낸 적이 있다. 엘리안을 보호하는 담당자는, 엘리안이 자신이 즐기는 시간이 끝나면 오랫동안 날카로운 비명을 지를 거라고 내게 주의를 주었다. 그래서 나는 엘리안과 함께 한 즐거움이 수포로 돌아가지 않도록, 지금까지 함께 한 아이들과의 경험을 되새기며 말했다. "엘리안, 우린 지금 멋진 일을 함께 해냈어. 나는 너를 알게 되었고, 너는 나를 알게 되었지. 우리는 서로 잘 이해했어. 이제 나는 가야 할 시간이야. 어쩌면 우린 다시 볼 수 없을지도 몰라. 그래도 괜찮아. 우리 만남을 기억 속에 담아 두었으니까. 인간은 때로 하늘의 별과 같아. 서로 만나면 두 배로 밝아졌다가 다시 각자 자신의 길을 가곤 하지. 그게 인생이야. 그러니 슬퍼할 필요 없어. 우리가 만나 알게 된 것을 기뻐하면 되는 거야."

이 말을 들은 엘리안은 비명은 커녕 불평 한마디 없이 휠체어를 타고 자신의 그룹으로 되돌아갔다.

나는 엘리안과 함께 한 시간 동안 엘리안이 내 말을 이해한다는 인상은 받지 못했다. 엘리안의 담당자는, 엘리안이 기껏해야 상대방의 단호한 "아니요(Nein)"와 기분 좋은 "예(Ja)"만 파악할 수 있을 거라고 했다. 과연 엘리안은 내가 작별인사를 하며 건넨 진지하고 진솔한 성인의 언어를 이해하고 수용한 것일까? 그것은 아직도 내게 의문으로 남아 있다.

(4) 공동의 침묵

마지막 질문은 '침묵'이다. 우리가 대화나 언어에 대해 얘기하려면, 여기에 침묵도 포함시켜야 하지 않을까 한다. 서로 침묵할 수 있다는 것은 위대한 예술이고 때론 위대한 선물이기도 하다. 그러면 우리는 어떻게 침묵을 '대안'으로 삼을 수 있을까? 무엇인가를 말하지 않고서 어떻게 우리는 서로 공감할 수 있을까? 중도·중복장애인과 우리는 어떻게 침묵 속에서 함께 지낼 수 있을까? 때로 가능할 수도 있겠지만, 여기서 말하는 것은 완전한 침묵이나 과묵에 대한 것이 아니라, 요란하고 수다스러운 세상 속에서 구하는 편안한 정적이다.

참고문헌

Busnel, M.-C. (1993). *Le Langage des Bebes*. Paris.

Busnel, M.-C. & Volff, T.(2009). Abenteuer Arte: Wie Baby die Welt sieht. Im Internet unter: http://www.arte.tv/de/Wie-Baby-die-Weltsieht/1039644,CmC=1039452.html[Zugriff am 10. 8. 2009].

Crickmay, M. (1972). *Sprachtherapie bei Kindern mit zerebralen Bewegungsstörungen auf der Grundlage der Behandlung nach Bobath.* Berlin.

Dolto, F. (1989). *Alles ist Sprache: Kindern mit Worten helfen.* Weinheim: Beltz Verlag.

Ekman, P. (2009). Über Lügen (Interview in: Süddeutsche Zeitung, 24./25. 1. 2009). München.

Eliacheff, C. (1997). *Das Kind, das eine Katze sein wollte.* Psychoanalytische Arbeit mit Säuglingen und Kleinkindern. München.

Eibl-Eibesfeld, I. (1967). *Grundriß der vergleichenden Verhaltensforschung.* München, 5. Auflg.

Fröhlich, A. (1986). *Die Mütter schwerstbehinderter Kinder.* Heidelberg.

Fröhlich, A. (2006). *Mehrsprachigkeit bei Kindern und Jugendlichen mit geistiger Behinderung.* Sonderpädagogische Förderung, 4, Weinheim.

Fröhlich, A. & Simon, A. (2004). *Gemeinsamkeiten entdecken-mit schwerstbehinderten Kindern kommunizieren.* Düsseldorf.

Gabus, J. C. (1989). Behinderte ohne sprachliche Ausdrucksmöglichkeiten. Hector: ein Kommunikationssystem mit synthetischer Stimme. In: Fröhlich, A. (Hrsg). *Kommunikation und Sprache körperbehinderter Kinder.* Eine Einführung. Dortmund, 187-212.

Goldin-Meadow, S. (2003). *Hearing Gesture-How our hands help us think.* Cambridge.

Goldschmidt, P. (1972). *Logopädische Untersuchung und Behandlung bei frühkindlich Hirngeschädigten.* Berlin.

Haupt, U. (1971). Sprachbehandlung bei cerebralgestörten Schulkindern. In: Matthiass, B. & Zimmermann, H. (hrsg.). *Spastisch gelähmte Kinder.* Stuttgart.

Kristen, U. (1994). *Praxis unterstützte Kommunikation.* Düsseldorf.

Mall, W. (2008). *Kommunikation ohne Voraussetzungen mit Menschen mit schwersten Behinderungen-ein Werkheft.* 6. Aufl., Heidelberg.

Saal, H. (1981): Unterricht für anarthrische Kinder. In: Fröhlich, A. (Hrsg.).

Lernmöglichkeiten. Aktivierende Förderung für schwer mehrfachbehinderte Menschen. Heidelberg.

Schäffer, F. (1994). *Arbeit-Spaß-Training. Ein Lebens-und Arbeitskonzept für Schwerstmehrfachbehinderte und ihre Bezugspersonen.* Weinheim.

Spitzer, M. (2003). *Lernen. Gehirnforschung und die Schule des Lebens.* Heidelberg; Berlin.

Watzlawick, P., Beavin, J. H., & Jackson, D. D. (1979). *Menschliche Kommunikation.* Formen, Störungen, Paradoxien. Bern.

Wettstein, A. (1989). Grundlagen einer logopädischen Behandlung cerebral bewegungsgestörter Kinder. In: Fröhlich, A. (Hrsg.). *Kommunikation und Sprache körperbehinderter Kinder.* Dortmund.

제2장

복합장애 아동의 언어지원에 대한 새로운 관점
의사소통판에 핵심어휘와 부수어휘 활용하기

Prof. Jens Boenisch (옌스 뵈니쉬)

　지난 30여년 동안 Fröhlich, Heinen, Lamers 그리고 Theunissen을 비롯한 여러 특수교육 연구자의 다양한 연구를 통해 중도·중복장애인에 대한 관점이 변화하였다. 즉, 이전에는 중도·중복장애인이 할 수 없는 요소의 목록을 열거하며 중도·중복장애인의 특성을 '전반적 무능력(umfassende Inkompetenz)'이라 규정하였지만, 이제는 긍정적이면서도 인본주의적 교육의 관점에서 중도·중복장애인을 바라보게 된 것이다(Fröhlich & Simon, 2004: 15). 또한 중도·중복장애인과의 상호작용과 의사소통 그리고 중도·중복장애인을 공감하는 사회환경 등의 측면이 갈수록 강조되고 있다.

　추가적으로 Fornefeld(2008)는 중도·중복장애인을 위한 사회적 통합과 참여, 자율적 삶의 측면도 강조한다. 중도·중복장애인들이 지금껏 사회적으로 고립된 것은 오로지 심각한 신체적 장애나 지적장애 또는 중복장애 때문만은 아니며, 동시에 사회적·제도적 조건들이 그들의 사회적 참여를 심각하게 제한했기 때문이라고 할 수 있다. Fornefeld는 이처럼, 간략히 설명하자면, 매우 어려운 여건에서 살아가는 중도·중복장애인의 '복합적인(라틴어 complexus: 서로 관련된, 결합된, 한데 엮인)' 삶의 현실을 반영하여 '복합장애

(Komplexe Behinderung)'라는 개념을 도입하였다.

> '복합장애'는 장애의 특성이 아닌 장애인이 처한 삶의 조건이 갖는 특성을 강
> 조하는 개념이다. 이처럼 특정 장애인 집단을 명명하는 용어는 그들의 특별한
> 삶의 여건을 반영하는 고유명사가 된다(Fornefeld, 2008: 77).

다음에서 다루게 될 중증장애인이나 중도·중복장애인 집단은 바로 이런 관점에서 이해되어야 한다. 일반적으로 중도·중복장애인 내지 복합장애인은 (오로지) 비구어로 의사소통이 가능한 사람들이기에, 구어 외에 다른 방식으로도 의사소통을 지원해 줄 수 있는 주변 세계에 의지하며 살아간다. 신체적 대화의 범위를 넘어서는 대안적 의사소통 방식으로는 보완대체의사소통(이하 AAC) 콘셉트를 들 수 있다. AAC는 복합장애인뿐만 아니라 뇌성마비로 인한 중증 신경언어장애인, 일시적 언어장애를 가진 사람(예, 수술 후), 진행성 질환자나 외상성 뇌 손상으로 언어능력을 상실한 사람도 대상으로 한다. 다음에서는 우선 구어를 사용할 수 없는 사람들, 특히 중도·중복장애장애 및 복합장애를 가진 사람들을 대상으로 한 AAC 지원 방식을 살펴보겠다.

1. AAC: 속설인가, 연구의 실제인가

자녀와 구어로 충분히 소통하는 데 어려움을 느끼는 부모들이 현장에서 자주하는 질문은 "우리 아이가 의사소통판이나 음성출력장치 등을 사용하면 과연 말을 제대로 배울 수 있을까요?"이다. 언어치료사와 일부 교육학자들도 음성 언어의 대안으로 의사소통 보조수단을 활용하는 방식에 회의적이기는 마찬가지이다. 이런 부정적 태도는 'AAC는 구어발달을 저해한다'(Braun & Baunach, 2008: 7)는 식의 잘못된 속설을 양상하기도 하는데, 이러한 추측은 AAC에 대한 긍정적인 고찰보다는 이해 부족, 특히 전자 보조장치에 대한 무지와 언어지원에 대한 낡은 고정관념에서 비롯된 것이다.

Silverman(1989), Sachse(2001), Schlosser(2003), Wilken(2005), Boenisch (2009) 등의 연구를 통해 AAC가 언어발달과 구어 향상에 긍정적인 영향을 준다는 사실이 증명되었음에도 불구하고, 여전히 AAC는 특히 언어치료 영역에서도 불편하게 인식되고 있다. 그 결과, 복합적 의사소통장애 및 표현장애가 있는 사람의 의사소통 촉진에서도 AAC 지원이 종종 배제되곤 한다. 이러한 현상은 사실 아이러니하다. 왜냐하면 AAC는 언어치료와 AAC 사이의 양자택일의 문제가 아니라, 구어를 사용하지 못하는 사람을 위한 언어치료 방법을 확장시킬 수 있기 때문이다. 특히 중증 뇌성마비와 복합장애를 가진 아동·청소년 그리고 성인의 언어치료와 관련해서는 더욱 그렇다.

AAC의 목적은 '구어를 거의 또는 전혀 사용하지 못하는 사람의 의사소통 능력을 향상시키는 것'(Braun, 2003)이다. 성공적인 의사소통에 기여하는 주요 요소에는 수어나 의사소통판 또는 음성출력장치 같은 대체의사소통적 지원도 있지만, 사회적 환경 또한 매우 중요하다. AAC 지원방법을 조절하고 사용함에 있어 지원 목적이 분명하지 않다면 성공적 의사소통이나 체계적인 언어 촉진은 불가능하다.

1990년대 독일에서 언어치료가 당시 지체장애 및 지적장애 학교에서 이미 사용되던 새로운 의사소통 촉진방법에 주목하지 않았던 점은 사실 납득하기 힘들다. 왜냐하면 영미권에서는 이미 1980년대부터 AAC가 언어 치료사(음성 언어 치료사, 언어병리학자) 교육의 핵심 원리로 활용되고 있었기 때문이다. 독일어권에서도 Goldschmidt(1970), Oskamp(1977, 1993), Wachsmuth(1986), Fröhlich(1989), Adam(1993), Braun(1994), Kristen(1994) 등이 중증장애인을 위한 대안적 언어발달 지원에 대해 다학제간 연구를 실시하였다. 돌이켜 보면, 1990년대 독일에서는 AAC에 대한 학술적 연구가 체계적으로 이루어지기 전이었고, 주로 개별적 임상 차원에서 확산되었음을 알 수 있다.

독일어권의 최근 AAC 연구는 주로 사용자 출현 빈도와 집단 특성 파악에서부터 관련 이론, 문어 습득에 중점을 두며, 진단 및 지원 상담에 대해 다루고 있다(Adam, 1996; Boenisch, 2003; Boenisch & Sachse, 2007; Bundschuh et al., 1999; Fröhlich, Kölsch, 1998; Lage, 2006; Renner, 2004; Ruben, 2004; Seiler-Kesselheim, 2008; Sevenig, 1995; Thiele, 2008; Theunissen & Ziemen, 2000). 이와 함께 AAC는 학문 영역에서도 중요성이 점차 강조되고 있으나, 교수방법론이나 의사소통 보조장치 활용에 관한 연구는 아직 드문 상황이다.

Boenisch(2003, 2008)의 연구결과에 따르면, 의사소통 보조장치에 대한 요구와 일상에서의 실제 활용 간에 큰 차이가 있다고 한다. 지체장애아동의 3%만이 주로 의사소통판을 사용하고, 4%는 의사소통책을, 그리고 8%만이 소형전자 AAC기구(Talker)를 사용하였다. 구어능력이 없는 지체장애아동의 절반 가량이 세분화되지 않은 신체표현, 즉 표정과 몸짓만으로 의사표현을 하는 실정이다. 조사된 1,651명의 아동·청소년 중 3분의 1이 중도·중복장애를 갖고 있었는데, 이들만이 의사소통 가능성이 없는 것이 아니라, 중도·중복장애는 아니지만, 구어를 사용할 수 없는 아동·청소년 또한 적합한 의사소통 방법이 없었다. 이러한 사실은 지금까지의 의사소통 촉진 방식에 근본적인 질문을 제기한다(Boenisch, 2008, 455). AAC가 널리 확산되었음에도 의사소통판이나 음성출력장치 등이 해당 학교에서 거의 활용되지 않았던 이유는 과연 무엇일까?

이 질문은 의사소통 보조장치에 들어 있는 어휘를 점검할 필요성을 제기한다. 왜냐하면 (중도·중복장애인의 보조자들이 선정한) 어휘가 중도·중복장애인의 의사소통 요구와 일치하지 않는다면 그 어휘를 사용하지 않을 것이기 때문이다.

2. 의사소통 발달촉진에서 핵심어휘와 부수어휘의 중요성

2~7세 아동의 어휘발달을 비교 연구한 결과, 미취학 아동들은 (지체)장애 여부와 상관없이 공통적으로 '핵심어휘(Kernvokabular)'를 활용하고 있었다(Boenisch & Sachse, 2007). 언어 발달과 운동성 발달이 서로 밀접히 연관된다는 보편적인 가설과는 다소 어긋나는 내용이다. 이 연구결과를 중도·중복장

애 아동·청소년을 비롯하여 구어 사용이 없는 지체장애나 지적장애 아동에게 적용할 경우, 이들 역시 '핵심어휘' 활용을 통해 큰 효과를 경험하리라 예상할 수 있다. 어휘 비교연구를 통해 얻은 그간의 지식은 완전히 새로운 의사소통 장치 및 의사소통 지원 방식이 개발되어야 할 필요성과 AAC 사용 아동들의 언어지원에 새로운 방향을 제시한다.

1) 핵심어휘

Baker(2000)와 Trembath 등(2007)의 연구에 따르면, '핵심어휘'란 특정 언어에 가장 빈번하게 사용되는 200~300개의 단어를 일컫는다. 주로 구두대화 및 문자대화에 사용되는 소위 '작은 단어(나, 너, 그리고, 역시, 또는, ~아니다, ~와 함께, ~있다, 무엇 등등)'와 조동사(가지다, 원하다, 할 수 있다, 있다 등등)를 포함한다.(Sachse, 2007: 7)

물론 핵심어휘만으로는 정보나 특정 내용을 전달하기 어렵다. 대화는 항상 구체적인 맥락 속에서 이루어지므로 사람들은 핵심어휘를 사용하여 대화에 자연스럽고 유연하게 참여하고, 질문을 하며, 관심을 표명하기도 한다("나도 그렇게 생각해. 난 할 수 없어. 지금은 아니야. 뭐라고? 다시 말해줘. 나도 갖고 싶어. 넌 여기 없었어. 어디 있었니? 나는 혼자 할 수 있어. 언제 올 거니? 함께 갈래? 오, 정말? 나도 그래. 왜 너와 나는 안 되지?" 등등). Baker 등(2000)에 따르면, 대화파트너의 나이나 대화 내용에 상관없이 가장 빈번하게 사용되는 단어 100~200개가 평소 하는 말의 약 80%를 차지한다. 즉, 핵심어휘는 청소년은 물론 4~5세 아동들도 사용하는 어휘이다. 유치원이나 학교, 직장, 가정의 일상, 놀이터 또는 휴가 중 언제 어디서나 사용하는 어휘인 것이다.

특정 주제와 상관없는 핵심어휘는 주제와 관련된 부수어휘(내용어휘, 상황어휘)와 상반되는 개념이다. 부수어휘는 주로 명사, 형용사 및 동사로 구성되며 대화의 내용과 상황을 드러낸다. 따라서 부수어휘 없이 오랜 대화를 나누기란 거의 불가능하다.

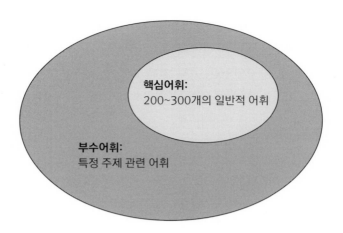

그림 2-1 일상 의사소통에 사용되는 핵심어휘와 부수어휘

    장애인의 의사소통판이나 전자 의사소통 보조장치의 화면을 보면 부수어휘인 내용어휘가 대부분임을 금방 알 수 있다. 무엇보다도 명사와 동사와 같은 단어들은 이미지를 아이콘으로 명료하게 표현할 수 있기 때문이다. 그리고 장애인이 내용어휘를 배우고 점검하는 것 또한 비교적 수월하다. 하지만 명사와 동사로만 대화하는 것은 매우 제한적이며, 핵심어휘 같은 '작은 단어'가 누락될 경우 실질적인 대화가 이루어지지 않으므로 대화가 만족스럽지 못한 경우가 많다. 만약 의사소통 보조장치에 필요한 어휘가 포함되어 있지 않다면, 신속하고 유연하게 의사소통하기를 원하는 구어장애 아동·청소년들은 보조장치에 대한 매력을 잃을 것이고, 의사소통 시도는 더 많은 오해를 낳을 수 있다. 이런 배경을 보면 왜 의사소통판이나 의사소통책 그리고 전자 의사소통 보조장치가 일상에서 잘 사용되지 않는지 그 이유가 분명해진다. 따라서 다음 질문이 제기된다. "과연 어떤 어휘가 일상 의사소통에 자주 사용되고, 어떤 어휘가 의사소통 보조장치 화면에 선정되어야 할까?"

2) 비구어 아동을 위한 조기 언어발달지원

놀이 상황에서 능동적으로 사용되는 어휘를 조사하기 위하여 2.3~7.7세의 유아 72명(지체장애아동 47명, 비장애아동 25명)이 한 놀이공간에서 활동하는 모습을 촬영하여 아동의 자발화를 분석하였다. 비교연구를 통해 비장애아동과 지체장애아동이 가장 빈번하게 사용하는 언어에 차이가 있는지(가령, 제한된 신체활동 경험에 따라 전치사 사용 빈도가 감소하는지), 또는 지체장애와 무관하게 발달하는 공통어휘가 있는지 살펴보고자 하였다. 따라서 연구 질문은 다음과 같았다. "어휘비교연구가 AAC 사용 아동의 언어지원을 위한 교육적·치료적 행위에 의미하는 바는 무엇일까?"

연구의 목적은 AAC 사용 아동이 각각의 상황과 언어발달에 따라 적절하게 의사표현을 할 수 있는 어휘를 발견하는 데 있었다. 뿐만 아니라 복합장애인들도 의사소통 보조장치에 접근할 수 있는 새로운 자료를 구성하고자 하였다. 또한 특수교육 전문가나 언어치료사가 기관이나 집단 또는 개별 중재에서 쉽게 활용할 수 있도록 언어지원 자료를 표준화하고자 하였다.

연구 프로젝트를 통해 놀이 상황에 사용되는 약 55,500개 단어에 대한 어휘분석이 이루어졌다. 그중 32,000개 단어는 운동장애아동에서, 23,500개 단어는 비장애아동에서 발췌하였다(Boenisch et al., 2007). 비교연구결과, 지체장애아동의 경우 어휘발달에 의미 있는 편차가 확인되었다. 특히 어휘의 양이 같은 연령의 비장애아동들에 비해 약 30% 부족하였고, 전치사나 부사와 같은 특정 언어 구성요소도 평균적으로 훨씬 적게 사용되었다.

이렇듯 예상된 결과 외에도, 의사소통 보조장치 화면 구성에 영향을 미칠 수 있는 결과도 있었다. 왜냐하면 언어사용의 분명한 편차에도 불구하고 운동장애와 관계없는 핵심어휘의 발달이 뚜렷이 나타났기 때문이다. 놀이 상황에 사용된 대부분의 어휘는 '작은 단어(부사, 대명사, 접속사 및 전치사)'였으며 일부 조동사 및 화법조동사도 있었다(핵심어휘). 그리고 부수어휘에 해당하는 명사가 차지하는 비율은 일부 경우를 제외하고는 10%를 넘지 않았다. 이 결과는 장애아동뿐만 아니라 비장애아동 집단에도 마찬가지였다.

연령대를 2~3세, 3.1~4세, 4.1~5세, 5.1~6세 그리고 6세 이상의 집단
으로 분류하여 살펴본 결과, 6세 이상의 집단에서는 동일한 단어 사용의 비
율이 직전 연령대 집단에 비해 매우 증가하는 것으로 나타났다. 모든 아동
에게 핵심어휘가 상당히 이른 시기에 발달함을 의미하는 것이다(Boenisch et
al., 2007: 362).

언어분석에 따르면, 사용한 단어의 양과 상관없이 가장 빈번히 사용되는
50개의 단어는 나이와 어휘량의 증가에도 불구하고 거의 변하지 않았다. 가
장 자주 사용되는 300개의 단어조차도 두 비교 집단 간에 75% 정도의 일치
를 꾸준히 보였다. 이들 단어는 연령과 운동능력 제한에 관계없이 의사소통
의 기초를 형성하는 공통 단어들이다.

지체장애아동의 인지발달 정도가 변인이 되는 것을 통제하기 위해 학습장
애아동이나 일부 지적장애아동도 연구에 참여하였다. 조사 결과 지적장애를
가진 8명의 초등학교 1학년에게 실시된 검사에서도 비슷한 결과가 도출되
었다. 이 아동들의 경우 명사의 비율이 최다 빈도 사용 단어 100개 중 20%에
불과했고, 50개 단어 가운데는 심지어 6% 밖에 되지 않았다. 이 조사 결과는
특히 중도·중복장애를 가진 아동·청소년에게 중요한 의미가 있는데, 중도·
중복장애 아동의 경우 언어 이해가 매우 낮아서 어차피 실제 사물이나 사진
또는 기호카드의 명사를 사용하여 신체적 대화로 지원해야 하기 때문이다.

연구결과에 따르면, 언어습득에 있어 정상 발달 아동이나 심각한 언어장
애를 가진 지체장애아동 모두 언어발달 초기단계에 기능적 단어(전치사, 조
동사, 관사, 접속사, 질문어)와 부사를 활발하게 사용하고 있음을 보여 준다.
주로 핵심어휘로 구성된 이 단어들은 아동들이 언어를 유연하게 사용할 수
있게 하고 언어습득을 촉진한다.

이런 점에서 구어를 할 수 없는 아동의 의사소통 능력과 언어습득을 지원
하기 위해서는 의사소통 보조장치의 화면에 핵심어휘가 있어야 한다는 분
명한 결론에 이른다. [그림 2-2]는 소수의 핵심어휘를 가지고 얼마나 다양한
활용이 가능한지 그리고 이러한 다양한 조합 방식이 자기결정과 참여에 어
떤 영향을 미치는지를 예시로 보여 준다.

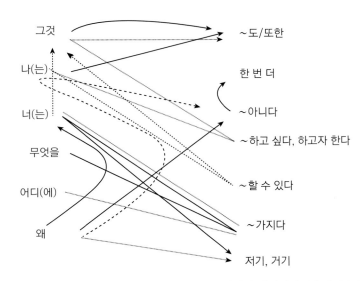

"왜 너지? 나도 할 수 있어! 더는 안 돼! 난 그걸 원해! 어디서 가져왔어? 뭘 가지고 있어?"

그림 2-2 핵심어휘를 유연하게 사용하는 예시

3) 교육과 치료에 대한 시사점

의사소통 보조장치의 화면을 새롭게 구성할때, 핵심어휘만으로는 긴 대화를 할 수 없다는 사실을 명심해야 한다. 특정 주제와 관련하여 보다 정확하게 대화하기 위해서는 당연히 내용어, 특히 명사와 동사의 사용이 필요하다. 마찬가지로 대화를 조절하는 어휘도 중요하다. 누군가를 만났을 때 하는 인사말이나 헤어질 때 인사말(안녕, 잘 가, 또 봐…), 또는 고마워, 부탁해, 미안해, 혼자 할 수 있어, 도와줘, 세상에나!, 지켜보자, 아마도 등과 같은 말도 여기에 속한다. AAC를 사용할 경우 지나치게 대화 속도가 느려질 수 있기에 대화 유지를 위해서는 이러한 어휘에 신속히 접근하는 것이 중요하다. 그래야 장애 당사자가 적극적인 대화 참여자로 인식될 수 있다(Wachsmuth, 2006).

이런 여러 요소를 고려하여 개발된 의사소통판에는 핵심어휘도 들어가

지만, 내용어(부수어휘)와 대화를 조절하는 어휘가 들어갈 자리도 남겨 두었
다. 어휘의 배열은 일상에서 상황에 따라 신속히 내용어를 교환하도록 구성
하되, 빠르고 유연한 의사소통을 위하여 핵심어휘를 빠뜨리지 않도록 구성
하였다. 의사소통판에는 핵심어휘가 항상 동일한 위치에 배열되어 있으므로
아동은 몇 차례의 연습 후 소위 '자동적으로' 몸을 움직이며 의사소통 보조장
치를 효과적이고 신속하게 사용할 수 있다. 핵심어휘와 부수어휘의 유연한
활용은 문법의 발달로 이어진다. 각각의 문장 구조에 따라 여기 제시된 어휘
의 배열을 이용해 글자판 읽는 방향을 익히도록 사전 연습이 추가로 이루어
진다. 이러한 배열은 무엇보다 교수방법이나 의사소통 촉진전략으로 이해할
수 있다. 따라서 여기에 예시된 의사소통판은 의사소통 폴더나 전자 의사소
통 보조기구에도 확장 적용할 수 있다.

　새로운 의사소통 지원도구들은 140개의 칸으로 이루어진 기본 의사소통
판을 근간으로 한다([그림 2-3] 참조). 기본 의사소통판은 '타겟보드(Zieltafel)'

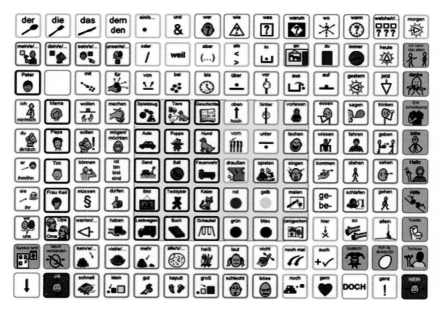

그림 2-3 140개의 칸/상징(기본 보드)으로 구성된 쾰른 의사소통판

(제시 예, PCS 상징, Boardmaker™ 저작권)

로, 상징의 양이 너무 많아 사용 초기에 부담스럽다면 상징이나 단어의 양을 줄여 한눈에 파악하기 쉽게 일부 보드를 비워 둘 수 있다. 처음에 20개 또는 40개 정도로 의사소통판으로 시작하면 각각의 칸이 더 커지면서 인식하기도 쉽고 조작도 수월하다. 이때 주의할 점은, 상징들의 위치가 추후 완성될 타겟보드의 배열과 일치해야 한다. 중도·중복장애 아동의 경우 상징을 인식하기 전에 상징의 배열 위치를 먼저 익힐 수 있기 때문이다. 그러므로 상징의 위치가 나중에 바뀌게 되면 이미 익힌 상징을 새로 배워야 하는 일이 발생할 수도 있다.

또한 새로운 단어를 적용하여 어휘 활용을 점차 늘리기 위해서는 아동이 이미 사용하는 단어 이상의 더 많은 어휘를 점차적으로 보드에 제공해야 한다.

핵심어휘와 부수어휘가 들어 있는 의사소통판에 대한 교육은 개인 어휘를 확장할 때와 마찬가지로 먼저 '모델링'을 통해 이루어진다. 치료사가 아동에게 먼저 반복적으로 시범을 보이고, 상징을 소리 내어 가리키면서 각각의 상징이나 기호가 일상에서 구체적으로 어떤 의미를 갖는지 보여 준다. 즉, 치료사가 상징을 가리킬 때 직접 말을 하면서 의미를 설명하고 그 상징이 어떻게 활용되는지를 보여 주어야 한다. 또한 상징 사용 방법을 말로 설명하면서 시범을 보이기 때문에 아동에게 관련 피드백이 제공되고, 문법과 단어, 상징 해석 시의 언어적 '실수'도 긍정적으로 교정받을 수 있다.

뿐만 아니라 의사소통판의 크기를 크게(예, 200×100cm의 액자) 제작하여 치료실이나 집단 활동실에 사용하면 유용한데, 이때 개별 상징은 벨크로를 이용하여 판에 탈부착할 수 있다. 언어지원은 활동중심적이면서 일목요연하게 이루어지고, 추상적인 상징까지도 반복적인 사용을 통해 의미를 획득하게 된다. 벨크로띠에 상징이나 단어를 정렬하게 되면 점진적으로 더 많은 단어를 표현할 수 있다.

문법 습득이나 특히 나중에 배우는 품사의 구별(3학년부터)을 지도하기 위해, 선별된 단어를 유형에 따라 체계적으로 정렬하고 색으로 구별하였다. 색 선택은 몬테소리 언어지원 자료의 색상을 기초로 하였다.

그림 2-4   핵심어휘(틀)와 부수어휘(내부의 주제 면)로 구성된 퀼른 의사소통 폴더

(제시 예, PCS 상징, Boardmaker™ 저작권)

    추후 의사소통 확장을 위해서는 기본 의사소통 판을 [그림 2-4]와 같이 의사소통 폴더로 교체하여 활용할 수 있다. 어휘 배열방식은 의사소통 폴더에서도 역시 동일한데, 폴더를 사용할 경우 핵심어휘가 차지하는 면이 넓어지고 부수어휘를 사용자의 개별 요구에 따라 그림과 같이 별도로 내부에 추가할 수 있기에 훨씬 더 세분화된 표현이 가능하고 폭넓은 주제 선택(예, 놀이터, 모래상자, 음악, 축구, 올림픽, 여가시간, 수영, 요리, 휴가, 독서, 아버지의 직업 등)이 가능하다. 퀼른 의사소통 폴더는 핵심어휘 200개 이상과 사실상 한계가 없는 주제면으로 이루어져 있어 빠르고 유연한 대화와 주제 중심의 의사소통을 지원할 수 있는 도구이다.

    또한 '한 번 더(once more)' '~아니다(not)' 또는 '나도(me, too)'와 같은 개별 상징 표현을 추가, 보완할 수 있는데, 이때 빅맥 스위치를 활용해도 좋을 것이다. 이 경우 의사소통 촉진이 문맥적 내용단어가 아닌 일반적 핵심어휘 위주로 실행되지만, 이 역시 단어와 상징의 사용 빈도를 높이고 언어의 효과를 경험한다는 면에서 효과적이다(예, 진동판을 사용할 때나 'Hoppe-Hoppe' 기마 게임 등을 할 때 '한 번 더'라는 표현을 할 수 있다).

여기에 소개된 자료들은 특정 의사소통판이나 폴더 개발보다는 언어촉진을 위한 일관된 원칙을 개발하는 것에 초점을 둔다. 그러므로 이를 통해 얻게 된 지식은 전자 의사소통 보조기기나 수어와 같은 AAC에도 적용될 수 있다. 마찬가지로 이러한 원리는 갖고 다니기 쉬운 특수 의사소통판, 예를 들면 물리치료나 작업치료 또는 병원에서 사용할 수 있는 의사소통판 제작에도 적용할 수 있으며, 아동과 치료사 모두가 신뢰할 수 있는 의사소통 자료로 사용 가능하다.

상징이 미러링으로 배치가 되었을 경우(상징이 양쪽에 대칭으로 배열되었을 경우) 의사소통판 양면에 인쇄하여 아동/환자, 부모/치료사가 보드를 보지 않고도 보드의 어디를 가리키는지를 인식할 수 있다. 게다가 6×6 칸의 상징판으로 나누면 지원받는 아동은 시선의 이동만으로도 상징을 선택할 수 있다.

그림 2-5 핵심어휘와 부수어휘로 구성된 물리치료용 간편 의사소통판

> **예** 치료사는 아동이 잘 볼 수 있도록 의사소통판을 제시한다. 편안하게 앉아 있
> 느냐는 질문에 아동은 머리를 두 번 움직여 대답한다. 먼저 머리를 오른쪽 아래
> 로 돌린 다음(=여섯 번째 칸) 오른쪽 아래로 한 번 더 돌린다(='아니요' 상징). 그
> 러면 치료사는 아동의 자세가 아직 편하지 않음을 알고 치료를 시작하기 전에 다
> 시 자세를 수정해 준다. 수정된 자세가 편안한지 새로 질문하면 아동은 다시 머
> 리를 움직여 대답한다. 이번에는 아동이 왼쪽 아래(=네 번째 칸)를 먼저 내려다
> 본 다음에 오른쪽 아래(='좋아요' 상징)로 향한다.

머리나 안구의 움직임으로 간접적인 의사소통을 할 때도 치료사는 아동
의 머리와 안구의 모든 움직임을 언어화함으로써 대화상대방이 이해했는지
를 아동이 인식하도록 피드백 해 준다. 이처럼 치료사는 의사소통판 뒷면에
배치한 좌우가 뒤바뀐 판을 보면서, 아동과 직접적인 눈 접촉을 유지하게 되
고, 아동 역시 안구 움직임을 통해 상징을 신속하게 선택할 수 있다.

3. 전망

다양한 현장의 여러 전문가는 여기 제시된 자료와 집중적인 핵심어휘 사
용을 통해 학생의 의사소통 능력이 단기간에 향상되었을 뿐만 아니라 의사
소통 지원에도 상당한 진전이 있었다고 보고한다. 그리고 의사소통 지원전
략에 있어서도 이전에 선호했던 학습방법과는 뚜렷한 차이를 보인다고 하였
다. 특히 언어지원 초기에 더 이상 명사나 동사 일부를 가르치는 차원이 아
니라 일상의 여러 상황에서 반복적이고 유연하게 사용할 수 있도록, 이른바
작은 단어들을 사용하여 실용적으로 학습하였다. 지금까지 이러한 방법으
로 지원을 받은 아동·청소년은 현재 훨씬 더 자주 의사소통판을 사용하고 있
으며, 상징을 활용하여 완전한 문장을 만들 뿐만 아니라 적절한 문법 구조를
형성하기 시작하였다.

지금까지는 복합장애를 가진 아동·청소년에게 이러한 새로운 의사소통 도구와 지원 전략을 사용한 적은 거의 없었다. 그러나 핵심어휘와 부수어휘로 이루어진 언어지원은 복합장애인 및 그들과 관계 맺는 사람들에게 매우 큰 도움을 줄 것으로 예상된다. 언어발달 초기부터 핵심어휘의 사용을 강화하고 상징(기호)의 위치를 장기간 일정하게 고정하면 중도·중복장애 아동·청소년의 언어 지원이 효율적으로 이루어질 것으로 보인다. 무엇보다도 사회적 환경을 세심하게 고려하여 이러한 의사소통 접근법에 연결시키는 것은 특히 중도·중복장애 및 복합장애 아동·청소년을 성공적으로 지원하는 데 있어 핵심요소라고 할 수 있다.

참고문헌

Adam, H. (1993). *Mit Gebärden und Bildsymbolen kommunizieren*. Würzburg.

Adam, H. (1996). Der Bedarf an Schulen für Kinder mit geistiger Behinderung in Sachsen. *Unterstützte Kommunikation, 1,* 24–25.

Baker, B., Hill, K. & Devylder, R. (2000). Core Vocabulary is the same across environments. Im Internet unter http://www.csun.edu/cod/conf/2000/proceedings/0259Baker.htm [26. 8. 2008].

BMBF-Bundesministerium für Bildung und Forschung (2005). Grund- und Strukturdaten 2005. In: http://www.bmbf.de/pub/GuS_2005_ges_de.pdf (Stand: Januar 2008).

Boenisch, J. (2003). Zur Situation unterstützt kommunizierender Kinder und Jugendlicher an Schulen für Körperbehinderte und Geistigbehinderte in Deutschland. In: Boenisch, J. & Bünk, C. (Hrsg.). *Methoden der Unterstützten Kommunikation*. Karlsruhe, 19–35.

Boenisch, J. (2008). Sprachförderung unterstützt kommunizierender Kinder. *Zeitschrift für Heilpädagogik, 12,* 451–460.

Boenisch, J. (2009). *Kinder ohne Lautsprache.* Karlsruhe.

Boenisch, J., Musketa, B. & Sachse, S. (2007). Zur Bedeutung des Vokabulars für den Spracherwerb und Konsequenzen für die Gestaltung von Kommunikationsoberflächen. In: Sachse, S., Birngruber, C. & Arendes, S. (Hrsg.). *Lernen und Lehren in der Unterstützten Kommunikation.* Karlsruhe, 355–371.

Boenisch, J. & Sachse, S. (2007). Sprachförderung von Anfang an. Zum Einsatz von Kern- und Randvokabular in der frühen Förderung. Unterstützte Kommunikation, 3, 12–19.

Braun, U. (1994). *Unterstützte Kommunikation bei körperbehinderten Menschen mit einer schweren Dysarthrie: eine Studie zur Effektivität tragbarer Sprachcomputer im Vergleich zu Kommunikationstafeln.* Frankfurt.

Braun, U. (2003). Was ist Unterstützte Kommunikation? In: ISAAC (Hrsg.). *Handbuch der Unterstützten Kommunikation.* Karlsruhe: Von Loeper Verlag.

Bundschuh, K., Herbst, T. & Kannewischer, S. (1999). Unterstützte Kommunikation an Schulen zur individuellen Lebensbewältigung-eine empirische Studie. *Zeitschrift für Heilpädagogik, 50,* 516–523.

Fornefeld, B. (2008). Menschen mit Komplexer Behinderung-Klärung des Begriffs. In: Fornefeld, B. (Hrsg.). *Menschen mit komplexer Behinderung.* Selbstverständnis und Aufgaben der Behindertenpädagogik. München.

Frölich, A. (Hrsg.) (1989). *Kommunikation und Sprache kärperbehinderter Kinder.* Dortmund.

Frählich, A. & Kälsch, S. (1998). Alles, was wir sind, sind wir in Kommunikation. *Geistige Behinderung, 1,* 22–36.

Frählich, A. & Simon, A. (2004). *Gemeinsamkeiten entdecken.* Mit schwerstbehinderten Kindern kommunizieren. Düsseldorf.

Goldschmidt, P. (1970). *Logopädische Behandlung und Untersuchung bei frühkindlich Hirngeschädigten.* Berlin.

Kristen, U. (1994). *Einführung Unterstützte Kommunikation.* Düsseldorf.

Lage, D. (2006). *Unterstützte Kommunikation und Lebenswelt.* Eine kommunikationstheore-tische Grundlegung für eine behindertenpädagogische Konzeption. Bad Heilbrunn.

Oskamp, U. (1977). *Effektivität technischer Kommunikationshilfen für zerebral bewegungs-gestörte Schüler mit schweren Dysarthrien.* Dissertation von der Univ. Dortmund.

Oskamp, U. (1993). Kommunikationshilfen und Ersatzzeichensysteme bei schwerer Dysarthrie bzw. Anarthrie. In: Grohnfeld, M. (Hrsg.). *Handbuch der Sprachtherapie, Bd. 6: Zentrale Sprach- und Sprechstörungen.* Berlin, 428-447.

Renner, G. (2004). *Theorie der Unterstützten Kommunikation.* Eine Grundlegung. Berlin.

Ruben, J. (2004). *Sei relevant! Unterstützte Kommunikation und Linguistik.* Luzern.

Sachse, S. (2007). Zur Bedeutung von Kern-und Randvokabular in der Alltagskommunikation. *Unterstützte Kommunikation, 3,* 6-10.

Sachse, S. & Boenisch, J. (2001). Auswirkungen von Kommunikationshilfen auf die körpereigenen Kommunikationsfähigkeiten kaum-und nichtsprechender Menschen. In: Boenisch, J. & Bünk, C. (Hrsg.). *Forschung und Praxis der Unterstützten Kommunikation.* Karlsruhe, 238-247.

Sschlosser, R.W. (Ed.) (2003). *The Efficacy of Augmentative and Alternative Communication: Toward Evidence-Based Practice.* San Diego: Emerald Group Publishing.

Seiler-Kesselheim, A. (2008). *Beratungsangebote in der Unterstützten Kommunikation.* Praxis-Forschung-Weiterentwicklung. Karlsruhe.

Sevenig, H. (1995). Zur Frage der Förderbarkeit von Kindern und Jugendlichen mit schwersten cerebralen Bewegungsstörungen und Anarthrie. Eine vergleichende Längsschnittstudie. Hrsg. vom Bundesministerium für Gesundheit. Baden-Baden.

Silverman, F. (1989). *Communication for speechless.* An instruction to augmentative communication for severely communicatively impaired. Englewood Cliffs.

Theunissen, G. & Ziemen, K. (2000). Unterstützte Kommunikation-(k)ein

Thema für den Unterricht mit geistig behinderten Schülern? Dargestellt und diskutiert am Beispiel einer Lehrerbefragung an Schulen für geistig Behinderte im Land SachsenAnhalt. *Zeitschrift für Heilpädagogik, 51*, 361-367.

Thiele, A. (2008). *Schriftspracherwerb unterstützt kommunizierender Menschen mit Infantiler Cerebralparese*. Eine qualitativ-empirische Studie zur Qualitätsentwicklung pädagogischer Förderung. Bad Heilbrunn.

Trembath, D., Balandin, S. & Togher, L. (2007). Vocabulary selection for Australian children who use augmentative and alternative communication. *Journal of Intellectual & Developmental Disability, 32*(4), 291-301.

Wachsmuth, S. (1986). *Mehrdimensionaler Ansatz zur Förderung kommunikativer Fähigkeiten Geistigbehinderter*. Studientexte Heil- u. Sonderpädagogik, Band 10. Gießen.

Wachsmuth, S. (2006). *Kommunikative Begegnungen*. Aufbau und Erhalt sozialer Nähe durch Dialoge mit Unterstützter Kommunikation. Würzburg.

Wilken, E. (2005). Kooperation mit den Eltern in der Frühförderung bei der "Gebärden-unterstützten Kommunikation". In: Boenisch, J. & Otto, K. (Hrsg.). *Leben im Dialog*. Unterstützte Kommunikation über die gesamte Lebensspanne. Karlsruhe, 135-144.

제2부

신체언어적 의사소통

제3장 중도·중복장애인의 신체언어적 의사소통

제4장 중도·중복장애인의 의사소통 가능성

제3장

중도·중복장애인의 신체언어적 의사소통

PD Dr. Susanne Wachsmuth (수잔느 박스무트)

1. 서론

신체언어는 모든 사람이 사용하는 의사소통 형태로, 눈짓과 표정, 몸짓, 신체 거리, 접촉, 호흡이나 발성 시 변화 등을 포함한다. 신체언어는 대부분 무의식적으로 진행되지만 의사소통 과정에서 큰 역할을 차지한다. 상대방의 신체언어와 음성 언어가 상반되어 혼란스러울 때 우리는 음성 언어보다는 신체언어를 더 믿는 경향이 있다.

신체언어는 사람이 성장한 문화와 어느 정도 무관하다. 그래서 우리는 음성 언어와 상관없이 상대방의 얼굴표정을 통해 기쁨과 놀라움, 불안, 슬픔, 분노 또는 혐오를 지각할 수 있다. Eibl-Eibesfeldt가 설명하는 눈인사가 바로 대표적인 예이다. 모든 문화권에서 관찰 가능한 눈인사의 경우, 상대방이 우리를 본 순간 눈썹을 올리며 미소 지으면 우리의 기분이 좋아지며, 반대로 눈인사가 없는 만남에서는 위협을 느끼는 게 일반적이다.

신체언어의 중요성은 이미 잘 알려져 있기 때문에 신체언어를 의식적으로 조절하려는 시도가 많이 행해지고 있다. 신체언어를 교육하는 프로그램 또한 인터넷에서 적지 않게 찾을 수 있는데, 이 분야에서 저명한 Sammy

Molcho는 주로 기업의 매니저와 구직자들에게 자기 자신을 가장 효과적으로 소개하는 법을 가르치기도 한다.

2. 중도·중복장애인의 신체언어

음성 언어, 즉 구어로 전혀 혹은 거의 소통할 수 없는 사람의 의사소통 능력을 논하는 데 있어 신체언어는 중요한 의미를 갖는다. Sarah Blackstone과 Mary Hunt Berg는 소셜 네트워크(Social Networks) 관련 예비연구에서, 의사소통 지원을 받는 사람과 대화상대방의 의사소통을 연구하였다. 연구결과 이들은 의사소통을 하는 모든 상황에서(가족구성원, 친구, 지인, 보조인, 나아가 낯선 사람과의 상호작용에서) 신체언어적 소통방식을 활용하고 있었다. 신체언어적 소통방식은 가장 빈번하게 활용된 의사소통으로, 수어나 상징체계 혹은 전자 보조장치를 사용하는 경우에도 거의 100% 활용된다는 점을 관찰하였다.

Andreas Fröhlich와 Angela Simon이 중도·중복장애 아동 10명을 비디오 촬영하여 분석한 연구결과에 따르면, 참여 아동 모두 규칙적으로 신체언어로 표현하였다. 분석한 아동 중 9명은 눈맞춤을 할 수 있었고, 마찬가지로 10명 가운데 9명은 소리를 내어 표현하였다.

신체언어의 형식은 중복장애의 유형에 따라 결정된다. 시각의 제약은 특히 눈맞춤을 방해하는데, Fröhlich와 Simon이 관찰한 아동 중 1명이 이런 문제를 갖고 있었다. 하지만 그 아동의 경우 상대방 얼굴을 쳐다보기 위해 고개를 돌릴 수 없는 신체적인 원인도 있었다.

> 중도·중복장애 아동이 자세를 유지하거나 변형하려면 의도적으로 많은 에너지를 소모해야 한다. 그래서 대화상대방을 제대로 바라보는 게 힘들다. … 아동이 눈맞춤에 성공하더라도 머리 위치를 원하는 상태로 오래 유지하기가 힘들기 때문에 금방 원 상태로 돌아가기 일쑤이다. … 눈동자가 심각하게 떨리는 안구진탕 증상으로 인해 시각적 감지가 매우 불안정하고 눈맞춤도 거의

불가능하여, 결국 아동은 눈을 통하여 부모에게 반응하지 못한다(Fröhlich, 1990: 312).

중도·중복장애 아동의 신체언어는 장애의 정도와 특성에 따라 매우 다양한 형태로 나타난다. 이들이 사용하는 신호는 타인이 즉시 지각하고 해석하기 어려운 경우가 대부분이다. 가령, 뇌병변 지체장애를 가진 아동은 사랑과 보호를 받고 싶은 욕구를 표현할 때 상대방에게 몸을 밀착하는 식으로 행동하지 못한다. 감각손상과 운동장애가 있는 아동은 관심사를 표현할 때 대상을 향해 머리를 들거나 돌리는 방식으로 행동하지 못한다.

아동은 근육이 과도하게 긴장 내지 이완된 탓에 몹시 흥분하거나 피곤한 인상을 준다. 비록 그것이 아동의 실제 기분상태와 일치하지 않더라도 말이다(Fröhlich, 1990: 312).

뇌손상이 있는 아동은 부모조차 아동의 현재 욕구가 무엇인지 파악하기 힘들 정도로 소리를 지르는 경향이 있다. 비장애아동이 자신의 욕구를 표출하기 위해 소리를 지르는 것과는 차원이 다르다. 비장애아동의 부모는 생후 5주 정도 된 아기가 배가 고파서 우는지 아니면 배가 아픈지 혹은 심심해서 우는지 대충 파악할 수 있다.

그러나 장애를 가진 신생아와 부모 간의 행동방식은 악순환을 거듭하게 된다. 신생아는 부모의 본능적 보살핌을 불러 일으킬 만큼의 충분한 자극을 제공하지 않으며(Papoušek, 2001), 부모는 삶의 무게로 인해 자녀가 보내는 비교적 약한 신호조차 감지하거나 반응하기 힘든 상태에 처하기 일쑤다. 장애아동이 특별한 지원을 요구하는 경우 이러한 악순환은 더욱 심해진다. 이 경우 부모는 자녀와 접촉하기 위해 훨씬 많은 노력을 하며 지원해야 하고, 결핍을 보완하기 위해 훨씬 많은 에너지를 소모해야 한다. 그러나 이러한 노력이 늘 성공을 보장하진 않는다.

의사소통 과정이 아니라 의사소통 자체가 가능하도록 노력하는 과정에서 대부분의 에너지가 소모되고 만다(Fröhlich, 1990: 313).

부모가 자녀의 돌출 행동을 제대로 이해하지 못하면 심적 부담이 커진다. "왜 아이가 소리 지를까? 왜 어머니를 쳐다보지 않을까? 왜 웃지 않을까? 왜 자해행동을 하는 걸까? 왜 몇 시간 동안 한 가지 일에만 몰두할까? 왜 노래를 부르지 않을까? 왜 사람에게 전혀 관심을 보이지 않을까?" 등등 해답 없는 숱한 질문 속에서 아이가 낯설어 보일 수도 있다. 또한 아이의 행동은 다른 사람이 공감하거나 아이에게 접근하기조차 힘들 정도로 이상하게 느껴질 수 있다. 그러다가 의사와 심리치료사, 특수교사 같은 전문가의 분석과 설명을 듣고 나서야 비로소 행동의 의미를 이해하게 되고, 이를 통해 서서히 아동에게 반응하게 된다.

> 어쩌면 (중도장애 아동의) 가족구성원이나 친구들은 아동의 행동을 제대로 이해하고 싶은 마음이 가장 절실할 것이다. 이해하는 방식이 온전히 타당하든 그렇지 않든 오로지 아동의 행동을 이해하고만 싶을 뿐이다(Grove et al., 1999: 201).

그러나 장애아동의 표현이 통상적인 의사소통에서 과도하게 벗어나면 의미가 전혀 전달되지 않는다. 상대방은 불쾌감을 느낄 수 있고, 아동의 표현을 장애 특유의 '틱'으로 치부하며 무시하고 넘어가려고 할 수도 있다. 이러한 과정을 거치면서 결국 장애아동의 잔존 의사소통 능력과 의사소통에 대한 관심이 감소하게 된다.

따라서 말을 하지 않는 사람은 할 말이 없는 사람으로 간주되고, 결국 관심을 줄 필요가 없는 사람으로 치부되고, 그 역시 스스로도 의사표현을 아예 또는 거의 하지 않게 된다. 그 사람은 저절로 움츠러들 수밖에 없고 마치 대화에 관심이 없는 사람처럼 취급받는다(Bodenheimer, 1992: 281 ff.). 하지만 그 사람의 '무관심'은 선천적인 성격이거나 무능력에 기인한 게 아니라 주변 사람들의 생각을 반영한 결과로, 소위 자기충족 예언(self-fulfilling prophecy)에 따른 결과라고 볼 수 있다.

3. 중도·중복장애인 보호자가 처한 상황

중도·중복장애인의 표현을 보호자가 해석하지 못하고 중요성을 간과하거나 오히려 소통의 걸림돌로 여기며 '의미'를 전혀 감지하지 못할 경우, 중도·중복장애인은 기이한 표현을 하는 낯선 사람으로 다가오게 된다.

중도·중복장애인의 표현을 해석하는 일은 대화상대방이 중도·중복장애인을 받아들일 준비가 얼마나 되어 있는가에 달려 있다. 즉, 대화상대방이 중도·중복장애인의 표현을 단지 장애 특성에 따른 행동으로 해석하지 않고, 의사소통적 표현으로 해석하려는 자세가 중요하다.

신체 고유의 기호를 해석하는 데 중요한 요소는 장애인을 향한 친밀감이다. 이러한 이유로 장애인의 부모나 장애인을 장기간 돌보는 보호자들은 다른 사람이 감지할 수 없는 표현도 쉽게 포착하고 이해할 수 있다.

장애인을 가족으로 둔 보호자는 당사자의 표현을 이해하는 데 곤란을 겪고 동시에 자신의 행동을 당사자가 (겉보기에) 묵묵부답하는 것에 답답함을 느낀다. 반응 없는 소통은 더 깊은 불신으로 이어진다. 물론 이와 반대로 성공적인 대화는 사람을 편안하게 할 뿐만 아니라 더욱 힘을 북돋워 주는 효과가 있다. 그러나 주변에서 종종 관찰되듯이, 중도·중복장애 자녀와 부모 사이 의사소통이 장기간 제대로 이루어지지 않을 경우, 이는 절망과 질병으로까지 이어질 수 있다. 대화는 대화에 참가하는 쌍방에게 무엇인가를 '주어야 한다'. 이는 소중하게 형성해 온 관계에서 더욱 그러하다. 만약 대화참여자 중 한쪽에게만, 혹은 대화참여자 중 누구라도 상대방이 자신에게 피드백을 주지 않는다고 생각한다면 공허함을 느끼게 될 것이다.

Andreas Fröhlich는 중도·중복장애 자녀의 어머니들과 나눈 대화를 통해, 부모들의 이러한 부담이 고된 간호·간병에 따른 신체적 통증 외에도 심한 우울증과 심인성 질병을 유발한다는 사실을 지적한다. 적지 않은 어머니가 자살을 선택할 정도로 자신의 운명이 가망 없다고 느낀다(Fröhlich, 1993). 그러므로 우리는 대화라는 개념을 이해할 때, 장애인 역시 우리와 동등한 가치를 지닌 대화상대방임을 명심해야 한다.

자녀의 장애와 부모의 우울증의 상관관계에 대한 통계적 검증이 여전히 부족함에도 불구하고, 이들의 생활상에 대한 연구들(예, Dreyer, 1988; Fröhlich, 1993; Heimlich & Rother, 1995; Jonas, 1990)은 우울증이 과도하게 자주 또는 주기적으로 나타난다고 추정한다. 우울증이 당사자에게 부정적인 영향을 미친다는 사실은 이론의 여지가 없다. 그러나 우리가 대화에 참여하는 사람들, 즉 비발화 장애인의 보호자를 동일한 무게로 받아들이고자 한다면, 이들의 고통 역시 진지하게 수용하고 다루어야 한다. 동시에 보호자의 우울증이 비발화 장애인에게 어떠한 영향을 미치는지도 고려해야 한다.

> 우울증을 앓는 어머니는 적절한 표정이나 음성, 행동을 통해 아기를 돌보지 못하며 아기의 관심을 거의 포착하지 못한다. 자녀의 행동에 관심을 갖고 함께 참여하거나 민감하게 상호작용하는 과정이 상당히 제한되어 있다(Sarimski, 1986: 23).

보호자의 우울증이나 질병은 단지 두 사람의 관계에 국한되지 않고 가족관계 전체에 부정적인 영향을 미칠 수 있다.

장애아동의 어머니들이 쓴 자서전들을 읽다 보면 어머니들은 자녀와 감정적인 결속을 다지기보다는 어떤 식으로든 살아 움직이며 그야말로 기계처럼 작동하며 하루하루를 살아간다는 내용을 쉽게 찾을 수 있다. 그리고 어머니들은 겉으로 봤을 때 자신의 과업을 완벽하게 수행하고 있음에도 불구하고 스스로를 나쁜 어머니라고 여기는 경향이 있다. Heinz Bach(1974)는 이러한 태도를 '관찰자 태도'라고 정의한다. Bach는 관찰자 태도가 어머니와 아버지 모두에게 나타나며, 자녀를 관찰하는 태도가 자녀의 장애에만 집중하는 행동으로 이어지면서 자녀의 긍정적인 성향을 간과하고 모든 부정적 속성을 장애로 치부하는 위험이 있다고 지적한다.

4. 이해한다는 것은 응답하는 것이다

2004년 1월 자를란트 주정부 교육과정은 "의사소통은… 인간-존재가 처한 모든 상황에서 가능하다."고 명시하고 있다. 따라서 보호자의 임무는 장애인의 의사소통 신호를 찾아내고 반응하며 의사소통 상황을 개선하는 데 있다. 중도·중복장애 아동의 신체언어를 해석하는 일이 아무리 어려울지라도, 아동의 신체언어는 상대방의 응답을 요구하고 있음을 잊어서는 안 된다.

1) Bodenheimer

정신의학자였던 Aron Bodenheimer는 '이해하기(Verstehen)' 주제에 대해 집중 연구하였다. 그는 부름(표현이나 의사소통적 행위)에 응답이 없을 경우 심각한 혼돈이 발생하며, 심한 좌절감과 위축된 행동으로 이어질 수 있다고 지적한다. 우리 모두는 이러한 상황을 잘 알고 있다. 다른 사람에게 말을 걸었는데 아무런 반응이 없을 때 실망감 및 좌절감이 어떠한지도 잘 안다.

> 겉으로 표출되는 모든 표현은 '자동적으로' 반응을 기대하기 마련이다. 표현과
> 기대가 결합하는 것은 지극히 자연스러운 현상이다(Bodenheimer, 1967: 55).

AAC 대부분의 방식이 점차적으로 형성되는 것과 달리, 신체언어는 중도·중복장애인에게 항상 내재한 것이므로, 우리는 이러한 의사소통적 신체언어를 어떻게 파악하고 이해할지, 나아가 이를 확장하고 수정하는 방법에 대해 진지하게 고민해야 한다.

2) Mall의 '기초적 의사소통'

Winfried Mall(1984)은 이미 1980년대 초에 주장하길, 중도·중복장애인과

의 대화에서 대화상대방이 적절히 민감하게 관찰한다면 그의 신체언어 표현을 인지하고 이에 반응할 수 있다고 하였다. Mall은 당사자의 호흡 리듬이나 음성표현, 접촉, 움직임 등에 주의를 기울이고 반응하는 가능성 및 방법을 강조한다. 이러한 방식으로 사람 간 접촉이 이루어져야 하는데, 대화 시 쌍방의 공동 관심사의 핵심은 바로 관계라는 점을 누차 강조한다. 즉, 비장애인 대화상대방이 적절한 지식과 민감성을 갖추고 있다면, 겉으로 봤을 때 전혀 의사소통 능력이 없어 보이는 중도·중복장애인과도 접촉하는 방법을 찾을 수 있다.

> 기초적 의사소통의 특징은 당사자의 다양한 신체행동 방식(특히 호흡 리듬)을 활용한다는 것이다. 대화상대방이 당사자의 신체행동 방식을 파악하여 자신의 행동에 반영하거나 변형함으로써 의사소통을 진행할 수 있다. 또는 일반적으로 신생아와 의사소통을 하는 방식과 유사하게, 대화상대방이 당사자와 유사한 행동 방식을 보여 줌으로써 의사소통을 자극할 수 있다(www.winfried-mall.de, 2009년 3월 23일 검색).

기초적 의사소통은 긴밀한 신체접촉을 통해 (장애인은 대개 비장애인의 무릎이나 다리 사이에 앉는다.) 만남을 시작하고 장애인에게 "당신과 접촉하고 싶어요. 당신에게 관심이 있어요. 당신이 어떤 기분인지 느끼고 싶고 또 당신을 이해하고 싶어요."(Mall, 1998: 65)라는 신호를 준다. 기초적 의사소통은 특정 시간 동안(대개 몇 분간 지속) 이루어질 수 있는 의사소통 형태이다.

3) Fornefeld의 '기초적 관계'

Barbara Fornefeld는 Winfried Mall과 유사한 길을 걷는 학자이지만, 특정 시간만 유지되는 의사소통적 만남의 한계를 극복하기 위해 그녀의 콘셉트를 구안했다는 점에서 차이가 있다. Fornefeld는 특히 중도·중복장애인과 기초적 관계를 형성하기 위한 기본 자세를 강조한다. 그녀의 생각은 다음의 예에서 잘 드러난다.

닐스는 늘 그러하듯 나를 향해 몸을 돌리는 행동을 계속 반복했다. 그러나 그가 나를 제대로 바라본다는 느낌은 여전히 들지 않았다. … 그런데 아무리 조용한 노래를 불러 주어도 그의 이러한 상동행동은 멈추지 않았고, 계획된 수업을 시작조차 못할 정도였다. 이번에도 그가 결코 포기하지 않는 모습이 역력했기에 나는 (거의 무의식적으로) 그의 저항에 항복했다. 그는 머리를 뒤로 젖혀 내 팔 위에 대고는 나를 바라보며 '미소 지었다'. 처음으로 그가 나를 바라본다는 느낌이, 나를 부른다는 느낌이 들었다. 감동을 받은 나는 검지손가락을 그의 손 아래에 놓으며 그에게 응답했다. 그러자 나의 응답은 그에게 부름이 되었고 그는 내 손가락을 강하게 움켜 잡으며 부름에 응답했다(닐스는 이전에 무언가를 움켜쥔 적이 전혀 없었다). 처음으로 접한 반응에 나는 깊은 감동에 휩싸였다. 손가락을 움직이며 다시 응답하니, 그는 내 손가락을 더욱 강하게 움켜 잡았다. 나는 손을 그의 다리 위에 올려 놓으며 그에게 응답했다. 그러자 그는 다른 한 손으로 내 손등을 꼭 부여잡고는 한동안 나를 깊게 바라보았다(Fornefeld, 1991: 228).

앞의 책에서 Fornefeld는 닐스와의 기초적 관계가 어떻게 교육활동 기반으로 자리 잡아 가는지 계속 서술한다. 앞에 소개된 경험 이후 닐스(학습자)는 Fornefeld(교사)가 제공하는 학습 내용을 받아들이고 따르게 된다.

그러나 Fornefeld는 기초적 관계에서는 이런 식의 의사소통적 만남을 인위적으로 이끌어 낼 수 없는 단점이 있다고 지적한다. 의사소통적 만남은 근본적으로 서로를 자세히 알고자 하는 기본 자세를 요구하는데, 일상에서는 이러한 만남이 거의 드문 게 사실이다.

5. 신체언어의 단점 및 한계

신체언어는 여러 장점과 동시에 몇 가지 단점 내지 한계도 내포한다.

- 앞서 소개했듯 특히 중도·중복장애인의 신체언어를 이해하기란 결코 쉽지 않다.
- 신체언어만으로 정보를 전달하기란 어렵다.

• 신체언어로는 지금-여기(here and now) 진술된 말이나 상황에 대한 해석만을 개괄적으로 드러낼 뿐이다. 예를 들어, 중도·중복장애인은 지금 이 공간에서 갖고 싶거나 관심이 가는 대상을 바라보거나 지시하는 것만 가능하며, 시야 밖에 존재하는 사물이나 사람에 대해서는 알 길이 없다. 또한 기분이 좋지 않으면 울 수도 있는데, 이때 선행 정보가 없으면 그가 왜 우는지 명확하게 알 수가 없다. 오늘 일어난 무슨 일 때문에 우는지, 아니면 어제 무슨 불쾌한 일이 있었던 것인지, 아니면 내일에 대한 불안감으로 우는지 알 수가 없다.

6. 신체언어적 표현 지원방법

앞서 언급한 단점 및 한계를 고려하여 중도·중복장애인의 신체언어적 표현을 지원하기 위해서는 다음과 같은 목표 설정이 필요하다.

첫째, 신체언어적 의사소통을 향상한다. 둘째, 신체언어적 의사소통을 '지금-여기'의 한계를 넘어 참여의 범위를 확장하도록 유도하는 표현양식, 즉 보편적으로 통용되는 표현양식으로 전환한다.

당사자는 스스로 의사소통 상황을 개선하기 어려우므로, 상대방이 이들을 지원하고 또 그의 행동(즉, 신체언어)에 적응할 필요가 있다.

> 아동이 자신의 욕구를 만족시키는 데에는 그렇게 많은 사람이 필요하진 않다. 자신을 잘 알고 이해하며 동시에 더 많이 알고 이해하려고 노력하며 아동의 요구를 충족시킬 수 있는 소수의 주변인만 있으면 충분하다(Fröhlich & Simon, 2004: 16).

따라서 대화상대방이 의사소통 상황에 긍정적 영향을 미칠 수 있는 방안에 대해 몇 가지 성찰을 이어 보겠다.

1) 중도·중복장애인의 이해력에 맞춘 언어

앞서 언급하였듯이, 신체언어는 '지금-여기'와 관련이 있다. 따라서 중도·중복장애인이 이해해야 할 내용이 있다면 되도록이면 이를 구어발화와 함께 당사자가 인지할 수 있는 사물이나 상황과 연결된 신체언어로 같이 표현하는 것이 바람직하다. 이때 사용하는 언어는 간결하고 명확해야 한다.

성인은 신생아나 영아와 이야기할 때 소위 '베이비 토크(Baby Talk)'를 한다. Gisela Szagun(1996)은 베이비 토크의 특징으로 평소보다 높은 톤, 넓은 음성 영역대, 톤의 변화, 노래 부르듯 리듬적으로 말하기, 말 중간에 오래 쉬기, 단어를 끊어 가며 또렷하게 말하기, 천천히 말하기 등을 꼽는다. 일반적으로 이러한 발화 방식은 비장애아동의 경우 음성 언어를 이해하는 능력이 향상됨에 따라 점차 사용하지 않는다. Andreas Fröhlich는 중도·중복장애 아동의 경우, 더 이상 이러한 특별한 관심을 '자동적으로' 요구하지 않는 연령에 이를지라도, 베이비 토크식의 발화 방식을 적용할 것을 권유한다(Fröhlich, 1999).

보호자의 신체언어는 아동의 표현에 부합해야 하며, 아동의 신체언어적 신호를 수용하여 필요한 경우에 이를 확장하고 변형할 수 있어야 한다.

중도·중복장애인은 즉각적으로 반응하는 데 어려움이 많다. 그래서 대화상대방에게 어색할 만큼 긴 시간이 흐른 후에야 비로소 반응하기도 한다. 그렇다 보니 우리가 일상에서 구어로 소통할 때 느끼는 대화 리듬에 부합하지 않고, 긴 정적이 흐르기도 하는 것이다. 이 점에서는 성인이 자신의 표현을 반복해 주는 것이 바람직하다.

반면, 장애인의 긴 반응시간과는 달리 대화상대방은 장애인의 표현에 즉각 반응해야 한다. 그래야만 그가 표현행동과 반응 사이의 관계를 인식할 것이다.

2) 중도·중복장애인의 이해력에 맞춘 행동

중도·중복장애인과의 의사소통에서 요구되는 우리의 행동 원칙은 대표적으로 다음과 같다.

(1) 정확하게 관찰하기

중도·중복장애인의 표현을 감지하기 위해 이들을 정확하게 관찰하는 것은 향후 모든 지원을 위한 전제조건이다. Ingeborg Thümmel은 비발화인들의 의사소통 행동 분석을 통해, 이들이 대체적으로 자신이 (그럼에도 불구하고) 의사소통에 관심을 갖고 있음을 상대방에게 전혀 알리지도 못하고 있다고 지적한다. 주변 사람은 이들의 애매모호한 표현을 전혀 감지하지도 못하는 것이다. 교사들조차도 '말을 하지 않는 사람은 의사소통에 대한 의지도 전혀 없을 것'이라 믿곤 한다. Ingeborg Thümmel은 앞의 연구에서 비디오 분석을 통해, 비발화 참가자 모두가 다른 사람이 인식하지는 못했지만 나름의 방식으로 의사소통을 시도하고 있었음을 증명하였다. 아쉽게도, 말을 하지 않는 사람들은 결국 대화에 참여할 기회조차 갖지 못하는 실정이다(Thümmel, 1998).

(2) 신체언어 표현을 해석한 후 확인하기

가능하면 장애인이 표현한 것을 우리가 제대로 이해했는지, 적절하게 반응했는지 장애인 당사자에게 물어보거나 그의 반응을 재차 해석해 보는 것도 좋은 방법이다. 또 다른 방법으로는, 장애인의 특정 표현을 다른 사람들은 어떻게 해석하는지 물어보는 것이다. 이런 식으로 함께 관찰하며 서로 조언하는 시간이 도움이 될 수 있다.

(3) 즉흥적 유관행동

'즉흥적 유관행동(contingent behavior)'이란 우리가 장애인의 표현에 시간적·내용적·감정적으로 맞추어 반응하거나 상대방과 조화를 이루는 행위를 의미한다. 대개 어머니와 아기의 상호작용에서 어머니가 별 어려움 없이 보이는 반응행동이다. 하지만 앞서 언급한 어려움, 즉 장애인과의 의사소통에서 발생하는 어려움으로 인해 장애인의 행동에 즉각적이고 적절하게 반응하는 것은 세심한 노력이 필요하다.

(4) 반영하기

반영하기 또는 되비추기(mirroring)는 앞선 즉흥적 유관행동의 한 유형으로, 장애인의 표현을 거의 그대로 따라 반복하는 행위를 일컫는다. 대화 쌍방은 반영하기를 통해 동일 수준에서 행동하게 된다. 초기 아동기나 비장애 아동의 경우를 보면 보통 성인이 아니라 아동이 그런 행동을 이끄는 쪽이 된다.

그러나 Andreas Fröhlich에 따르면, 중도·중복장애 아동의 표정이나 소리는 성인에 의해 좀처럼 반영되지 않는데, 중도·중복장애 아동의 행동양식은 '일반적으로 이러한 반영과정이 자동적으로 발생하는 문화의 규범 밖에 위치하기' 때문이라는 것이다(Fröhlich, 1990, 312).

(5) 특정 의미 부여하기

비장애아동의 부모는 자녀가 자신에게 무언가를 전달한다고 생각하며 행동한다. 부모는 아기가 항상 의사소통적 의도가 있다고 보며, 심지어 아기의 표현에 아무런 의미가 없어 보이는 순간에도 그런 식으로 행동하곤 한다. 그래서 아기가 처음으로 "마-마-마"라고 소리내면 마치 어머니를 부른 거라고 생각하며 부모는 환호하며 반응한다. 이러한 경험을 통해 비로소 아기는 자신의 표현이 갖는 의미를 경험하고 이를 반복해서 시도해 본다. 만약 중도·중복장애 아동의 보호자도 이와 유사한 방식으로 아동이 표현한 바에 반응한다면 아기의 그 표현도 의미를 가진 행동으로 피드백이 될 것이다. 장애아동이 실제로 그것을 표현하려고 했는지는 중요하지 않다. 중요한 건, 특정 표현이 특정 반응을 불러일으킨다는 사실을 장애아동이 경험하는 것이다. 특정 표현은 이러한 지속적인 반복을 통해 그 의미를 획득하게 된다.

(6) 기록하고 문서화하기

서로 공유하는 어휘를 형성하고 확장하기 위해서는 서로에게 의미 있는 표현이나 기호를 기록하고 문서화하는 작업이 매우 중요하다. 문서화 작업은 사진에다 설명을 첨가하는 식으로도 진행할 수 있다. 이때 사용된 기호들을 모아서 얇은 책자 형태로 제작하는 방식도 좋은데, 책자에는 기호의 종류와 (해석 가능한) 의미를 설명하여, 그런 표현에 어떻게 반응할지에 대해 힌트를 줄 수 있다.

이런 방식으로 여러 사람이 함께 특정 표현과 기호에 대해 의미를 해석하고 의미를 부여하는 것도 가능하다. 이런 공동 경험을 통해 대화상대자들은 이런 기호를 중도장애인과의 의사소통에서 더 적극적으로 수용하게 될 것이다. 당사자가 표현하는 특정 기호를 여럿이서 계속 특정 방식으로 해석하다 보면, 그것이 중도·중복장애인에게 어떤 의미를 갖는지도 더 명확해질 것이다. 그래야만 대화 시 상대방도 이런 기호를 더 의식적으로 사용할 것이다. 이러한 과정은 중도중복장애인의 의사소통을 '의도적 의사소통'으로 한 단계 더 이끌어 갈 것이다. 나아가, 보호자나 담당자가 바뀔 때에도 이러한 기호 체계를 유지하는 것이 필요하다.

이와 같은 문서화 작업에 도움이 되는 것으로 '사회적 관계망'을 들 수 있다. 이는 AAC 사용자와 그 대화상대자의 의사소통 특성을 포착하는 도구로 볼 수 있다(Wachsmuth, 2006 및 이 책의 글 '사회적 관계망' 참조).

3) 일상 의례와 놀이

앞서 Winfried Mall의 '기초적 의사소통' 이론과 Barbara Fornefeld의 '기초적 관계' 이론에 대해 간략히 언급하면서, (의도적인) 치료 세팅 이외의 상황에서 중도·중복장애인과의 의사소통을 의도적으로 자주 시도하는 것은 쉬운 일이 아님을 설명하였다. 그럼에도 불구하고 초기 신호를 활용하여 의사소통을 시도할 수 있는 상황이 있는데, 이는 일상적 의례(ritual)와 놀이 상황이다.

일상에는 반복되는 의례적 상황이 많다. 신변처리나 옷을 입을 때, 식사할 때, 인사할 때 등의 상황이 대표적이다. 대부분의 중도·중복장애인은 이러한 일상적 의례에 익숙하고, 상황이 어떻게 진행될지 예측할 수 있다. 그런데 예측과는 다른 상황이 생길 수도 있다. 가령, 식사 도중이나 자켓 단추를 채우다가 머뭇거리거나 멈출 수 있다. 이때 당사자는 원래 상황으로 복귀되기를 바라는 '신호'로 어떠한 반응을 하게 된다. 보호자는 이러한 신호를 '의미 전달 수단'으로 활용할 수 있다. 즉, 보호자는 이러한 신호를 반영하고, 또는 유사한 상황에서 그 신호에 '계속' 혹은 '더'와 같은 의미를 추가하여 활용할 수 있다.

초기 신호를 활용하는 데 특히 적합한 활동은 바로 놀이이다. 일반적으로 놀이는 보호자가 충분한 시간을 갖고 아동에게 신뢰와 관심을 보이는 상황에서 이루어진다. 초기 아동 놀이는 손가락놀이, 간지럼 태우기 등 대부분 정형화된 형태이다. 이런 종류의 놀이는 놀이 속도 및 강도를 자유자재로 조절 가능하며, 다양한 형태로 변형 가능하다는 특징이 있다.

7. 결론

중도·중복장애인의 신체언어 표현은 모든 사람과 마찬가지로 매우 다양한 형태와 특성을 갖고 있지만, 장애에 따른 제약 및 제한으로 인해 관습적인 의사소통 방식에는 부합하지 않는 형태를 띠게 된다. 비록 신체언어적 표현을 해석하고 강화하는 과정은 힘들지만 분명 유익한 작업이다. 이 글은 기록하고 문서화하는 작업에 특별한 의미를 두며, 신체언어 발달을 도모하는 이상적 상황으로 일상적 의례와 놀이를 제언하는 바이다.

참고문헌

Bach, H. (1974). *Geistigbehindertenpädagogik*. 6. Aufl., Berlin: Marhold.

Blackstone, S. & Hunt Berg, M. (2003). Social Networks: a communication inventory for individuals with complex communication need and their communication partners. Augmentative Communication Inc., Monterey, CA. Deutsche Übersetzung von Wachsmuth, S. (2006). Soziale Netzwerke–Ein Instrument zur Erfassung der Kommunikation unterstützt kommunizierender Menschen und ihrer Kommunikationspartnerinnen und–partner. Karlsruhe: Von Loeper Verlag.

Bodenheimer, A. R. (1967). *Versuch über die Elemente der Beziehung*. Basel: Schwabe.

Bodenheimer, A. R. (1992). *Verstehen heißt antworten*. Stuttgart: Reclam Verlag.

Dreyer, P. (1988). *Ungeliebtes Wunschkind*. Frankfurt: Fischer Taschenbuchverlag.

Elbl-Eibesfeldt, I. (1972). Similarities and differences between cultures in expressive movements. In: Hinde, R. A. (Ed.). *Nonverbal communication*. Cambridge, 297–314.

Fornefeld, B. (1991). *Elementare Beziehung und Selbstverwirklichung geistig Schwerstbehinderter in sozialer Integration*. 2. Aufl., Mainz.

Fröhlich, A. (1990). Eltern–Kind–Kommunikation. Eine Studie zur Kommunikation bei Kindern mit schwerer Mehrfachbehinderung. *Praxis Ergotherapie, 5*, 310–314.

Fröhlich, A. (1993). *Die Mütter schwerstbehinderter Kinder*. 2. Aufl., Heidelberg: Universitätsverlag Winter.

Fröhlich, A. (1999). *Basale Stimulation*. Das Konzept. Düsseldorf: Verlag selbstbestimmtes Leben.

Fröhlich, A. & Simon, A. (2004). *Gemeinsamkeit entdecken*. Mit schwerbehinderten Kindern kommunizieren. Düsseldorf: Verlag selbstbestimmtes Leben.

Grove, N. (1999). See what I mean. Interpreting the meaning of communication by people with severe and profound intellectual disabilities. *Journal of Applied*

Research in Intellectual Disabilities, 12(3), 190-203.

Heimlich, H. & Rother, D. (1995). *Wenn's zuhause nicht mehr geht.* 2. Aufl., München: Reinhardt Verlag.

Jonas, M. (1990). *Behinderte Kinder-behinderte Mütter?* Frankfurt: Fischer Taschenbuchverlag.

Mall, W. (1998). *Kommunikation mit schwer geistig behinderten Menschen.* Ein Werkheft. 4. Aufl., Heidelberg: Edition Schindele.

Molcho, S. (1996). *Körpersprache für Kinder.* München: Mosaik.

Ministerium für Bildung, Kultur und Wissenschaft des Saarlandes (2004). *Lehrplan der Schule für Geistigbehinderte.*

Papoušek, M. (2001). Intuitive elterliche Kompetenz. *Frühe Kindheit, 4*(1), 4-10.

Sarimski, K. (1986). *Interaktion behinderter Kleinkinder.* Entwicklung und Störung früher Interaktionsprozesse. München: Ernst Reinhardt.

Szagun, G. (1996). *Sprachentwicklung beim Kind.* Weinheim: Beltz.

Thümmel, I. (1998). *Damit Kommunikation gelingt!* Schüler mit schwersten Behinderungen verstehen-sich mit ihnen verstädigen! Sonderpädagogischer Kongress Hannover.

제4장

중도·중복장애인의 의사소통 가능성
신체를 매개로 한 의사소통

Sören Bauersfeld (죄렌 바우어스펠트)

1. 서론

　'중도·중복장애'라는 개념은 사실 다양한 사람들을 대상으로 하지만, 개개인의 역량이나 욕구를 충분히 설명하지는 못한다. 무엇보다도 중도·중복장애인은 자신과 주변 세계를 파악하기 위해 필요한 기본 욕구를 충족함에 있어서 집중적인 지원을 필요로 하는 사람을 뜻한다. 이때 중요한 역할을 하는 것이 바로 의사소통이다. 왜냐하면 의사소통은 사람들이 협력하기 위한 기본 조건이고, 의사소통을 통해서만이 개개인의 욕구나 바람, 관심, 흥미를 파악할 수 있기 때문이다. 사람들은 의사소통을 통해 정보를 수용·전달하며, 자신의 의사를 표현한다. 이러한 사회적 속성 때문에 의사소통은 당사자의 삶의 질을 결정짓는 핵심 요소라 할 수 있다.

　　지원 요구가 높은 사람일수록 자신의 욕구를 타인에게 효과적으로 전달해야 하므로 의사소통의 중요성이 더 커질 수밖에 없다(Klauss, Janz & Lamers, 2007: 38).

이 글에서는 Fröhlich와 Mall, Praschak의 콘셉트에 기반을 두고 중도·중복장애인(이하 중도장애인)과의 교육과 지원에서 과연 의사소통이란 무엇이며, 의도적인 행동을 어떻게 발달시킬 수 있는지 살펴보려고 한다. 이를 근거로 중도장애인을 위한 다양한 의사소통 지원방법도 기술해 볼 것이다.

　　의사소통 지원은 당사자 개인의 역량과 욕구 그리고 관심에 따라 그 질이 결정된다. 그리고 중도장애인을 어떻게 정의하는지에 따라 의사소통 방식에 대한 이해도 달라지는데, 가령 신체적 제약이 거의 없는 중도지적장애인의 의사소통 방식은 발달영역 전반에 걸쳐 집중지원이 필요한 중도장애인과는 분명 차이가 있다.

　　우리가 어휘나 그림, 구체물만 가지고 중도장애인과 접촉하기에는 한계가 있다. 따라서 우리는 창의성을 발휘하여 새로운 의사소통 경로를 찾아내야 한다. 중도장애인은 직접 인식하고 반응할 수 있는, 신체에 밀접한 접촉방식에 의존한다. 그러므로 중도장애인과 함께 공동 언어와 신체에 밀접한 의사소통 경로를 모색하는 일이야 말로 의사소통 지원의 핵심과제라고 할 수 있다. 뿐만 아니라 대화의 내용도 중요하다. 모든 대화는 대화참가자들에게 나름의 감정을 불러일으키고, 삶의 의미와 경험에 관심을 기울이며, 관심과 욕구 그리고 호기심에 부응하는 내용을 담고 있어야 한다.

　　이 글에서는 먼저 Fröhlich, Mall 그리고 Praschak의 콘셉트를 이론적으로 설명하고, 이어서 실제 현장에서 중도장애인과 협력할 때 각각의 콘셉트를 구체적으로 어떻게 실현할 수 있을지 고찰해 보겠다. 중도장애인은 각자 고유한 존재이다. 따라서 이 글에서는 중도장애인의 의사소통 발달을 꾀하기 위한 단순한 전략이나 기술을 설명하지 않는다. 중도장애인의 개별 특성을 반드시 고려해야 하는 실제 현장에서 적용가능한 생활 속 아이디어를 소개하고, 나아가 의사소통을 위한 독창적인 아이디어를 개발하는 데 기여하고자 한다.

2. Fröhlich의 신체적 대화

1) 중도장애인 정의

Andreas Fröhlich는 중도장애인을 '모든 체험방식과 표현방식'(Fröhlich, 2001a: 13)에 제약이 있는 사람이라 정의한다. 이러한 관점은 Fröhlich와 Haupt가 제안한 '발달 총체성 모델(Ganzheitlichkeitsmodell)'(Ibid., 64)에서도 나타난다. 발달 총체성 모델에서는 인간발달을 크게 일곱 가지 영역으로 나누고, 각 발달영역이 동등한 비중으로 끊임없이 상호작용하며 발달이 전개된다고 설명한다. Fröhlich에 따르면, 중도장애인은 7개 발달영역 전반에 걸쳐 심각한 제약(Beeinträchtigung)을 지닌다.

> 중도장애란 한 인간 존재가 생활영역 전반에 걸쳐 갖게 되는 제약으로, 그 제약 정도가 심각하여 당사자는 대부분의 영역에서, 일반적인 대인관계에서는 정상이라고 간주되는 측면의 한계에 부딪히게 된다(Ibid., 13).

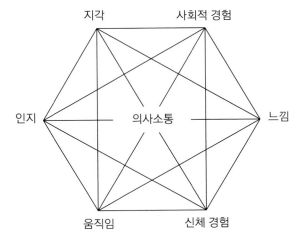

그림 4-1 Fröhlich와 Haupt가 제안한 발달 총체성 모델(Fröhlich, 2001a: 64)

Fröhlich는 중도장애인이 모든 발달영역에 제약이 있음을 강조하면서 특히 운동성 영역에서 제약이 크다고 설명한다.

> 중도장애는 … 능동적으로 움직이는 능력이 현저히 제한되거나 저해된 상태가 특징이다. … 나는 신체를 자유자재로 움직이고 거의 모든 움직임이 가능한 사람은 중도장애인이 아니라고 본다. 이러한 경우는 중도 지적장애의 일부 유형이거나 기타 중복장애에 해당된다(Ibid., 57).

중도장애인에 대한 이러한 견해는 Fröhlich가 구안한 신체·평형·진동 감각 관련 지원방안과 청각리듬·미각·후각·촉각·시각 관련 지원방안에서도 분명하게 드러나는데, 이러한 지원방안들은 중도 지체장애와도 관련이 있다. 가령, Mall의 기초적 자극(Basale Stimulation) 지원방안도 여전히 '신체적–자아(Körper-Ich)' 수준에 있는 사람, 나아가 능동성이 현저하게 제한되어 주변 환경과의 상호작용에 지원이 필요한 사람을 대상으로 한다(Ibid., 16).

> 중도장애를 가진 아동·청소년 그리고 성인이란 … 능동성이나 지각능력이 대부분 직접적인 신체 영역에 한정된 사람을 일컫는다(Ibid., 265).

Fröhlich는 중도장애인을 설명할 때 주로 인문학적–교육적(humanistisch-pädagogisch) 관점에서 그들의 욕구를 서술하는 방식을 선호한다. 여기에서 말하는 욕구란 구체적인 경험을 축적하고, 다른 사람을 인지하기 위해 신체적인 근접을 필요로 하는 욕구이며, 또한 단순한 방식으로 환경을 경험하고, 몸을 움직이거나 몸의 위치를 바꾸고, (말을 하지 않아도) 상대가 자신을 이해해 주길 바라며, 간호와 돌봄을 위해 주변 사람들의 지원이 필요한 욕구 등을 일컫는다(Ibid., 16).

2) 의사소통의 핵심-신체적 대화

(1) 의사소통에 대한 이해

Fröhlich와 Simon(2004: 17 f.)은 상호 정보를 주고받거나 상호 접촉하는 과정을 의사소통으로 정의하며, 단순히 메시지를 전달하는 행위는 의사소통으로 간주하지 않는다. 의사소통(Kommunikation)은 라틴어 'communicare'(전달하다, 나누어 가지다, 함께하다)와 'communis'(함께, 공동의)와 관련이 있는 개념으로, 의사소통의 특징은 공동성과 상호성이라고 할 수 있다. 이러한 성격의 의사소통은 태아가 어머니 신체 안팎의 자극에 반응하면서부터 시작된다고 볼 수 있다(Haupt, 2006; Largo, 2004). 따라서 Fröhlich와 Simon은 의사소통에 대한 편협한 이해를 경고하는데, 이는 중도장애인과 같은 특정인의 의사소통 능력을 인정하지 않고 소외시키는 위험을 초래하기 때문이다.

(2) 신체적 대화

Fröhlich가 정의하는 의사소통의 목적은 상호 이해를 통하여 유대를 형성하고 관계를 공유하는 데 있다. 의사소통 과정에서 제약이 있을 시 공동의 언어와 공동의 의사소통 경로를 함께 탐색하는 일이 중요하다(Fröhlich, 2001b: 20). 중도장애인은 그들만의 신체적·정신적 구조와 이로 인한 제약으로 인해 통상적인 의사소통 방식을 활용할 수 없다. 그런데 통상적인 의사소통의 틀에 갇힌 비장애인은 자신의 방식 외에 다양한 의사소통 경로를 잘 알지 못하므로 장애인의 의사소통 신호를 알아채지 못하고 결국 상호 소통에 어려움을 겪게 된다.

중도장애인과 공동 언어와 공동 의사소통 경로를 탐색하는 작업을 Fröhlich는 '신체적 대화(somatischer Dialog)'로 설명한다(Fröhlich, 2001b; 1995; 1982). 신체적 대화는 신체와 밀접하게 진행되는 의사소통 방식으로, 우리가 신생아나 노인, 환자 혹은 임종을 앞둔 사람에게 활용하는 소통법이기도 하다. 이러한 인간의 본능적인 언어는 대부분 따로 배워 익히는 것이 아니라 주어진 상황에서 저절로 터득하게 된다. 나아가 우리의 피부는 극히 제한된 정보를 전달하는 매체이다. 우리는 피부를 통해 기본적인 느낌을 주고받고 타인이 가까이 있음을 느낄 수 있다(Fröhlich, 2001b: 20).

> 신체접촉은 이러한 의사소통의 매개체이며, 접촉을 통해 인간은 타인과 연결되어 자신의 존재를 전달할 수 있다. 나아가 손과 신체를 통하여 가장 기초적인 느낌을 표현하게 된다(Ibid.).

우리는 신체적 밀착을 통하여 타인을 한 주체로서 인지한다. Fröhlich (2001a: 231; 2001b: 21 f.)는 '너를 통해 비로소 나는 내가 된다(Erst am Du wird das Ich zum Ich)'는 Buber의 말을 인용하며, 중도장애인은 자신을 다른 사람과 뚜렷하게 구분하고 이를 통해 자의식이 발달하도록 도와주는 상대방이 필요하다고 강조한다.

> 그러므로 교육의 목표는 중도장애인이 자신을 다른 사람과 구분하고 이로써 자신을 인간 존재로 인식하도록 돕는 데 있다(Fröhlich, 2001b: 22).

신체적 대화는 의사소통적 교류를 위한 필수조건이라고 할 수 있다. 왜냐하면 단어나 그림, 사진만 가지고는 중도장애인과 의사소통을 시작하기조차 힘들고, 신체를 통한 교류보다도 훨씬 복잡하기 때문이다. 그런데 신체적 대화에서도 쌍방 간의 표현과 느낌 사이에 일치점을 찾아내기란 결코 쉽지 않다. 많은 경우 중도장애인의 언어적·비언어적 행동양식은 우리에게 이미 익숙한 기호와 일치하지 않기 때문이다(Fröhlich, 2001a: 231; 2001b: 21; 1998: 123-126).

3) 베이비 토크: 접촉 시작하기

Fröhlich는 신체적 대화의 전제가 되는 신체적 밀착 외에도 Papoušek 부부(Papoušek, 1994)가 제안한 베이비 토크(Baby Talk)를 특히 강조하며, 베이비 토크가 의사소통 발달에 결정적인 역할을 한다고 본다(Fröhlich, 2001a: 232-239). 다시 말해, 당사자는 '구조화된 의사소통'을 통해 상대방의 소리와 언어 그리고 표정에 집중하게 된다. 이러한 과정의 목적은 구어 소통에 필요한 발화능력을 강화하는 데 있다.

이를 위한 첫 번째 단계로 Fröhlich(2001a: 232-239)는 지원자에게 다음과 같은 행동을 제안한다.

- 먼 거리에서 그리고 가까이 다가가며 상대방에게 말 걸기
- 의례화된 신체접촉 방식 만들기(예, 목소리 역시 진동 요소로서 의례화된 신체접촉에 사용할 수 있다)
- 상대방과 30cm 정도 거리 두고 마주보기, 계속 말을 걸며 신체기호를 사용하여 '대화' 시작 알리기
- 베이비 토크로 지속적으로 신체적 대화하기(얼굴을 앞으로 내밀기, 머리 끄덕이기, 단순하고 명확한 메시지 반복하기, 높은 음색으로 말하기, 뚜렷하고 천천히 리듬감 있게 말하기, 강한 억양으로 말하기, 선율적으로 말하기 등등), 상대방의 소리 반복하기, 주어진 상황에 대해 상대방이 생각하고 응답할 수 있도록 20초 간격으로 10초 쉬기

여기에서 Fröhlich와 Simon(2004)은 Zollinger가 말한 'turn-taking', 즉 말하기와 경청하기를 번갈아 가며 소통하는 방식을 강조한다.

두 번째 단계에서는 중도장애인이 의도에 맞게 스스로 소리를 내는 것과 주변의 음성 언어를 인식하는 것을 배우게 된다. 이를 위해서는 다양한 상황과 활동을 경험하고, 경험한 것을 지속적으로 차별화된 음성으로 표현하며, 목소리과 배경음을 제대로 구분할 수 있어야 한다.

세 번째 단계에서 상대방은 중도장애인의 특정 발성에 한하여 반응한다. 이를 통해 중도장애인은 소리를 내면 누군가가 다가옴을 경험하고, 자신의 의도대로 언어를 정확히 투입하며, 자기 목소리가 의미를 얻게 됨을 경험하게 된다(Fröhlich, 2001a: 232-239).

아동은 주변인과의 상호작용에서 서로 번갈아 가며 대화를 나누고(상호 교
환성, reciprocity) 자신의 행동이 갖는 의사소통의 가치(의도성)를 차츰 배워
가게 된다. 이 과정에서 성공적인 의사소통에 궁극적으로 필요한 이 두 가지
조건을 습득하게 된다(Fröhlich & Simon, 2004: 44).

　Fröhlich는 중도장애인이 의사소통에 참여하기 위해서는 비장애인보다
5~6배 이상 많은 시간이 필요하다고 본다. 여기서 '시간'의 중요성이 다
시 언급되는데, 시간은 모든 의사소통에서 중요한 역할을 하지만 시간이
소요되는 의사소통은 비장애인에게 금세 불편함이나 거북함을 안겨 준다
(Fröhlich, 2001a: 235 f.). AAC를 통한 중도장애인과의 대화 상황은 의사소통
속도가 느리다는 것이 큰 특징이나(Braun, 2005), 일반인의 경우 보통 대화
도중 3초 이상 침묵이 흐를 때 견디기 힘들 정도로 불편함을 느끼므로 지원
자는 이를 고려하여 훈련을 진행할 필요가 있다.

4) 초기 상호작용에서 영아와 보호자의 레퍼토리

　Fröhlich와 Simon(2004)은 중도장애 영아와의 상호작용에서 '성인 파트너
의 역량'을 매우 중요한 요소로 본다. 일반적으로 영아는 보호자를 보고 들
으며 표정을 짓고 웃음이나 몸의 긴장을 통해 의사소통에 참여하게 된다.
이때 보호자는 아동에게 먼저 다가가 자신의 표정을 뚜렷하게 보여 주고 베
이비 토크로 소통을 진행하면서 아동의 소리를 모방해야 한다.
　그러나 아동의 장애는 상호작용 과정에 여러 어려움을 야기한다. 가령, 아
동은 보호자가 이해하기 힘든 방식으로 의사표현을 한다. 이때 아동의 신체
신호가 중요한 의미를 갖지만 상대방은 아동의 신체신호를 의사소통 경로로
인식하지 못한다. 신체신호는 모든 의사소통에서 중요한 역할을 하며, 일반
적으로 우리가 표현하는 모든 것의 근간을 이룬다. 하지만 일반적인 형태를
벗어난 표현들은 상대방에게 매우 낯설고 때로는 위협적으로 느껴질 수 있
다. 중도장애 아동은 과도한 근 긴장으로 인해 끊임없이 활동적인 상태에 있

는 듯한 인상을 준다. 이런 이유로 주변인은 아동에게 계속해서 무언가를 해 주려고 시도하거나, 그와는 반대로 아동이 진정하고 쉬도록 함으로써 결과 적으로 아동에게 무언가를 제안하려는 행동이 감소하게 된다. 뇌병변 지체 장애아동(사지 불수의 움직임을 가진 아동)의 경우 수시로 변화하는 근 긴장으 로 인해 갑자기 미소를 짓기도 하는데, 이것은 불수의 근육 움직임의 단순한 결과일 수 있다. 또한 머리가 뒤로 넘어가는 등 몸이 심하게 마비되는 모습 은 아동이 특정한 상황이나 사람, 대상 쪽으로 쏠리는 듯한 인상을 준다. 이 처럼 운동성 장애는 의도적인 움직임을 제한하고 비언어적 의사소통에서 잘 못된 해석을 야기하기도 한다.

5) 의사소통의 다양성

Fröhlich와 Simon(2004)은 신체적 밀착을 통한 의사소통에 활용할 수 있는 의사소통 경로로 다음과 같은 방식을 제시한다.

- 시각적 의사소통은 눈으로 보고 전달할 수 있는 모든 것을 포함한다. 상 대방의 얼굴을 바라보는 행위는 특히 의사소통 초기단계에 핵심적인 역 할을 한다.
- 촉각적 의사소통은 우리가 느끼거나 접촉을 통해 전달하는 정보와 관련 된다. 예를 들어, 우리는 악수할 때 짧고 부드럽게, 혹은 의도적으로 오 랫동안 강하게 악수를 하는 등 다양한 방식을 사용한다. 신체적 의사소 통(피부나 근조직, 관절 등 몸 전체로 의사소통)과 유사하게 촉각적 의사소 통 역시 신체적인 상호작용(예, 돌봄 행동)과 관련이 있다. 돌보는 사람 은 관계 속에서 상대를 느끼고, 또한 신체적인 신호를 통해 피드백을 받 는다. 우리는 신체적 의사소통을 통해, 예컨대 아동의 몸이 긴장 상태에 있는지 반대로 이완 상태인지 알 수 있는데, 이것은 기초적 의사소통의 바탕이 될 수 있다.
- 후각적 의사소통은 긍정적이든 부정적이든 (신체) 냄새가 타인을 대한

자신의 태도에 지속적으로 영향을 미침을 의미한다. 이것은 의사소통 행동에도 영향을 미친다.

• 미각적 의사소통은 미각을 통해 주변 환경에 대한 정보를 수집하는 방식이다. 수집된 정보는 의사소통을 돕는다.

• 온기를 통한 의사소통은 체온을 통해 전달된 정보와 관련이 있다. 이때 반응은 체온이 아닌 다른 의사소통 경로를 통해 일어난다.

• 진동을 통한 의사소통은 진동 자극을 통해 상대방이 반응하도록 유도하는 방식이다. 이에 대한 반응 역시 다른 의사소통 경로를 통해 일어난다.

이쯤에서 독자는 Fröhlich의 '기초적 자극 콘셉트'의 세 가지 핵심 요소(신체적 지각, 진동 지각, 전정기관을 통한 지각) 중 전정기관이 왜 의사소통 경로로 같이 활용되지 않는지 의문이 들 것이다. 당연히 활용할 수 있으며, 지원 방법도 다양하다. 전정기관은 공간에 대한 우리 몸의 위치 및 움직임에 대한 정보를 전달하는데, 전정기관을 통한 의사소통은 당사자의 몸이나 신체 일부를 상하좌우로 흔드는 비교적 큰 움직임을 통해 평형감각 정보를 제공한다. 가령, 급격한 움직임은 편안하거나 즐거운 상태 아니면 반대로 불편한 상황을 의미할 수 있으며, 이를 바탕으로 의사소통을 시작할 수 있다. 또한 청각적 의사소통도 포함되지 않았는데, 청각적 지각은 주변 환경의 청각적 정보와 관련되며, 이는 의사소통 상황에 긍정적이든 부정적이든 영향을 미친다.

Fröhlich와 Simon은 이와 같은 다양한 경로를 통한 의사소통이 모두 각각의 동일한 경로로 응답될 수는 없으며, 종종 다른 형태의 의사소통 경로가 필요하다고 밝힌다.

이전의 통상적인 이해와는 달리 이러한 의사소통 방식들은, 엄밀히 말하자면 의사소통이 아닐 수 있다. 왜냐하면 이런 방식으로는 '직접 느낄 수 있는' 무언가를 생산해 내지도 못할뿐더러 동일한 매개 경로를 통해 상대방에게 응답하는 것이 쉽지만은 않기 때문이다. 따라서 이러한 의사소통에 응답하기 위해서는 또 다른 '언어'를 찾아내야만 한다. 물론 정보 전달을 위해 이처럼 다양한 '소통 수단'이 사용될 때에도 우리는 상대방 아동이 의사소통을 하고 있다고 보아야 한다(Ibid., 23).

다양한 의사소통 경로를 통해 전달되는 정보의 내용은 무엇보다 개인의 현재 상태와 관련된 것이다. 이때 유의할 점은 단순히 상대방의 행동을 관찰하는 게 아니라 다양한 의사소통 경로를 통해 두 사람 사이에 상호 교류가 형성되어야 한다. 즉, 쌍방향의 상호작용이 관찰되면 그 자체가 의사소통이라는 것이다. 이런 점에서 Fröhlich와 Simon은 인간의 의사소통에서 자신의 의사소통 신호를 반드시 명확히 의식하는 것은 아니라고 본다.

6) 현장 적용

Fröhlich와 Simon(2004)은 '의사소통의 난관(Hürden)'을 극복하는 여러 방법을 제시한다.

첫째, 관계 형성은 의사소통을 위한 첫걸음이며, 중도장애인 경우 신체에 근접한 방식을 통해 이루어진다. 따라서 우리는 최대한 신중하고 세심하게 중도장애인에게 다가가야 하며, 어떻게 하면 편안하게 대면하고 소통할 수 있을지를 고민해야 한다.

둘째, 중도장애인의 고유한 의사소통 방식을 발견하기 위해서는 대화상대방이 먼저 행동해야 한다. 즉, 대화상대방은 중도장애인과의 의사소통 과정에서 늘 반복되는 경험을 통해 의사소통 방식을 인식하고, 당사자에게 자신의 행동이 가진 신호의 가치를 분명히 인식시켜 주어야 한다.

셋째, 당사자의 신호를 관찰하고 제대로 해석하기 위해서는 당사자를 이해하기 위해 노력해야 한다.

넷째, 대화 시작 시 바른 신체자세가 집중적인 의사소통으로 이어질 수 있다. 안정되고 대칭적인 자세, 반사 억제, 긴장 조절 등은 중도장애인이 의사소통 시 어떤 주제에 참여하거나 자신의 의사소통 역량을 제대로 드러내기 위해 반드시 필요하다.

다섯째, 당사자의 의사소통 신호에 집중하기 위해서는 대화상대방의 신체자세도 중요하다. 대부분의 의사소통 신호는 신체 가까이에서 발생하므로 새로운 자세를 취할 필요가 있다. "이를테면 대화상대방이 등을 대고 누운 상태에서 아동을 배 위에 올려놓는 자세가 훨씬 적합할 수 있다. 그러면 대칭 자세를 잡고 유지하기가 훨씬 수월하다. 또는 아동이 바닥에 등을 대고 눕게 하고, 필요에 따라서는 다리를 구부린 자세가 되도록 잡아 준 뒤, 상대방은 아동 옆이나 머리쪽에 누워 가장 가까운 거리에서 친밀감과 안정감을 형성할 수 있다."(Ibid., 97)

여섯째, 시간적 리듬과 지속기간은 모든 의사소통 상황에서 고려해야 하는 요소이다. 중도장애인은 상대방의 의사소통 지원을 수용하고 반응하는 데 확연히 시간이 더 소요된다. 이럴 때는 앞서 언급한 베이비 토크를 활용하면 도움이 될 것이다.

일곱째, 창의적인 동반이 필요하다. 창의적인 동반이란 아동 개인별 해법을 찾아가는 과정으로, 예를 들어 목소리와 목소리 울림, 멜로디, 리듬을 적절히 활용하는 방식이 정확한 언어나 문법 같이 표준화된 기준을 따르는 방식보다 더 중요하다. 또한 당사자가 의사소통 지원에 집중할 수 있도록 집중을 분산시키는 요소가 적은 조용한 분위기를 마련해야 한다.

마지막으로, 사람은 누구나 다를 수 있다는 권리를 항상 명심하는 것이 의사소통의 난관을 극복하는 데 결정적인 역할을 한다. 중도장애인 역시 신체적·인지적 능력을 활용하여 의사소통을 할 수 있다. 그리고 중도장애인과 소통하는 상대방은 기존의 관습에 얽매이지 않고 창의적으로 해법을 찾아 나가면서 상호적인 관계가 형성되도록 노력해야 한다.

3. Mall의 기초적 의사소통

1) 중도장애인 정의

Winfried Mall(2001a: 225)은 Piaget의 인지발달 단계에 기반을 두고, 중도장애인을 감각운동기의 2차 순환반응 단계[1]에 최대치로 도달한 수준으로 본다. Mall은 이 단계의 특성 중 '통일성 경험하기' '생존하기' '움직이며 체험하기' '환경의 영향력 탐색하기'와 같은 측면을 강조한다.

Mall은 중도장애인을 다음과 같이 구체적으로 구분한다.

- 중도지적장애인: 초기 감각운동기의 생활방식에 고착된 상태(Mall, 2008: 19)에서 지능이 명백하게 제한되어 있으나, 환경 및 환경 속 자신을 이해하고, 환경과 관계하며 복잡한 것을 배우고 또 생각하는 능력이 있는 사람(Ibid., 16)
- 중도·중복장애인: 신체와 감각기관을 통해 자기 자신과 주변 환경과 관계 맺는 능력에 있어서 심각한 제한이 있으며, 그 결과 주변인에 대한 의존성을 특성으로 하는 사람(Ibid., 19)
- 중증 자폐성 장애인: 환경 자극에 대한 조절력이 부족하며, 타인과의 상호작용을 (명백하게) 받아들이지 못하는 사람(Ibid., 17)
- 뇌사상태(코마) 환자: 신체기관의 기본 기능이 퇴보하고 자신의 요구나 욕구를 능동적으로 전달하지 못하는 사람(Ibid., 19 f.)
- 진행성 치매환자: 환경과의 적절한 상호작용 능력이 서서히 감소하는 사람(Ibid., 20)

이처럼 '기초적 의사소통' 콘셉트는 다양한 부류의 사람을 대상으로 함을

---

1) 생후 4~8개월-역자 주

알 수 있다. 각 부류의 사람들은 각기 다른 능력을 갖고 있기에 이를 바탕으로 적절히 소통할 수 있어야 한다. Mall(Ibid., 19)은 Piaget(1975) 이론에 근거하여 앞서 서술한 사람들이 공통적으로 개인과 환경 간의 의사소통적 교류에 심각한 문제를 가지며 이로써 동화와 조절 간의 상호작용에 어려움이 야기된다고 본다.

2) 의사소통 정의

Mall은 대화파트너 간의 상호작용 과정에 기반하여 의사소통을 정의한다.

> 의사소통은 대화파트너가 나의 표현에 관심을 가지고 적절히 반응함으로써 시작된다. 가령, 갓난 아기가 울면 어머니는 아기에게 젖을 주고 달래면서 반응을 하고 이로써 의사소통이 시작되는 것이다(Mall, 2001a: 224).

여기서는 Mall이 수차례 강조하는, Piaget가 말한 동화(assimilation: 환경을 자신에게 맞추며 영향력 행사하기)와 조절(accomodation: 자신을 환경에 맞추어 변화하고 적응하기) 간의 조합이 여실히 드러난다. 따라서 대화파트너 쌍방은 서로를 신뢰하는 가운데 지속적으로 교류해야 한다. Mall은 "인간은 의사소통하지 않을 수 없다."(Watzlawick, Beavin & Jackson, 1990)는 Watzlawick의 말을 인용하며, 모든 행동은 타인에게 영향을 주고 타인 역시 이에 적응함과 동시에 영향을 미치는데, 이런 과정을 통해 의사소통이 이루어진다고 말한다.

> 의사소통은 매우 광범위한 의미로 정의되어야 한다. 말하자면, 의사소통은 타인에게 적응하고 영향을 주는 모든 행위인 셈이다. 이러한 관점에서 봤을 때 의사소통을 하지 않는 것은 명백히 불가능하다. 왜냐하면 아무것도 하지 않는 것으로 보이는 행동조차 타인에게 영향을 주고 타인에게 적응하는 형태일 수 있기 때문이다. 어느 누구도 타인에게 영향을 주거나 받지 않으면서 타인과 공유된 경험 세계에 존재할 수는 없는 법이다(Mall, 2008: 39 f.).

이 인용문에서 눈여겨볼 점은 Mall이 의사소통과 행동을 동일시한다는 것이다. 이것은 설령 서로 의사소통할 의도가 없다 하더라도, 한 공간 안에 존재하는 것 자체가 이미 상호 적응하고 영향을 주고받는 행위라는 의미이다. 바로 이것이 Mall이 정의하는 의사소통이다.

3) '기초적 의사소통' 콘셉트의 기본 관점

　기초적 의사소통 콘셉트는 1970년대 후반에 Mall이 중도장애가 있는 한 소년을 지원하는 과정에서 탄생하였다(Mall, 1980). 앞서 언급했듯이, 의사소통이란 상호 적응하고 타인에게 영향을 미치는 모든 행위를 일컫는다. Mall은 기초적 의사소통을 "선입견이나 편견 없이 중도장애인을 만나 긍정적인 의사소통의 흐름(순환)을 활성화하는 구체적인 방법"(Mall, 2008: 79; 2003: 81)이라고 정의한다. "의사소통 순환"(circle of communication)'(Ibid., 40-46)이란 동행하는 사람이 당사자의 행동을 관찰하고 해석하려는 노력으로 특징지어질 수 있다. 그러므로 기초적 의사소통의 첫 단계는 동행하는 사람이 당사자의 표현을 진지하게 수용하여 의사소통을 시작하려고 노력하는 것이다. 그 다음으로, 결정적인 단계는 상대방의 표현에 적절하게 행동하며 응답하는 것으로, 이때 적합한 의사소통 경로를 선택해야 한다(Ibid., 44).

> 　나는 상대방이 내는 소리를 모방하거나 상대방이 움직이는 리듬에서 작은 멜로디를 발견하여 콧노래를 부르기도 하고 그 리듬에 따라 상대방의 이름을 부르곤 한다. 손뼉을 치거나 다른 소리를 낼 수도 있고, 상대방의 리듬에 맞추어 소리를 낼 수도 있다. 또한 상대방 앞이나 옆으로 다가가 쪼그려 앉은 채로 상대방의 움직임을 모방하는 등 다양한 시도가 가능하다(Ibid.).

　이때 당사자에게 동행자의 행위가 자신의 행위에 대한 응답임을 인지하도록 하는 것이 중요하며, 당사자는 향후 변화된 행동으로 반응할 수 있다. 의사소통의 순환은 이러한 방식으로 계속 진행된다.

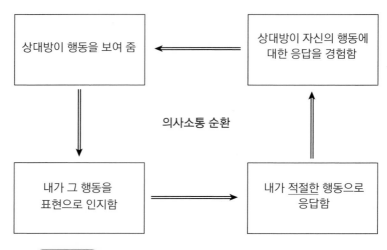

그림 4-2 Mall이 규정하는 '의사소통 순환'(Mall, 2008: 45)

Mall은 "인간은 의사소통하지 않을 수 없다."(Watzlawick, Beavin & Jackson, 1990)라는 Watzlawick의 말과 관련하여, 모든 사람은 의사소통 능력이 있다고 보며(Mall, 2001a: 223 f.), 인간의 이러한 원초적인 기본 의사소통 능력이 기초적 의사소통의 출발점이라고 강조한다(Mall, 2008). Mall(1987)에 따르면, 의사소통을 방해하는 원인은 무엇보다도 초기 모자관계에서 발생하는 상호작용의 어려움에 기인한다. 이러한 상호작용의 단절은 아동이 주변 사람에 대한 근본적인 신뢰감을 형성하는 것을 저해할 뿐 아니라 주변 환경과 관계를 맺는 데에도 어려움을 줄 수 있다. 기초적 의사소통은 바로 이러한 초기의 대화를 다시금 경험하게 하고, 의사소통의 기초를 형성하는 데 기여한다. Mall에 따르면, 인간은 무(無)의사소통적 존재가 아니며, 서로가 갖고 있는 다양한 의사소통 경로(눈맞춤, 호흡 리듬, 언어, 소리 표현, 표정, 접촉, 몸짓, 움직임)가 일치하지 않기 때문에 의사소통에 어려움이 생긴다. 그러나 소리 표현이나 접촉, 움직임, 특히 호흡 리듬은 의사소통에 쉽게 활용할 수 있는 경로이다.

4) '기초적 의사소통'의 목적과 내용

기초적 의사소통의 목적은 중도장애인의 발달촉진보다는 우선적으로 중도장애인과의 관계 형성에 주안점을 둔다.

> 기초적 의사소통은 상대방의 변화를 목표로 삼지 않으므로 통상적인 발달
> 지원방법이라고 볼 수 없다. 그보다는 … 상대방과 나 사이의 관계를 형성하고
> 개선하는 데 이바지하고자 한다(Mall, 1987: 5).

기초적 의사소통의 내용은 앞서 제시한 목적에 부합해야 한다.

> 장애인의 발달상태에 맞춘 기초적 의사소통은 객관적·이성적·지적 소통 방
> 식으로 이루어지지 않는다. 기초적 의사소통에서 전달되는 내용은 당사자의
> 인성에 깊숙이 파고 들면서 궁극적으로 관계 형성을 지향한다(Ibid., 4).

관계 형성이라는 맥락에서 기초적 의사소통은 다음과 같은 내용을 포함한다.

- 의사소통 상황 형성, 즉 전(前) 언어적이고 감정적인 차원에서 상호 교류하기
- 이해, 수용, 선호, 관심과 같은 경험 전달하기
- 컨디션이나 욕구, 상대방의 바람 같은 감정과 관련된 상황을 감지하기
- 서로의 불안, 몰이해, 과도한 긴장, 패닉 해소하기
- 관계맺음을 받아들이고, 사회적·물질적 세계에 대한 경험에 개방적으로 임하기(Ibid.)

5) 현장 적용

Mall(2008; 1987)은 기초적 의사소통을 현장에 적용하기 위해 다양한 제안

을 하는데, 여기서는 몇 가지 대표적인 내용을 간략히 소개해 보겠다(www.
winfried-mall.de).

- 소요시간: 10~30분
- 자극이 적은 조용한 환경 조성하기
- 교사[2]는 학생 옆이나 뒤에 몸 밀착하기, 학생이 교사 다리 사이에 앉아 가슴에 등 기대기
- 학생의 호흡 리듬을 인식하고 함께 호흡 리듬 '타기'(학생의 날숨에 따라 교사도 같이 날숨하기)
- 학생에게 들릴 정도로 숨을 크게 내쉬기(다양한 소리로 숨 내쉬기, 중얼거리기, 노래하기). 학생이 시간을 두고 충분히 느낄 수 있도록, 빠르지 않게 일정 간격으로 숨 내쉬기
- 학생이 표현하는 행동이나 자세를 수용하고 모방하기
- 신체접촉하기, 특히 학생이 숨을 내쉴 때 신체접촉하기, 리듬감 있게 신체 일부 (양팔 등)를 위에서 아래로 혹은 안쪽에서 바깥쪽으로 쓰다듬기
- 숨을 내쉴 때 몸에서 만들어지는 진동을 함께 느끼기
- 학생의 상체 껴안기, 그의 움직임과 함께하기, 새로운 움직임 보여 주기(상체를 앞 뒤, 좌우로 움직이기, 상체를 회전하기, 규칙적 또는 불규칙적으로 움직이기, 호흡 리듬 타기)
- 불필요한 발화는 하지 않기

Mall(1987: 6 f.)은 기초적 의사소통을 만남이나 신체접촉이 일어나는 모든 곳에 적용 가능하다고 설명하며, 다음과 같은 일상적인 사례를 제시한다.

　　상대방에게 말로 인사하는 대신 상대방 가까이 다가가 나의 존재를 느끼도록 한다. 상대방의 호흡 리듬으로 함께 호흡하고, 호흡을 내쉴 때 "안녕?" 하며 몸을 쓰다듬는다. 또는 횡단보도에서 녹색 신호를 기다리는 동안 상대방 가까이 다가가 그의 리듬에 집중하고 리듬에 맞추어 몸을 살짝 움직인다.

----
2) 이해를 돕기 위해 장애 당사자를 학생으로, 대화파트너를 교사로 번역함-역자 주

Mall(2008)은 특히 중도장애인을 돌보는 상황에서 기초적 의사소통이 중요한 역할을 한다고 강조한다. Mall에 따르면, 돌봄 영역은 중도장애인을 대하는 내용적 측면에서 핵심적·우선적 지위를 갖는다.

> 당신이 중도장애인과 함께 하는 시간의 대부분은 돌보는 행위로 채워진다. 당사자의 신체 욕구를 만족시키고 신체적·정신적 안녕을 도모하는 모든 행위를 돌봄 행위로 간주할 수 있다(Ibid. 69).

앞에서도 언급했듯이, Mall은 기초적 의사소통을 중도장애인의 발달지원이 아닌 그들과 접촉하고 관계를 형성하는 하나의 방법으로 이해한다. 따라서 중도장애인과 신체적으로 접촉하거나 중도장애인을 돌보는 상황 이외의 삶의 영역에서도 기초적 의사소통을 적용할 수 있다고 본다.

> 기초적 의사소통은 학교나 주간보호시설 또는 주거시설에서 일상적인 상황이나 학습, 치료 등의 다양한 상황에서도 추가적으로 활용 가능한 콘셉트이다. 따라서 기초적 의사소통은 중도장애인을 담당하는 시설 직원, 치료사, 교사, 나아가 환자, 학생 모두가 자기 자신과 타인의 존재를 확인하기 위해 필요할 때마다 활용할 수 있는 기본 콘셉트로 자리매김할 수 있다. 기초적 의사소통을 통해 두 사람이 여전히 접촉을 유지하고 있는지, 두 사람의 현재 기분상태가 어떠한지, 상대방이 계속해서 일상적·교육적·치료적 경험을 할 수 있는 지 등을 서로가 느낄 수 있다(Mall, 2001a: 231 f.).

4. Praschak의 근 긴장 대화

여기에서는 Wolfgang Praschak이 정립한 '근 긴장 대화(Tonischer Dialog)', 즉 서로 몸의 근 긴장 상태(tonic)를 감지하며 대화를 이루어 나가는 콘셉트를 현장 적용에 중점을 두어 살펴보겠다.

1) 현장 적용

Praschak은 감각계와 운동계의 협응을 통한 움직임 과정을 바탕으로 중도장애인과 근 긴장을 서로 감지하며 진행되는 대화를 이론으로 정립하였고, 나아가 이를 일상생활에 구체적으로 적용하는 사례를 다양하게 제시하였다 (1993a: 308 f.; 2001: 257; 2003: 120 ff.). Praschak이 제시하는 사례에서는 항상 '일상적 행위'가 핵심인데, 일상적 행위를 통해서만이 중도장애인은 자신과 자신의 행동의 의미를 분명히 지각할 수 있기 때문이다.

> 중도장애인이 자신에 대한 책임으로, 무언가를 의도적으로, 그리고 왜 하는지를 직접 느낄 수 있는 행동을 하는 경우에만, 그 행동은 비로소 그에게 의미를 갖게 된다(Praschak, 2003: 120).

Praschak은 이러한 행동의 예로 신변처리 활동, 식사하기, 옷 입고 벗기, 쉬기, 휠체어 타고 내리기, 집 청소하기, 장보기 등을 언급한다(Ibid.). 따라서 우리는 아동의 감각운동적 능력과 가능성에 부합하는 일상적 활동을 구상해야 한다. 그래야만 아동이 스스로 근 긴장을 통한 대화를 시작하고 활동에 참여하고 싶은 신호를 보내기 때문이다.

> 예를 들어, 기저귀 교체 시 엉덩이를 들어올리고, 옷소매에서 팔을 꺼내거나, 목욕 수건으로 몸을 닦는 행동에서 아동의 협응 움직임에 우리 또한 근 긴장으로 반응하게 되는데, 이를 통해 아동은 자신이 활동에 참여하여 나름 노력한 것이 인정받는다고 느낀다(Praschak, 2001: 122).

하지만 Praschak은 이것을 구체적으로 어떻게 실행해야 하는지는 자세하게 언급하지 않는데, Praschak이 '감각운동적 협응(Sensumotorische Kooperation)'에서 강조하였던 보바스 치료법을 참고하면 이 부분을 이해하는 데 도움이 될 듯하다. 뇌병변 지체장애아동을 치료하는 과정에서 보바스 치료법의 중요성을 강조한 Ritter는 Praschak의 감각운동적 협응을 "중도장애인의 치료에 있어 왕도(王道)"(Ritter, 2004: 92)라고 표현했다. 어쨌든 우리는 중도장애인이 자발적이고 능동적으로 (같이) 움직이도록 하기 위해 움직임을 여러 단계로 세분화하고 당사자가 각 단계의 움직임을 스스로 이행할 수 있는지 계속해서 감지해야 한다.

> 움직임 단계를 세분화하고, 아동이 행위를 주도할 때까지 기다리고, 움직임 순서를 파악하여 다음 동작을 예상하며, 정말 필요할 때에만 치료사가 도움을 주는 일련의 과정을 통해 중도장애인은 자신이 능동적으로 활동에 참여한다는 사실을 체험하게 된다(Ibid, 93).

이 말은 실제 활동에서 어떠한 동작을 개시하는 것, 예를 들어 소매에서 팔을 빼기 위해 특정 방향으로 팔을 천천히 움직이는 것을 의미한다. 이때 우리는 이따금씩 동작을 멈추고 당사자가 동작을 스스로 실행하는지를 내 몸으로 섬세하게 감지해야 한다. 그래야만 상호 교류가 이루어지고, 근 긴장을 통한 대화가 가능해진다.

처음에 우리는 상대방이 활동할 준비가 되어 있는지 알기 위해 움직임을 부드럽게 실시하면서 상대방에게 응답을 유도하게 된다. 그러나 이는 상대방이 응답을 할 수 있을 때에만 가능하다. 따라서 상대방에게 너무 힘들지도 그렇다고 너무 쉽지도 않은 적당한 선에서 상대방이 공동의 책임감을 느끼도록 동기를 부여해야 한다. 이를 위해서는 일상 동작을 실행할 때 중도장애인이 극복할 수 있고 동시에 자극도 되는 적당한 움직임 저항이 필요하다. 따라서 우리의 인내심과 세심한 배려 그리고 관심을 집중하는 것이 필요하다(Praschak, 2001: 258 ff.). 한마디로 근 긴장을 통한 대화는 일상 행위와 관련이 있으며, 상대방과 감각운동적 협응을 통해 실시되는 의사소통 방법이라 할 수 있다.

5. '의사소통은 곧 교육이다'

앞서 세 가지 콘셉트를 통해 중도장애인을 위한 다양한 의사소통 지원방안을 살펴보았는데, 이제부터는 중도장애인과의 의사소통이 갖는 교육적 의미에 관해 논의하고자 한다.

앞서 인용한 "인간은 의사소통을 하지 않을 수 없다."라는 Watzlawick의 말은 중도장애인과 협력하는 사람들에게는 매우 환영할 만하지만, 사실 모든 행동에는 뭔가를 전하려는 의도가 내포되므로, 장애를 불문하고 모든 사람에게는 모든 생활환경에서 의사소통 능력이 있음을 뜻하는 보편적인 주장이기도 하다. 즉, 누구나 의사소통을 할 수 있다는 말은 역으로 어느 누구도 특별한 지원을 필요로 하지 않는다는 뜻이 될 것이고, 따라서 의사소통에 대해서는 특별한 교육적 요구라는 것이 존재하지 않는 듯한 인상을 준다. 이러한 비판은 Klauß(2002)가 의사소통과 관련된 교육적 요구를 언급한 것에서 찾을 수 있다.

Watzlawick의 주장과 같은 매우 보편적인 진술은 한번쯤 비판적으로 성찰해 볼 필요가 있다. 왜냐하면 그의 주장은 아무런 조건도 필요없는 의사소통을 가정하기 때문이다. Watzlawick의 주장을 그대로 해석하자면, 의사소통의 '소재(Material)'는 단지 단어뿐만이 아니라 각각의 행동이며, 이 모든 것이 메시지를 전달하는 성격을 띤다. 이런 의미에서 보자면, 행동은 모두 타인에게 영향을 미친다. 즉, 누구든 반응하지 않을 수 없고 누구든 행동하지 않을 수 없기에, 사람은 항상 의사소통의 의도를 지니게 되며, 그로 인해 어떤 행동이든 타인에게 영향을 미친다는 것이다. 그런데 이 논리에 따르면, 우리가 경우에 따라 일부러 의사소통을 하지 않으려는 선택의 권리나 결정 능력은 부정되고 만다. 또한 의사소통과 행동이 동일시되므로 의사소통이라는 개념이 모호해진다. 따라서 이러한 보편적인 주장에서는 의사소통의 실제 의미, 다시 말해 두 사람 간의 정보 교류라는 의사소통의 실체가 사라지고 만다(Klauß, 2002: 262 ff.).

물론 누군가의 행동이 타인에게 인지되고 해석되는 일은 피할 수 없다. 그렇다고 해서 그것이 모두 의사소통은 아니다. 중도장애인과 관련해서는, 우리가 그들의 행동을 자세히 관찰함으로써 그의 욕구와 관심, 호기심 등을 이해할 수 있고 이를 바탕으로 중도장애인과 접촉을 시도할 수 있다. 즉, 비로소 의사소통이 시작되는 것이다(Klauß, Janz & Lamers, 2007: 39).

> 상대방의 행동을 인식하고 해석하는 행위를 통해 비로소 의사소통이 시작되는 것이다. … 엄밀히 말하자면, 의사소통은 경청에서, 서로 귀를 기울이고 관심을 갖는 것에서 시작된다(Ibid.).

Klauß는 의사소통에 대한 인간의 교육적 요구를 간과하는 것 또한 비판한다. 만약 인간이 아무 조건 없이도 의사소통할 수 있는 존재라면 굳이 의사소통 발달 지원에 노력을 기울일 필요가 없을 것이라 생각할 것이다.

> (Watzlawick의) 보편적 진술에서는 의사소통을 위한 근본적인 조건이 간과될 수 있다. 다시 말해, 그의 의사소통 개념에서는 첫째, 무엇을 전달하는지(의사소통의 내용), 둘째, 어떤 의도로 전달하려는지(의사소통의 목적), 셋째, 어떤 방식으로 잘 전달할 수 있는지[의사소통은 (다양한) 경로가 필요하며 상대방이 이해할 수 있는 기호체계가 있어야 한다], 나아가 자신의 표현에 관심을 가지고 이해할 수 있는 상대방이 필요하다는 사실이 간과될 수 있다(KlauÞ, 2002: 264 f.).

Klauß에 따르면, 교육적 의미에서 의사소통은 다음의 교육목표를 내포한다(Ibid., 265).

- 의사소통을 통해 요구와 선호, 관심 등을 형성한다(의사전달의 이유).
- 의사소통을 통해 타인을 대한 긍정적 시각을 습득한다(의사전달의 효과).
- 의사소통을 통해 의사표현 역량을 획득한다(기호와 상징 습득).

의사소통은 우리가 어떠한 행동을 관찰하고 해석하고 무엇인가를 제안하는 등 우리의 관심을 바탕으로 상대방과 함께 활동하는 가운데 비로서 시작되는 것이다. 신생아가 초반에 자신의 욕구를 표출할 때에는 의사소통적 의도가 없다. 부모가 아기에게 본능적으로 행동하고 반응함에 따라 아기는 자신의 행동이 사회적으로 영향을 줄 수 있음을 서서히 이해하게 되고, 이로써 의사소통이 본격적으로 시작된다. 우리의 사회적 능력과 의사소통 역량은 선천적으로 주어지는 부분도 있지만, 이런 역량이 발휘되기 위해서는 교육이 필요하다(Ibid., 273 f.).

그러므로 의사소통은 교육과정의 산물이며, 상대방에게 관심을 갖고 집중하는 태도를 전제로 한다. 관계 형성을 통하여 비로소 상대방에게 흥미를 느끼고, 의사소통이 가치 있음을 경험하게 되는 것이다. 관계에 기반해야만 특정 자극을 제공하는 행위도 비로소 상대방에게 의미를 줄 수 있다. 의사소통은 이처럼 의도가 내포된 사회적 관계 형성을 기반으로 하기에, 비의도적인 여타 행동과는 동일시될 수 없다. 따라서 의사소통은 타인에 대한 관심과 긍정적인 인간상을 발달시켜 나가는 데 필수적이다. 우리가 다른 사람에게 관심을 갖고 그와 의사소통할 만한 가치 있다는 경험과 의욕을 갖기 위해서는 긍정적인 인간상이 중요하다. 중도장애인에게 있어서 이러한 긍정적인 인간상은 무엇보다 올바른 돌봄행위를 통해 가능하다(Ibid.).

Klauß는 의사소통을 다음과 같이 구분한다.

- 의사소통 의도가 분명한 의사소통
- '발신자'의 의사소통 의도가 분명하지는 않으나 '수신자'가 이를 의사소통으로 해석할 수 있는 행동
- 대화의 관심사가 부각되지 않고 의사소통이 잘 되지 않는 상호작용 형태(Ibid., 274 f.)

6. 교육적 시사점

앞에서 기술한 주장을 살펴보면, 우리는 의사소통 자체를 교육으로 여기고 상대방과 공동의 언어를 찾기 위해 노력해야 한다. 여기서 우리는 의사소통이라는 개념을 단순한 행동과는 구분해야 한다. 즉, 모든 행동이 의사소통적 성격을 갖는 것은 아니며, 중요한 것은 의사소통 참여자 간의 '상호성'이다.

나아가 우리는 의사소통을 증진시키는 내용, 즉 대화할 만한 가치가 있다고 느껴지는 주제를 찾아야 한다. 이때 관심과 호기심을 키우는 노력이 중요하다. 누구나 한 번쯤 어떠한 대화 주제가 재미없을 때 대화에 참여하는 둥 마는 둥 했던 경험이 있을 것이다. 그러나 흥미로운 주제를 찾았을 때에는 그 주제가 모든 의사소통 요소에 고스란히 반영되어 나타나는데, 즉 대화의 신체언어, 말의 속도, 음색, 소리 크기, 상호성, 감정적인 몰입에 고스란히 드러난다.

그러므로 우리는 흥미로운 주제를 찾아 중도장애인에게 제안해야 한다. 우리는 중도장애인이 내용적으로 무엇을 받아들이는지는 정확히 알 수 없지만, 바로 이러한 현상이 우리로 하여금 과연 어떤 제안이 그들에게 적절했는지 성찰하도록 이끈다. 이러한 제안은 인간의 초기 의사소통 능력에 비추어 볼 때 충분히 그 가치가 있는데, 영아기에도 이미 성인의 발화언어 내용을 이해하고 언어로 전달된 내용을 수용한다는 것이다(Dolto, 1989; Eliacheff, 1997; Szwejer, 1998).

Klauß, Lamers 그리고 Janz는 '중도·중복장애 아동의 교육실태'(Klauß, Lamers & Janz, 2006; 2007)라는 연구 프로젝트를 통해, 특수학교에 근무하는 여러 전문직업군 중 '중도장애학생들과는 의사소통이 불가능하다'고 여기는 경우는 매우 극소수에 불과하다는 점을 발견하였다.

중도·중복장애 학생들과 메시지를 교환하는 것은 거의 불가능할 거라는 연

> 구진의 애초의 추측과 달리, 연구 참가자 전원은 모든 학생과 의사소통이 가능
> 하다고 생각하고 있었다(Klau ß , Janz & Lamers, 2007: 50).

중도장애인과의 의사소통은 항상 상대방의 주관적 해석에 좌우되기 마련
이다. 즉, 상대방은 중도장애인의 행동을 관찰하고 나름의 방식으로 해석한
후 적절하게 응답하고자 시도한다. 그러나 상대방이 당사자의 행동을 해석
하는 데 어려움을 느끼고, 나아가 그러한 불확실성을 견디기 힘들어할 경우,
중도장애인과의 의사소통이 자연적으로 줄어들 수밖에 없다. 의사소통적 제
안이 줄어들면, 결국 중도장애인이 소외되는 결과로 이어진다. 이에 Klauß,
Janz 그리고 Lamers는 다음과 같이 지적한다.

> 우리가 이러한 불확실성 때문에 해석하기를 포기한다면 중도·중복장애인은
> 의사소통을 성공적으로 경험할 기회조차 갖지 못할 위험에 처한다(Ibid.).

의사소통은 모든 사람에게 가능하다. 중요한 것은 주변인들의 생각과 태
도이다.

나아가 Klauß, Janz 그리고 Lamers는 전달하는 내용과 내용의 명료성에
따라 행동형식과 표현형식 사이에 큰 차이가 존재하며, 내용이 분화될수록
의사소통이 성공하기 힘들다고 지적한다.

> 무엇보다 상대방의 표현이 세밀하게 분화되는 경우, 혹은 당사자가(다른 사
> 람의 제안이나 자극에 상충하는) 자신만의 의사를 표현하고자 할 때 의사소통
> 의 제약은 매우 커진다(Ibid.).

그럼에도 불구하고 상대방과 함께 공동의 기호와 흥미로운 내용을 탐색하
는 과정이 요청되며, 이를 통해 의사소통을 도모하고 의사소통의 가치를 깨
닫게 된다.

앞에서 살펴보았듯이 우리는 상대방의 능력이 어떻게 발달할지 정확히 예
측할 수 없으므로 다양한 의사소통 방식과 다양한 의사소통 경로를 통해 제

안하며, 상대방이 계속 성장하고 발달할 공간을 확장해 주어야 한다. 상대방은 다양한 방식 속에서 자신의 관심, 욕구 및 역량을 표현할 수 있기 때문이다. 나아가 여기서 '공간'이라는 개념은 글자 그대로의 의미보다는 시설 밖에서 행해지는 다양한 활동을 의미한다(Haupt, 2006; 1998).

7. 결론

의사소통은 인간의 모든 생활환경에 결정적인 역할을 한다. 그렇지 않다면 Fröhlich와 Haupt가 제안한 발달 총체성 모델 안에서 의사소통이 핵심적인 위치를 차지하지 않을 것이다(물론 두 학자는 각 발달영역 간에 위계는 없다고 밝힌다).

이 글에 소개한 세 가지 콘셉트는 중도장애인과의 의사소통적 상황을 구성하는 데 구체적이고 실질적인 도움이 될 것이다.

중도장애인과 의사소통을 위한 첫 단계는 주변인에게 달려 있으며, 첫 번째 목표는 관계 형성이다. 주변인은 환경 조건(공간 내 사람, 소리, 냄새 등)을 고려하는 가운데 의식적으로 중도장애인에게 다가가야 한다. 구체적으로 말하자면, 주변인은 구어로 자신의 존재를 알리고 상대방의 이름을 부르며 의례적인 인사(예, 만나거나 헤어질 때 특정 신체접촉을 반복하기)를 하면서 상대방에게 세심하게 다가가야 한다. 본격적인 대화를 시작하기 전에 대화 참가자 모두가 신체적으로 적절한 자세나 위치를 잡아야 한다(Heidderich & Dehlinger, 1998; Holtz, 2004). 공동의 언어, 공동의 기호, 의도성을 탐색하는 것, 즉 이러한 상호성은 공동의 의사소통을 위한 기초가 된다. 다양한 의사소통 경로를 인식하고 제공하는 것, 그리고 (가능하다면) 상대방의 관심사와 욕구에 대한 인식이 필수적이다. 따라서 다양한 분야의 전문가들과 부모, 기타 주변인과 협력하여 중도장애인에 대한 총체적인 이미지를 획득하기 위해 노력해야 한다(Klauß, 2003).

나아가 의도적인 대면 대화에서 나의 자극이나 제안에 대한 소통적 응답을 감지하고, 이에 적절히 반응하기 위해서는 민감하고 공감적인 신체적 접근이 필요한다. 또한 대화파트너 간에 의사소통 역량이 조화를 이루는 가운데 어느 한 사람이 행위나 대화를 과하게 주도하지 않도록 해야 한다. 그래야만 상대방의 신호를 명확하게 감지할 수 있다.

또한 Haupt가 아동의 발달지원과 관련하여 제기하는 주요 질문, 즉 "아동이 보다 수월하게 학습(의사소통)하기 위해 필요한 조건은 무엇인가? 그 조건을 어떻게 마련할 것인가? 지원이 필요한 경우, 아동이 나타내는 발달동기(의사소통 동기)는 무엇인가?"(Haupt, 2006: 130)와 같은 질문을 각 중도장애 아동에게 던져 볼 필요가 있다. 중도장애 아동에게 어떠한 역량이 존재하는지 처음부터 규정할 수 없으므로, 창의적이고 개인적인 이론적 토대를 바탕으로 중도장애 아동과 협력하는 것 또한 중요하다(Ibid.).

> 내 작업의 질은 아동의 생활환경, 욕구, 발달동기 등을 고려하여 제공하는
> 교육의 질에 달려 있다(Ibid., 131).

이 말이 의사소통과 관련하여 의미하는 바는, 우리가 중도장애인 개개인의 욕구와 관심사, 삶의 의미를 고려하여 다양한 의사소통 방식을 제공해야 한다는 것이다. 이를 통해 중도장애인은 의사소통 능력을 발달시킬 수 있다.

참고문헌

Bach, H. (1991). Zum Begriff 'Schwerste Behinderung'. In: Fröhlich, A. (Hrsg.). *Pädagogik bei schwerster Behinderung*. Handbuch der Sonderpädagogik. Berlin: Edition Marhold, 3-14.

Bienstein, C. & Fröhlich, A. (2003). *Basale Stimulation in der Pflege-Die Grundlagen*. Seelze-Velber: Kallmeyer Verlag.

Braun, U. (2005). Besonderheiten der Gesprächssituation. In: Braun, U. (Hrsg.). *Unterstützte Kommunikation*. Düsseldorf: verlag selbstbestimmtes leben, 24–30.

Dolto, F. (1989). *Alles ist Sprache: Kindern mit Worten helfen*. Weinheim: Beltz Verlag.

Eliacheff, C. (1997). *Das Kind, das eine Katze sein wollte*. Psychoanalytische Arbeit mit Säuglingen und Kleinkindern. München: Deutscher Taschenbuch Verlag.

Fröhlich, A. (1982). *Der somatische Dialog*. Zur psychischen Situation schwerst mehrfachbehinderter Kinder. Behinderte, 4, 15–20.

Fröhlich, A. (1995). *Dialog der Sinne*. zusammen, 9.

Fröhlich, A. (1998). Die Förderung schwerst (körper)behinderter Kinder-Aspekte einer Kommunikationsförderung. In: Dittmann, W. & Klöpfer, S. (Hrsg.). *Zum Problem der pädagogischen Förderung schwerstbehinderter Kinder und Jugendlicher. 3*. Aufl., Heidelberg: Edition Schindele.

Fröhlich, A. (2001a). *Basale Stimulation-Das Konzept. 3*. Aufl., Düsseldorf: verlag selbstbestimmtes leben.

Fröhlich, A. (2001b). Sprachlos bleibt nur der, dessen Sprache wir nicht beantworten. Grundzüge des somatischen Dialogs. *Orientierung, 2*, 20–22.

Fröhlich, A. & Simon, A. (2004). *Gemeinsamkeiten entdecken*. Mit schwerbehinderten Kindern kommunizieren. Düsseldorf: verlag selbstbestimmtes Leben.

Haupt, U. (1998). Kinder mit cerebralen Bewegungsstörungen im Spannungsfeld von eigenen Entwicklungsimpulsen und fremdbestimmter Anleitung. In: Dörr, G. (Hrsg.). *Neue Perspektiven in der Sonderpädagogik*. Düsseldorf: verlag selbstbestimmtes leben, 94–117.

Haupt, U. (2006). *Wie Lernen beginnt*. Grundfragen der Entwicklung und Förderung schwer behinderter Kinder. Stuttgart: Verlag W. Kohlhammer.

Janz, F., Klauß, T. & Lamers, W. (2009). *Unterricht für Schülerinnen und Schüler mit schwerer und mehrfacher Behinderung-Ergebnisse aus dem Forschungsprojekt BiSB*. Behindertenpädagogik, 1.

Klauß, T. (2002). Können Menschen wirklich nicht nicht kommunizieren? Anfragen zu einem an Watzlawick angelehnten sonderpädagogischen Glaubenssatz. *VHN, 71*(3), 262-276.

Klauß, T. (2003). Bildung für Menschen mit schwerer und mehrfacher Behinderung erfordert Interdisziplinarität und Kooperation verschiedener Professionen. In: Klau β , T. & Lamers, W. (Hrsg.). *Alle Kinder alles lehren… Grundlagen der Pädagogik für Menschen mit schwerer und mehrfacher Behinderung.* Heidelberg: Edition S, 323-340.

Klauß, T., Janz, F. & Lamers, W. (2007). Kommunikation über Körperausdruck und Verhalten bei Menschen mit schwerer und mehrfacher Behinderung. *Behinderte menschen, 5*, 36-53.

Klauß, T., Lamers, W. & Janz, F. (2006). Die Teilhabe von Kindern mit schwerer und mehrfacher Behinderung an der schulischen Bildung-eine empirische Erhebung. Ergebnisse aus dem Forschungsprojekt zur 'Bildungsrealität von Kindern und Jugendlichen mit schwerer und mehrfacher Behinderung in Baden-Württemberg (BiSB)'. Teil 1-Fragebogenerhebung. http://archiv.ub.uniheidelberg.de/volltextserver/volltexte/2006/6790/pdf/Forschungsbericht_BiSB_I.pdf

Largo, R. H. (2004). *Babyjahre.* 7. Aufl., München: Piper Verlag.

Mall, W. (1980). Entspannungstherapie mit Thomas-erste Schritte auf einem neuen Weg. *Praxis der Kinderpsychologie und Kinderpsychiatrie, 29*(8), 298-301.

Mall, W. (1987). Basale Kommunikation-Ein Weg zum Andern. In: Bundesvereinigung Lebenshilfe für geistig Behinderte e. V. (Hrsg.). *Hilfen für Behinderte-Handreichungen für die Praxis II.* Mahrburg & Lahn (1987). Zt. Geistige Behinderung, 23(1), Innenteil (der Innenteil hat keine Seitenangabe; daher wird die Veröffentlichung im Internet mit angegebener Seitenzahl genutzt, http://winfriedmall.de/pdf/bk.pdf, 1-10).

Mall, W. (2001a). Basale Kommunikation-Sich begegnen ohne Voraussetzungen. In: Fröhlich, A., Heinen, N. & Lamers, W. (Hrsg.). *Schwere Behinderung in Praxis und Theorie – ein Blick zurück nach vorn.* Texte zur Körper und Mehrfachbehindertenpädagogik. Düsseldorf: verlag selbstbestimmtes Leben.

Mall, W. (2001b). Was von diesen Menschen kommt, passt zu uns-Basale Kommunikation. *Orientierung, 2*, 17-19.

Mall, W. (2003). Erleben, im Austausch zu sein: Basale Kommunikation als Kommunikation ohne Voraussetzungen. In: Boenisch, J. & Bünk, C. (Hrsg.). *Methoden der Unterstützten Kommunikation*. Karlsruhe: von Loeper Literaturverlag, 74-83.

Mall, W. (2008). *Kommunikation ohne Voraussetzungen mit Menschen mit schwersten Beeinträchtigungen*. Ein Werkheft. 6. Aufl., Heidelberg: Edition S.

Nydahl, P. & Bartoszek, G. (2000). *Basale Stimulation*. Neue Wege in der Intensivpflege. 3. Aufl., München; Jena: Urban & Fischer Verlag.

Piaget, J. (1975). *Das Erwachen der Intelligenz beim Kinde*. Gesammelte Werke 1, Studienausgabe. Stuttgart: Klett-Cotta.

Papoušek, M. (1994). *Vom ersten Schrei zum ersten Wort*. Anfänge der Sprachentwicklung in der vorsprachlichen Kommunikation. Bern; Göttingen; Toronto; Seattle: Verlag Hans Huber.

Praschak, W. (1993). Alltagsgestaltung und Zusammenarbeit. Grundlagen der sensumotorischen Kooperation mit schwerstbehinderten Menschen. *VHN, 62*(3), 297-311.

Praschak, W. (2001). Das Konzept der Sensumotorischen Kooperation. Die Grundlagen der Förderung schwerstbehinderter Menschen aus der Sicht der Kooperativen Pädagogik. In: Fröhlich, A., Heinen, N. & Lamers, W. (Hrsg.). *Schwere Behinderung in Praxis und Theorie-ein Blick zurück nach vorn*. Texte zur Körper-und Mehrfachbehindertenpädagogik. Düsseldorf: verlag selbstbestimmtes Leben, 245-263.

Praschak, W. (2003). Sensumotorische Kooperation und tonischer Dialog in der alltäglichen Entwicklungsförderung schwerstbehinderter Kinder und Jugendlicher. In: Klauß, T. & Lamers, W. (Hrsg.). *Alle Kinder alles lehren ... Grundlagen der Pädagogik für Menschen mit schwerer und mehrfacher Behinderung*. Heidelberg: Edition S, 115-128.

Ritter, G. (2001). Das Bobath-Konzept. In: Fröhlich, A., Heinen, N. & Lamers, W. (Hrsg.). *Schwere Behinderung in Praxis und Theorie-ein Blick zurück nach vorn*. Texte zur Körper-und Mehrfachbehindertenpädagogik. Düsseldorf: verlag selbstbestimmtes Leben, 264-283.

Ritter, G. (2004). Das Bobath-Konzept in seiner Entwicklung. Eine Darstellung unter besonderer Berücksichtigung der handlungsorientierten Arbeit mit Kindern. In: Biewald, F. (Hrsg.). *Das Bobath-Konzept*. Wurzeln, Entwicklungen, neue Aspekte. München: Urban & Fischer Verlag, 82-95.

Szejer, M. (1998). *Platz für Anne*. Die Arbeit einer Psychoanalytikerin mit Neugeborenen. München: Verlag Antje Kunstmann.

Watzlawick, P., Beavin, J. H. & Jackson, D. D. (1990). *Menschliche Kommunikation*. Formen, Störungen, Paradoxien. Bern; Stuttgart; Toronto: Verlag Hans Huber.

Video/DVD

Brüggemann, H., Dank, S. & Strohmeyer, U. (1992). Lernen können alle-Schwerstbehinderte Kinder und Jugendliche in der Schule. Hagen: Zentrum für Fernstudienentwicklung (ZFE) (zu beziehen über die Fern Universität Hagen).

Thiemes Pflege (2004). CD 1 "Pflegetherapeutische Ansätze und Grundlagen". Stuttgart: Georg Thieme Verlag.

인터넷 주소

www.basale-stimulation.de

www.winfried-mall.de

www.erzwiss.uni-hamburg.de/personal/praschak/

제3부

일상적 의사소통

제5장 사회적 관계망

제6장 중도·중복장애인과의 일상적 의사소통

제5장

사회적 관계망
대화자 관점에서 본 보완대체의사소통 사용자의 이해

PD Dr. Susanne Wachsmuth(수잔느 박스무트)

2003년 Sarah Blackstone과 Mary Hunt Berg는 캐나다의 주식회사 Augmentavie Communication(보완 의사소통)의 버클리 연구팀과 공동으로 '사회적 관계망: 보완대체의사소통 사용자와 대화파트너 간의 의사소통을 파악하기 위한 도구'를 출판하였고, 2006년에는 독일어 버전이 출간되었다.

'사회적 관계망(Social Networks)'은 표준화된 검사도구가 아닌 진단 및 계획 수립을 위한 도구로서 설문지와 매뉴얼로 구성되어 있다. '사회적 관계망'은 보완대체의사소통(이하 AAC) 분야 종사자들이 AAC 중재에 필요한 정보를 수집하고 해석하는 데 도움을 준다. 뿐만 아니라 중증 의사소통장애 아동 및 성인, 그들의 가족과 친구들이 함께 중재 프로그램을 계획하고 참여할 수 있는 손쉬운 방법을 제공한다.

'사회적 관계망'은 AAC 사용자가 가족과 친구, 지인, 도우미 등과 상호작용을 하면서 삶의 질을 높이고 일상생활 참여를 확대하기 위해 개발되었다.

1. 사회적 관계망의 중요성

'사회적 관계망'은 기존의 진단방법이 충분히 다루지 못한 AAC의 핵심 측면을 다룬다. 먼저 설문지가 다 작성되면 의사소통 지원을 받는 사람은 누구와 상호작용을 하고 있으며, 이들에게 어떤 영향을 받고 있는지 명확히 드러난다. 설문지를 분석하다 보면 중증 의사소통 장애인 중 일부는 친구가 거의 없거나 아예 한 명도 없고 심지어 일반인(예, 동네 상인)과도 전혀 접촉이 없는 사실이 그래픽으로 명확하게 드러난다.

'사회적 관계망'은 우리가 의사소통 지원이 필요한 사람들과 사회적 관계를 형성하는 노력이 너무 미흡하다는 점을 강조하며, 사회 참여를 구축하고 확장하기 위한 실용적 도구(수단)들을 제공한다. '사회적 관계망'은 대화파트너를 다양하게 분류하고 그들에게 실효성 있는 전략을 찾음으로써 지원받는 사람과 대화파트너가 적절한 시간과 장소에서 효과적으로 대화 전략을 활용하도록 돕는다.

2. AAC 사용자의 다양성

AAC 사용자의 의사소통 능력은 세 가지 수준으로 나눌 수 있다. 마치 지도가 한 장소에서 다른 장소로 가는 길을 안내하듯, '사회적 관계망'은 각 수준에 따라 의사소통 독립성이 점차 확대되어 감을 알게 해 준다. Patricia Dowden(1999) 그리고 Dowden과 Cook(2002)의 연구에서 시도된 이러한 수준별 분류는 중증 의사소통장애가 있는 AAC 사용자의 의사소통 특징을 설명해 주기도 한다. Dowden은 AAC 사용자의 의사소통 표현행동을 중심으로 각 개인이 사용하는 가장 효과적인 의사소통 수단을 평가함으로써 사용자 집단을 세 부류로 나누었다. 평가는 관찰할 수 있는 의사소통 표현을 중심으로 이루어졌고, 감수성이나 인식능력, 또는 추측이나 이미 잘 알려진 요구 등은 고려하지 않았다.

- AAC 사용자의 표현능력은 하나의 연속체를 이루는데, 가장 낮은 단계
  는 아직까지 상징적 표현을 사용하지 못하는 수준이다('신생아 단계' 의사
  소통 집단-초보 집단).
- 그 다음은 AAC 사용자가 모든 상황에서 대화파트너에게 메시지를 전달
  할 수 있는 능력에 도달한 수준이다('독립적' 의사소통 집단-독자적으로 의
  사소통하는 집단)
- 마지막은 앞의 두 집단의 사이에 있는 집단으로, 상황에 따라 영향을 받
  는 '상황-의존 집단(context-dependent group)'이다. 이 집단에 속한 사
  람은 적절한 조건이 조성되었을 때 특정 대화파트너와 의사소통할 수
  있다.

이러한 수준별 분류는 대화파트너와 주제별로 어느 정도까지 의사소통할
수 있는지를 보여 주는 '독립적 의사소통'(Fox & Fried-Oken, 1996) 능력의 수
준을 반영한다. '사회적 관계망'을 보면 알 수 있듯, 의사소통 지원을 받는 사
람은 독립성이 향상하는 과정에서 초보 수준의 의사소통 전략을 포기하지
않는다. 즉, 의사소통 방법이 갈수록 정교해지더라도 부분적으로는 초보 수
준의 의사소통을 고집할 수도 있다. 이는 음성 언어 사용자가 말을 하면서
동시에 몸짓과 표정을 사용하는 현상과 동일하다. 이러한 분류는 AAC 사용
자가 기존의 의사소통 전략을 얼마나 독립적으로 사용할 수 있는지를 보여
준다.

3. 대화파트너

모든 의사소통의 기본 전제조건은 서로 관계를 맺고 그 관계를 유지하며,
나아가 관계를 강화할 수 있는 대화파트너를 찾는 것이다. 대화파트너는 부

모나 친구 또는 동료를 비롯하여 삶의 다양한 영역에서 만날 수 있다. '사회적 관계망'은 상호작용 과정에서 이러한 대화파트너들의 역할을 강조한다.

살아가면서 상황에 따라 대화파트너들이 바뀌기 마련이다. 가족구성원은 아동의 의사소통 능력 발달과 학습에 중요한 역할을 한다. 특히 발달상의 장애나 질병으로 인해 의사소통이 어려운 경우 가족은 아동과의 의사소통에 있어 핵심적인 역할을 담당한다. 그러나 의사소통장애인은 가족 외의 친숙하지 않은 사람이나 낯선 사람 등 다양한 대화파트너와도 상호작용을 할 수 있어야 한다. 그래야만 독립적이고도 자율적인 생활이 가능하기 때문이다.

'사회적 관계망'은 의사소통 장애인이 어느 대화파트너 집단과 접촉하는지를 파악한다. [그림 5-1]을 활용하여 5개의 동심원 중간에 의사소통 파트너의 이름을 기입함으로써 좀 더 명확하게 파악할 수 있다.

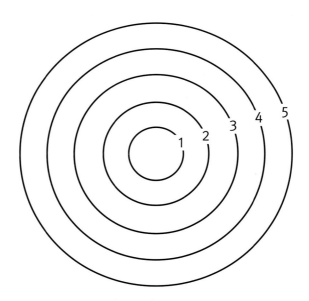

그림 5-1 대화파트너 집단의 원형 구성

- 1번 집단: 이 집단에는 가족이나 동거인 등이 포함된다. 지원 대상이 아동인 경우 부모와 형제가 여기에 속하고, 성인인 경우 부모, 배우자, 자녀, 동거인 또는 거주 공동체의 룸메이트 등이 해당한다.

- 2번 집단: 이 집단에는 가까운 친구와 친척 등이 포함된다. 이들은 함께 여가 시간을 보내고 관심사를 공유하며 상호 신뢰하는 관계이다. 지원 대상이 아동인 경우 동네 친구, 학교 친구 그리고 인근의 친척들이 이 집단에 속하고, 성인인 경우에는 친척이나 오랜 친구 등 친밀하게 시간을 보내고 신뢰할 수 있는 주변 사람들이 해당된다.

- 3번 집단: 이 집단에는 주로 알고 지내는 사람들이 포함되는데, 아는 사이이기는 하지만 정기적으로 왕래하지는 않는 사람들이다. 예를 들어, 이웃, 학교(학급) 동료들, 마을 버스 운전기사, 동네 상인, 회사 경영주, 직장 동료, 지역 공동체 봉사자 등이 여기에 속한다.

- 4번 집단: 이 집단은 유급 도우미 집단으로서 지원 대상자와 보내는 시간에 따라 수당을 받는 사람들이다. 치료사, 의사, 교사, 보조원, 돌보미(베이비시터) 등이 있다. 이들 중 일부는 친구가 될 수도 있지만, 만남과 지원에 대한 수당을 받는 한 4번 집단에 속한다. 단, 양육 부모의 경우는 그들의 중요성 때문에 1번 집단에 등록된다.

- 5번 집단: 그 외 낯선 모든 사람이 여기에 속한다. 5번 집단은 관계의 개별 명칭은 의미가 없고, 접촉 필요성이 발생할 때마다 그들이 속한 업무의 영역을 먼저 떠올리게 되는 집단의 사람들이다. 예를 들면, 비즈니스맨, 웨이터, 버스 기사, 채팅 참여자, 교직원, 지역사회 봉사자 등이 있다.

시간이 지남에 따라 특정 집단에 속한 사람들의 범주는 변할 수 있다. 낯선 집단에 속했던 사람이 친구의 범주에 들어올 수도 있고, 또는 친구 사이의 관계가 부부 관계로 발전하여 가족이 될 수도 있다. 그런가 하면 4번 집단에 속한 유급 지원자의 업무가 종료되어 관계가 단절되기도 한다. 만약 어떤 집단에서 지속적인 발전이 있을 경우 AAC의 소통 형태나 방법이 그에 맞게 조절될 것이다.

다음과 같은 편리한 점이 있다.

- 주요 대화파트너 식별하기
- 어느 집단에 대화파트너가 누락되었는지 발견하기
- 효과적으로 훈련시켜 줄 사람 찾기
- 의사소통 능력이 부족하거나 숙련이 필요한 파트너 교육을 위해 잘 준비된 사람 찾기

4. 중재 계획

수집된 데이터를 기반으로 AAC 사용자와 지원자는 도달해야 할 구체적인 목표를 설정한다. 이때 각 집단별로 목표와 중재에 대한 논의와 조절 과정을 거친다. 목표를 설정하는 과정에서 알아야 할 점은, 예를 들어 1번 집단에서 사용하는 의사소통 방법이 다른 집단의 목표 설정 시에도 사용될 수 있다는 것이다. 그러기 위해서는 방법을 구체적인 명칭으로 제시하고, 이 방법을 전달하는 사람이나 학습하는 사람도 분명하게 지정해야 한다. 다음의 핸드북에 소개된 사례는 이러한 과정을 좀 더 명확하게 설명해 준다.

피터의 사례

피터(Peter)는 12세이며 중학교 1학년 통합학급에 소속되어 있다. 피터의 진단명은 운동 및 시각장애를 수반한 발달장애로, 의사소통과 음성 언어, 인지능력에 심각한 장애가 있다. 그는 걸을 수 있으나 균형을 유지하기 위해서는 신체적 지원이 필요하고, 상징적인(기호화된) 의사소통 체계가 없으며, 초보적인 의사소통 방법을 사용할 뿐이다. 집에서 가족이 사용하는 언어는 베트남어이고 학교 수업은 영어로 진행된다.

연례 보고서 형식으로 '사회적 관계망'이 작성되었는데, 피터의 언어치료사는 어머니(1번 집단)와 보조교사(4번 집단)를 면담 조사하였다. 보조교사는 피터의 모든 수업에 동행하며 학교에서 그와 의사소통하는 모든 대상을 정확하게 파악하고 있었고, 규칙적으로 그의 가족과 문자 또는 전화로 의사소통을 하고 있었다.

　　두 정보 제공자(어머니와 보조교사)는 1번 집단과 4번 집단에 속한 피터의 다양한 대화파트너의 이름을 알려 줄 수 있었으나 다른 집단에 속한 사람들의 정보는 충분히 제공해 주지 못하였다. 〈표 5-1〉은 이 정보제공자들이 각 집단별로 제공한 피터의 의사소통 파트너들의 숫자이다. 두 정보원의 정보는 대체로 일치하지만, 보조교사는 4번 집단에서 2명의 이름을 더 많이 적었고, 어머니는 1번 집단에서 2명을 더 많이 적었다. 어머니의 설명에 따르면, 가끔 친척들이 함께 살기도 하기에 집단 1의 숫자에 차이가 나는 것으로 보인다. 〈표 5-1〉을 보면 각 집단의 구성원이 모두 채워지지도 않았고 균형 있게 구성되어 있지도 않음을 알 수 있다.

표 5-1 개정보제공자가 제시한 피터의 대화파트너

집단	어머니	보조교사
집단 1	4+	2
집단 2	0	0
집단 3	3	0
집단 4	13	15+
집단 5	0	0

표 5-2 피터가 사용하는 의사소통 수단의 효과

1. 집단	몸짓(효과적) 눈짓(효과적) 여러 가지 음성
3. 집단	몸짓(비효과적)
4. 집단	메시지 전달 기능이 있는 간단한 의사소통 장치(효과적) 몸짓(가끔 비효과적)

'사회적 관계망'은 피터가 자신을 표현하기 위해 비상징적인 방법에 의존함을 보여 준다. 그의 몸짓, 신체언어, 음성은 일부 집단 내에서 그리고 특정 상황에서는 효과적이지만, 다른 집단이나 상황에서도 그런 것은 아니다. '사회적 관계망'은 의사소통 유형에 관한 중요한 정보를 제공한다. 피터의 가족은 대부분 그에게 베트남어로 말한다. 집에서 그는 몸짓과 눈짓, 음성을 효과적으로 사용하여 의사소통을 한다. 반면에, 학교에서는 대다수의 구성원들이 영어를 사용하며, 피터의 독특한 몸짓을 이해하지 못하기 때문에 보조교사는 통역사 역할까지 해야 한다. 피터가 의사소통에 서툴다는 점은 누구나 알고 있다.

이런 현실을 통해 분명히 알 수 있는 것은, 교사가 피터의 제스처(Gebärden)에 충분히 주의를 기울이지 않을 뿐만 아니라 제스처의 사용을 충분히 지원하지도 않는다는 것이다. 보조교사는 피터가 사용하는 신호의 일부를 이해하지만 다른 사람들이 그 신호를 배우도록 돕지는 않았다.

피터의 어머니는 가장 중요하고도 숙련된 대화파트너라는 것을 알 수 있었다. 면담 중에 그녀는 집에서 사용하는 다양한 제스처에 대해 설명하였다. 예를 들어, 피터가 음악을 듣고 싶을 때에는 자신의 손가락을 특별한 방식으로 움직인다고 말했는데, 이 제스처는 피터가 매우 어렸을 때부터 장난감 피아노를 가지고 놀 때 사용해 오던 행위였으며, 시간이 지나면서 어머니는 아들이 장난감 피아노를 가지고 놀고 싶을 때 손가락을 움직인다는 사실을 알게 되었다. 이 제스처는 지금은 다른 음악을 의미한다고 어머니는 말한다. 피터의 어머니는 입, 몸 그리고 손을 사용하여 일관성 있게 의미를 주고받는 또 다른 신호들에 대해서도 설명하였다. 그녀는 다른 사람들도 이런 신호를 사용할 수 있을 것이라는 생각을 지금까지 해 본 적이 없었다. 그래서 학교의 구성원들은 피터가 자연스럽게 사용하는 제스처를 면밀히 관찰하여 이를 상호작용에 활용하기로 결정하였다. 이처럼 여러 다른 상황에서, 다양한 대화파트너와 소통하는 능력이 확장되어야 하며, 나아가 점차 일반적인 제스처를 사용하여 의사소통할 수 있도록 이끌어야 한다.

피터의 어머니는 아들이 학교에서 교사 및 치료사(4번 집단)와 간단한 전자음성출력장치로 소통했다는 것을 제대로 알지 못했다. 어머니는 집에서 주로 베트남어로 대화했기 때문에 아들이 장치에 저장된 영어 단어를 이해한다는 사실을 접하고는 매우 놀라워하였다. 언어치료사는 피터가 장치에 저장된 짧고 간단한 메시지를 이해하고 있다고 설명해 주었다. 디지털 언어를 사용하는 목적은 피터가 자신의 제스처를 이해하지 못하는 사람들과 인사를 나누고 사회적 관계를 형성하도록 하는 데 있었다.

피터의 담당 교육팀은 피터가 '사회적 관계망' 정보를 바탕으로 더 많은 사람과 교류하고 관계 맺을 수 있다면 일상적 경험을 더 향상시킬 거라고 판단하였다. 신뢰가 형성된 대화파트너들은 이러한 상호작용을 가능하게 하는 데 중요한 역할을 한다는 점을 알아야 한다. 그리고 아직 신호를 잘 이해하지 못하는, 확신이 부족한 다른 소통 파트너를 훈련시킬 수 있는 기회를 만들어야 한다는 것도 알아야 한다. 교육팀은 피터가 제2외국어 능력 있다는 것을 인식하지 못했기에 제대로 된 평가가 이루어지지 않았음을 깨닫고 다음과 같은 기능적 의사소통 목표를 개발했다.

- 피터는 간단한 의사소통 장치(talking switch)를 사용하여 학교와 동네에서 친구들과 직접 그리고 더 자주 상호 작용해야 한다. 어머니는 언젠가는 피터가 베트남어로 된 '언어 장치'도 사용할 수 있으리라고 예상한다.
- 피터는 제스처 사용을 늘려야 한다. 그가 사용하는 신호 중 5개를 선정하였고, 하루에 10회 이상 이를 사용해 볼 수 있도록 중재가 설계되어야 한다.
- 피터는 6개월 이내에 2, 3, 5번 집단에서 최소 2차례 이상 상황을 경험해야 하고, 각 상황별 최소 2명 이상 새로운 대화파트너가 있어야 한다. 이 목표를 달성하기 위해 급우들과 교사는 피터의 자연스러운 제스처와 음성을 정확하게 이해하고 그의 의사소통 시도에 적절하게 대응하도록 훈련받아야 한다. 그리고 어머니는 아들의 몸짓-어휘를 급우와 교사가 배울 수 있도록 가정에서 가장 많이 사용하는 자연스러운 신호의 목록을 만들고 설명해 주어야 한다.

5. 사회적 관계망의 이론적 근거

1) '사회적 관계망'은 AAC 중재의 성공을 위해 가족의 역할을 강조한다

중재가 성공하기 위해서 전문가는 AAC가 가족에게 미칠 영향을 알아야 한다. AAC 방법과 중재를 선택할 때 가족의 요구와 우선순위, 선호도에 대한 이해가 있어야 한다(Angelo, 2000; Angelo, Jones & Kokoska, 1995; Angelo, Kokoska & Jones, 1996; Huer, Parette & Saenz, 2001; Parette & Huer, 2002; Parette, Huer & Wyatt, 2002).

　여러 연구자(Beukelman, Yorkston & Reichle, 2000; Parette & Angelo, 1998)는 AAC가 장애 당사자에게 직접 영향을 미칠 뿐만 아니라 가족에게도 큰 영향을 미친다고 강조한다. 부모와 가족구성원이 AAC를 지원할 경우, AAC 중재는 성공 가능성이 훨씬 높아진다(Beukelman & Mirenda, 1998; Silverman, 1995). '사회적 관계망'은 가족구성원이 목표를 설정하고 중재를 계획할 수 있는 손쉬운 참여 방법을 제공한다. 또한 가족구성원의 특징에 맞는 파트너 교육을 제공하기 위해 무엇이 필요한지를 알게 해 준다.

2) '사회적 관계망'은 세계보건기구(WHO)의 '국제 기능, 장애 및 건강 분류(ICF)'를 따른다

　'사회적 관계망'이 지원하는 중재 및 치료 프로그램은 기능적 의사소통 및 참여를 강조하며, 점진적인 발전 과정을 쉽게 파악할 수 있다는 특징이 있다. 그런 측면에서 '사회적 관계망'은 WHO가 권고하는 ICF를 반영한다고 할 수 있다. '사회적 관계망'은 중재를 계획하고 지원을 제공할 때 활동(일상생활에서 기능 수준의 향상)과 참여(개인이 일상에 참여할 수 있는 정도) 그리고 맥락(신체적·사회적 능력의 향상과 사람들이 살아가는 생활환경에 대한 긍정적인 태도) 영역을 중시한다.

3) '사회적 관계망'은 참여 모델을 지지한다

　'사회적 관계망'은 의사소통을 할 수 있는 기회와 이때 사용할 도구를 정확히 파악하도록 지원하는데, 이는 Beukelman과 Mirenda(1998)의 참여 모델에서도 제시된 것이다. 이 모델은 AAC 진단 및 설계를 위한 지침으로 많은 전문가의 인정을 받고 있다.

4) '사회적 관계망'은 의사소통이 갖는 복합적인 특성에 부응한다

'사회적 관계망'은 다양한 상황에서 사용되는 의사소통과 활동, 그리고 다양한 파트너에 대한 정보를 전문가들이 수집하는 데 도움이 된다. 전문가들은 AAC 기술과 교육방법을 결정하기 전에 이러한 정보를 활용하여 선호하는 의사소통 유형을 결정할 수 있다.

5) '사회적 관계망'은 Light의 의사소통 능력 모델을 반영한다

Light(1989)는 언어, 사회, 전략 및 조작의 네 가지 영역에서 의사소통 능력의 발달을 설명했다. '사회적 관계망'은 이 네 가지 영역에서 의사소통 능력을 지원하는 것을 강조하며, 어떤 집단에서 어떤 영역의 의사소통 능력이 향상되어야 할지 파악하도록 도움을 준다.

6) '사회적 관계망'은 목표설정을 돕고, 사회언어적, 문화적 가치를 반영한다

'사회적 관계망'은 각 지원 집단의 의사소통 파트너들을 식별하여 지원팀이 언어적·문화적 주제에 대하여 소통하도록 권장하는데, 예를 들어 첫 번째 집단 내에서 사용하는 모국어가 다른 집단에서 사용하는 언어와 다른 경우이다.[1]

이 밖에도 '사회적 관계망'은 집단의 사회문화적 특성을 분명하게 제시한다. 예를 들어, 일부 가족 공동체를 강조하는 민족 집단의 경우 첫 번째 또는 두 번째 집단에는 동일 문화권의 구성원이 많을 것이고 그 외 집단에는 많

----

1) 각 지원팀은 각 집단의 사용 언어를 중심으로 문화적 주제를 다루게 된다-역자 주

지 않을 것이다. 또한 테크놀로지의 수용 정도에서 문화적으로 큰 차이가 있을 수 있다(Huer, Parette & Saenz, 2001; Parette, Huer & Wyatt, 2002; Parette & Huer, 2002). 예를 들어, 특정 세대나 문화에 속한 첫 번째 집단의 사람들은 기계를 사용한 의사소통 문제해결에 회의적일 수 있다. 따라서 전문가들은 AAC 중재 목표를 설정하고 방법을 제안하기 전에 이러한 차이를 민감하게 수용하고 이해해야 한다.

 '사회적 관계망'은 사회문화적 요소를 고려하고 개별화된 설계를 하는 데 중요한 기여를 할 수 있다. 이는 인종적 차이뿐만 아니라 세대 간 차이에도 적용된다. 특히 이주 집단과 노인 세대의 증가를 고려할 때 더욱 의미가 있다.

7) '사회적 관계망'은 개인중심계획을 지원한다

 중재설계 도구로서 '사회적 관계망'은 시종일관 개인의 특징을 중시한다. 개인중심계획은 미국의 O'Brien과 Mount(1991), Mount(1992), 그리고 캐나다의 Forest와 Snow(1989), Pearpoint 등(1996)에 의해 개발된 접근방법이다. 모든 개인중심 접근방법은 크게 다음의 세 가지의 특징으로 나눌 수 있다.

- 참가자 개인의 일상적 경험과 활동에 중점을 둔다.
- 중재가 이루어지는 동안의 의사소통보다는 가족 내 의사소통과 공동체에 통합되는 것을 더 중시한다.
- 목표에 성공적으로 도달하도록 돕고 당사자를 잘 알고 신뢰하는 사람들과 당사자 간의 긴밀한 협력 속에서 진행된다(Falvey et al., 1994).

 개인중심계획에서 '사회적 관계망'은 공식적·비공식적으로 정보 교환 방법을 제공한다. 다양한 파트너로부터 정보를 얻고 비교하다 보면 이런 다양한 환경에서 많은 파트너와 어떻게 상호작용해야 하는지에 대한 포괄적 설계가 가능해진다. 이러한 정보를 바탕으로 개인이 선호하는 '사회적 관계망'

에 참여하고, 쾌적한 환경에서 개인의 선호가 반영된 프로그램이 만들어질 수 있다(Bradley, 1994).

6. 요약

'사회적 관계망'을 통해 전문가는 다양한 상황에서 AAC 사용자가 파트너들과 사용하는 서로 다른 유형의 의사소통 방법들을 이해할 수 있다. 특히 '사회적 관계망'은 관련된 많은 사람이 체계적이고 미래 지향적으로 구체적인 중재방법을 개발하기 위해 함께 협력한다는 점에서 중요하다. 무엇보다 참가자의 사회적 상호작용의 양과 질은 의사소통 파트너의 역량과 밀접한 관계가 있으므로 중재과정에서 이에 대한 더 많은 관심을 기울이게 된다. '사회적 관계망'은 지금까지의 진단방법들이 미흡하게 다루었던 의사소통 측면과 AAC 사용자의 삶의 질 향상을 강조한다(Dworschak, 2004).

참고문헌

Angelo, D. (2000). Impact of augmentative and alternative communication devices on families. *AAC Augmentative and Alternative Communication, 16*(1), 37-47.

Angelo, D., Jones, S. & Kokoska, S. (1995). Family perspectives on augmentative and alternative communication: Families of young children. *AAC Augmentative and Alternative Communication, 11*(3), 193-201.

Angelo, D., Kokoska, S. & Jones, S. (1996). Family perspectives on augmentative and alternative communication: Families of adolescents and young adults. *AAC Augmentative and Alternative Communication, 12*(1), 13-20.

Beukelman, D. R. & Mirenda, P. (1998). *Augmentative and alternative communication: Management of severe communication disorders in children and adults.* Baltimore, MD: Paul H. Brookes Publishing Co.

Beukelman, D. R., Yorkston, K. M. & Reichle, J. (2000). *Augmentative and alternative communication for adults with acquired neurologic disorders.* Baltimore, MD: Paul H. Brookes Publishing Co.

Blackstone, S. & Hunt Berg, M. (2003). *Social Networks.* A communication inventory for individuals with severe communication challenges and their communication partners. Monterey, CA: Augmentative Communication, Inc.

Blackstone, S. & Hunt Berg, M. (2006). *Soziale Netzwerke.* Ein Instrument zur Erfassung der Kommunikation von unterstützt kommunizierenden Menschen und ihrer Kommunikations-partnerinnen und-partner. Ins Deutsche übertragen von Wachsmuth, S. Karlsruhe: Von Loeper Verlag.

Bradley, V. (1994). Evolution of a new service paradigm. In: Bradley, V., Ashbaugh, J. & Blaney, B. (Hrsg.). *Creating individual supports for people with developmental disabilities.* Baltimore, MD: Paul H. Brookes Publishing Co., 11-32.

Dowden, P. A. (1999). Augmentative and alternative communication for children with motor speech disorders. In: Caruso, A. & Strand, E. (Hrsg.). *Clinical Management of Motor Speech Disorders of Children.* New York: Thieme Verlag, 345-384.

Dowden, P. A. & Cook, A. M. (2002). Selection techniques for individuals with motor impairments. In: Reichle, J., Beukelman, D. & Light, J. (Hrsg.). *Implementing an augmentative communication system: Exemplary strategies for beginning communicators.* Baltimore, MD: Paul H. Brookes Publishing Co., 395-432.

Dworschak, W. (2004). *Lebensqualität von Menschen mit geistiger Behinderung.* Theoretische Analyse, empirische Erfassung und grundlegende Aspekte qualitativer Netzwerkanalyse. Bad Heilbrunn: Julius Klinkhardt Verlagsbuchhandlung.

Fakvey, M., Forest, M., Pearpoint, J. & Rosenberg, R. (1994). All My Life's A Circle. In: *Using the Tools: Circles, MAP's and PATH.* Toronto, Canada. Im Internet unter http://www.ttac.odu.edu/Articles/PCentPl.html [Zugriff am 10. 08. 2009]

Forest, M. & Snow, J. (1989). *May's map*. With a little help from my friends. Expectations. Videofilm Unlimited. POB 655, Niwot, CO 80544.

Fox, L. & Fried-Oken, M. (1996). AAC aphasiology: Partnership for future research. *AAC Augmentative and Alternative Communication, 12*(4), 257–271.

Huer, M. B., Parette, H. P. & Saenz, T. (2001). Conversations with Mexican-Americans regarding children with disabilities and augmentative and alternative communication. *Communication Disorders Quarterly, 22*(4), 197–206.

Light, J. (1989). Toward a definition of communicative competence for individuals using augmentative and alternative communication systems. *AAC Augmentative and Alternative Communication, 5*(2), 137–144.

Mount, B. (1992). *Person-centered planning: Finding directions for change using personal futures planning*. New York: Graphics Futures, Inc.

O'brien, J. & Mount, B. (1991). Telling new stories: The search for capacity among people with severe handicaps. In: Meyer, L. H., Peck, C. A. & Brown, L. (Hrsg.). *Critical issues in the lives of people with severe disabilities*. Baltimore, MD: Brookes Publishing Co.

Parette, H. P. & Angelo, D. (1998). The impact of assistive technology devices on families. In: Judge, S. L. & Parette, H. P. (Hrsg.). *Assistive technology for young children: A guide to providing family-centered services*. Cambridge, MA: Brookline Books.

Parette, H. P. & Huer, M. B. (2002). Working with Asian families having children with augmentative and alternative communication needs. *Journal of Special Education Technology, 17*(1), 5–13.

Parette, H. P., Huer, M. B. & Wyatt, T. A. (2002). Young African-American children with disabilities and augmentative and alternative communication issues. *Early Childhood Education Journal, 29*(3), 201–207.

Pearpoint, J., Forest, M. & O'Brien, J. (1996). MAPS, Circles of friends and PATH: Powerful tools to help build caring communities. In: Stainback, S. & Stainback, W. (Hrsg.). *Inclusion: A guide for educators*. Baltimore, MD:

Brookes.

Silverman, F. (1995). *Communication for the speechless*. Needham Heights, MA:
Prentice Hall.

제6장

중도·중복장애인과의 일상적 의사소통
연구결과를 중심으로

Dr. des. Kathrin Mohr (카트린 모어)

1. 의사소통의 기능 및 의미

인간의 기본 행동양식에 속하는 의사소통은 일반적으로 구어적 요소와 비구어적 요소를 포함한다. 우리는 의식적(주로 구어적) 혹은 무의식적(주로 비구어적)으로 정보를 전달하며, 의사소통하는 개인은 자신이 느끼고 해석하는 방식에 따라 행동한다(Klafki, 1977: 12). 우리는 의사소통을 위한 다양한 경로, 즉 전달 수단을 가지고 있다(Argyle, 2002; Forgas, 1999). [그림 6-1]은 인간의 다양한 의사소통 경로를 요약적으로 보여 준다.

신체신호와 음성표현은 복합적으로 상호작용하는 가운데 정보를 전달한다. 이러한 상호작용은 표현이 의도하는 기능과 의사소통자의 능력에 따라 매우 다양한 형태를 띤다. 표현이 의도하는 기능, 즉 의사소통의 기능은 대표적으로 다음과 같다.

- 느낌, 내적 체험, 감정을 표현하기 및 명명하기(예, 편안함, 슬픔, 분노, 저항)
- 욕구를 표현 및 명명하기
- 사람, 사건, 상황, 사물에 대한 정보를 제공하기

- 행위와 맥락의 연관성을 진술하기
- 관심받고 싶은 욕구 표현하기
- 특정 사물이나 활동에 대한 요구 나타하기
- 사회적 기능: 상대방과 함께 또 상대방을 위하여 존재하기, 상호 인정하고 응답하기(Fröhlich, 2003; Hedderich, 1992; Kristen, 1999)

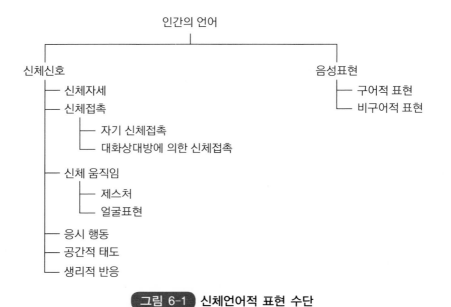

그림 6-1 **신체언어적 표현 수단**

이처럼 의사소통은 대인관계를 시작하거나 유지하고 이해하는 데 특히 중요하다. 사람은 의사소통을 통해 사회적으로 의미 있는 내용을 주고받고 또 일상적 행위를 조율한다. 이런 식으로 개인은 자신과 자신의 행동에 응답을 받는다. 결국 의사소통은 인간 발달에 커다란 영향을 미친다.

중도장애인의 상당수는 (거의) 비구어적으로만 의사소통을 하므로(McLean et al., 1996; 1999) 정보 전달이 명확하지 않은 경우가 많다. 따라서 주변 사람들은 이러한 의사소통 상황을 낯설고 부담스럽게 느끼는 경향이 있다 (Fröhlich, 2003; Hedderich, 1992; Kristen, 1999, 2000; Schmetz, 2007). 또한 중도장애인과 일상적 활동에 대해 소통하는 일을 상당히 불편하게 느끼기도 한다. 결국 중도장애인은 일상에서 여러모로 심각한 고충을 겪게 된다. 왜냐하면 인간(특히 중도장애인)은 사회적 존재이기에 일상에서 원만하게 의사소통을 하지 못할 경우 자신의 발달잠재력을 발휘하고 존재의 가치를 인정받기 어렵기 때문이다.

그러므로 우리가 살아가며 만나는 사람들과의 의사소통은 일상에서 기본이 되는 중요한 순간이라 할 수 있다.

2. 관계 형성과정의 의사소통 연구방법

지난 몇 년간 필자는 중도장애인과의 의사소통에서 오는 어려움(및 그에 따른 관계 형성의 어려움)에 관심을 가지고 연구를 해 왔다. 여기에서 연구의 일부를 간단히 소개하고자 한다. 이 연구의 이론적 배경은 (요약하자면) 연구의 출발점을 명시하고 연구의 기본 틀을 제시하며, 대인관계를 결정하는 기본 요인으로 '관계 파트너' '관계 테마' '관계 발전을 위한 조건'을 살펴보는 것이다.

- 관계 파트너는 각자 자신이 속한 사회적 관계 속에 다양한 조건과 경험, 욕구, 상호 요구사항 등을 가지고 있다. 이 연구에서는 중도지적장애 성인과 이들을 담당하는 시설종사자[2]가 관계 파트너이다.
- 관계 테마는 두 관계 파트너 사이를 연결하는 다리 역할을 한다. 관계 테마는 중도지적장애 성인과 지원자 간의 사회적 관계에서, 현재 중도지적장애 성인의 삶에 중요한 테마와 그와 관련해 지원자가 전문적으로 수행해야 할 일, 이 두 가지가 결합하여 생겨난다.
- 관계 발전을 위한 조건(이하 '기본조건')은 당사자들(중도지적장애 성인과

---

2) 이하 지원자-역자 주

지원자)이 처한 삶의 특정 요소를 의미한다. 예를 들어, 일과와 생활공간의 시간적·물리적·인적 구성이 이에 해당된다. 기타 맥락적 요소는, 가령 각자의 생활경험과 활동가능성 같이 개개인과 직접 연관된 것으로, 특히 행동을 조절하는 의사소통 능력 및 상호작용 능력이 주요 맥락적 요소이다.

이 연구에서는 중도지적장애 성인에게 잠재된 능동성에 주목하여 이들이 활용하는 의사소통 경로([그림 6-1] 참조)를 중점적으로 관찰하였다. 그리고 대인관계에서 드러나는 의사소통 경로(의사소통 패턴)와 상호작용에 영향을 미치는 시설적 조건에도 주목을 하였다. 이에 따른 이 연구의 연구문제는 다음과 같다.

첫째, 중도지적장애 성인과 지원자는 어떠한 의사소통 경로로 대화하는가?

둘째, 중도지적장애 성인과 지원자는 특정 일과 속에서 어떻게 상호작용하고 의사소통하는가(의사소통 패턴)?

셋째, 중도지적장애 성인과 지원자는 특정 맥락에서 의사소통을 하는데, 이때 시간 구성과 공간 조건, 인적 자원 측면에서 필요한 기본조건은 무엇인가?

이 연구는 세 가지 연구문제를 바탕으로 개별 사례연구를 실시하였다. 연구참여자는 서로 다른 집단홈에 거주하는 중도지적장애 성인 3명이다. 자료수집은 주로 비디오 촬영 및 참여관찰로 이루어졌으며, 추가적으로 촬영된 상황에 대해 지원자 면담 실시, 집단홈 책임자를 대상으로 설문조사 및 면담하여 각 연구참여자의 집단홈 구조에 대한 정보수집, 다양한 기록물 분석을 하였다.

비디오 촬영은 매일 시퀀스 2개씩, 총 4일에 걸쳐 실시하였다. 시퀀스는 중도지적장애 성인의 전형적인 일상이 담긴 장면들로, 대개 식사나 신변처리 활동과 같이 하루 일과 중 상대적으로 많은 시간이 할애되는 상황을 중심으로 선별하였다. 그 외 다양한 활동도 촬영에 고려하였다.

편당 최대 10분 정도 촬영된 비디오 자료는 특별 PC 소프트웨어를 통해 분석하였다. 장애인과 지원자의 의사소통적 표현은 개별 요소로 분류·추출하여 기록 및 분석하였으며(event sampling), 수집된 자료는 다양한 방식의 분석 및 평가 자료로 활용하였다.

이 연구에서는 우선 수집된 의사소통적 행동의 빈도, 지속시간, 시간적 비율을 도표화하였다. 도표화는 의사소통 경로에 관한 첫 번째 연구문제를 분석하는 데 필요하다. 도표를 통해 모든 또는 선별된 의사소통적 행동을 일목요연하게 그래프로 제시하고, 다양한 행동 간의 상관성도 살펴볼 수 있었다(이것은 두 번째 연구문제인 의사소통 패턴 파악과 관련 있다). 세 번째 연구문제, 즉 의사소통을 위한 기본조건이 무엇인지를 살펴보기 위해 면담, 관찰기록 그리고 비디오 분석을 활용하였다.

3. 주요 연구결과

1) 의사소통 경로 활용 및 시사점

첫 번째 연구문제인 중도지적장애 성인과 지원자가 활용하는 의사소통 경로에 대한 연구결과는 다음과 같다.

> • 중도지적장애 성인들은 음성 언어를 제외하고는 이 연구에서 고려한 모든 의사소통 경로를 활용하였다.
> • 지원자들은 이 연구에서 고려한 모든 의사소통 경로를 활용하였다.

이때 지원자의 의사소통적 표현은 중도지적장애 성인에 비해 종류가 훨씬 다양하였다. 〈표 6-1〉은 그 예를 잘 보여 준다. 또한 비디오로 촬영한 모든

표 6-1 디에나 상황 6 통계자료-신변처리: 신변처리 활동 및 옷 입기

총 녹화 시간: 6분 39초 21
거주자: 디에나(가명)

유형	코드	빈도	지속시간 (초)	총 시간 대비 비율
자기 접촉	기타 접촉	1.00	308.80	77.36
응시 행동	상대방에 의한 시선접촉	7.00	89.48	22.42
응시 행동	상대방 쳐다보기	10.00	28.96	7.26
응시 행동	제3자 쳐다보기	9.00	87.96	22.04
얼굴 표현	혀 내밀기	2.00	161.32	40.41
얼굴 표현	눈 감기	3.00	8.48	2.12
신체자세	앉기	1.00	218.56	54.75
신체자세	고개 젖히기	1.00	4.76	1.19
신체자세	눕기	1.00	180.32	45.17

지원자: ○ ○ ○

유형	코드	빈도	지속시간 (초)	총 시간 대비 비율
자기 접촉	(손으로) 눈 가리기	1.00	1.04	0.26
상대방 접촉	얼굴/머리 접촉	11.00	100.16	25.24
상대방 접촉	(움직임) 활동 넘겨받기	6.00	245.76	61.93
상대방 접촉	기타 접촉	8.00	153.04	38.56
상대방 접촉	어깨 접촉	4.00	15.36	3.87
상대방 접촉	움직임 보조	1.00	31.76	8.00
응시 행동	상대방 쳐다보기	17.00	275.52	69.43
응시 행동	상대방 얼굴 쳐다보기	10.00	31.08	7.83
응시 행동	제3자 쳐다보기	1.00	1.00	0.25
응시 행동	사물 쳐다보기	1.00	1.00	0.25
얼굴 표현	웃기	1.00	3.36	0.85
신체자세	일어서기	2.00	384.88	96.99
신체자세	상대방 향해 상체 구부리기	11.00	189.16	47.67
신체자세	쪼그리고 앉기	1.00	8.96	2.26
비구어 발성	크게 소리 내기	1.00	0.44	0.11
구어 발성	상대방에게 말하기	29.00	80.32	20.24
구어 발성	제3자에게 말하기	1.00	1.68	0.42

상황을 비교한 결과, 지원자가 제스처나 신체접촉을 더 많이 사용함을 확인할 수 있었다.

보다 심도 있는 분석과 논의를 위해 사례를 하나 더 살펴보겠다. 관찰대상은 뇌병변 지체장애를 가진 디에나(가명)라는 여성으로, 그녀는 일상에서 전반적 지원이 필요하고 움직임 및 표현 방식에 심한 제약을 보인다.

지면 관계상 촬영 내용을 상세하게 설명하는 대신, 여기서는 '응시 행동'을 예로 들어(응시 행동은 성공적인 의사소통을 위한 필수조건이다) 첫 번째 연구문제를 설명해 보겠다.

이 연구에 참여한 3명의 장애성인의 경우, 응시 행동은 다른 의사소통 경로와 마찬가지로 개인 간 차이가 확연했다.

디에나라는 젊은 여성은 다른 2명의 중도지적장애인보다 지원자들을 더 자주 응시하는 듯하였다. 디에나는 〈표 6-1〉에 해당하는 비디오 자료에서 최대 19회 지원자들과 눈을 맞추었는데, 다른 연구 참여자 2명이 각각 여섯 번, 열한 번 눈 맞춤을 한 것에 비하면 매우 높은 빈도이다. 디에나가 한 번 눈맞춤을 할 때 지속된 시간은 2초에서 55초까지 다양하였다.

그렇다면 응시 행동은 어떤 의미가 있을까?

응시 행동은 성공적인 의사소통을 위한 필수조건이다. 두 사람이 서로를 응시하거나 함께 사물을 바라보는 행위는 두 사람이 그 대상이나 활동에 관심이 있다는 신호이며, 이를 통해 두 사람은 공통된 '관계 테마'를 형성한다. 디에나는 뇌병변 지체장애로 인해 지원자와 신체접촉을 거의 시도하지 못하는 듯하다. 비디오 시퀀스 분석에서 디에나가 신체접촉을 시도하는 모습이 보이지 않았기 때문이다. 디에나에게 관찰 가능한 소리 표현은 기침하기와 크게 호흡하기 정도였다. 따라서 디에나에게 눈 맞춤은 중요한 의사소통 경로처럼 보였는데, 다른 2명의 장애인에 비해 상대적으로 더 자주, 더 오랫동안 눈 맞춤을 시도하였다. 어떠한 공동 활동과 관련하여 응시하며 관심을 보이는 행위는 당사자가 자기주도성과 자기효능감을 체험할 수 있음을 뜻한다. 결국 응시 행동은 일상 속 관계 형성과정으로, 지원자가 일상에서 장애성인의 감정상태를 추측하고 그에 맞추어 행동하는 데 기여한다.

이제 관점을 바꾸어, 지원자들의 태도에 대한 연구결과를 살펴보겠다.

(1) 의사소통 역량을 세부적으로 관찰 및 평가하기

먼저 눈에 띄는 점은 지원자가 중도지적장애 성인의 의사소통 역량을 자세하게 관찰하고 평가한다는 것이다. 영상 속에서 장애성인들이 표현하는 다양한 소통방식과 지원자들의 면담 내용(자신이 담당하는 중도지적장애인의 의사소통 지원에 대한 내용)을 비교해 보면 잘 알 수 있다. 중도장애인의 의사소통 능력에 대한 여러 문헌에 따르면, 일반적으로 주변 사람들은 중도장애인의 의사표현을 인식하고 이해하는 데 큰 어려움을 느낀다(Fröhlich, 2003; Hessich, 1992; Kristen, 1999; Schmetz, 2007). 그러나 이 연구에서는 장애성인의 의사소통 역량에 관한 구체적인 질문에 지원자 대부분이 분별력 있고 전문적으로 답변하였다. 바로 이러한 사실은 지원자들이 자신의 전문성을 신뢰하고 있음을 알 수 있는데, 이러한 자기 신뢰는 근무 중 스트레스를 감소시키고 직업 만족감을 향상시킨다. 또한 중도지적장애 성인과 지원자 사이의 상호작용과 의사소통을 개선하는 데에도 도움이 될 것이다.

(2) 구어표현 활용

지원자와 관련하여 두 번째로 눈에 띄는 점은 의사소통 경로의 활용이다. 자신이 돌보는 중도장애인이 구어적 표현을 이해한다고 생각하는 지원자는 당사자와 의사소통을 할 때 신체접촉이나 눈맞춤보다 구어표현을 더 많이 사용하는 것으로 드러났다. 반대로 여러 측면에서(인지적, 신체적) 중도장애가 있어 언어이해가 어려워 보이는 중도장애인에게는 구어적 의사소통을 거의 시도하지 않고 대부분 신체접촉이나 시선을 통해 소통을 시도하는 것으로 나타났다.

그렇다면 구어표현 관련 연구결과가 지원자와 중도장애인의 관계 형성에 시사하는 점은 무엇일까? Rauh(2002), Rothweiler(2002), Grimm과 Weinert(2002), Keller(2000) 그리고 Wilken(1996)의 연구결과에 따르면, 상대방의 구어적 발성은 장애인이 여러 비언어적 소리를 표현하는 데 좋은 자극이 된다. 즉, 중도장애인을 돌보는 데 있어 지원자의 구어 사용이 중요하다는 뜻이다. 이런 점에서 구어는 청각적 자극을 주고, 사회적으로 적합한 표현방식으로 문화 규범을 전달하며, 친숙한 사람의 음성으로 대화를 구성하는 데 도움이 된다.

그러므로 중도장애인의 의사소통을 지원할 때에는 구어적 요소를 반영할 필요가 있다. 또한 구어 사용에 대한 중도장애인의 개별적 요구(구어를 더 많이 혹은 더 적게 사용)나 상황적인 측면을 충분히 고려해야 한다(예, 마사지 상황에서는 섭식지원 상황보다 구어 사용 줄이기).

(3) 신체접촉

첫 번째 연구문제와 관련해 마지막으로 살펴볼 내용은 중도장애인과의 신체접촉이다(특히 신변처리 상황). 의사소통에서 중요한 신체접촉과 관련해서는 의견이 분분하다. 신체 가까이 접촉하는 행위는 당사자의 사적 영역을 침범할 소지가 있다. 하지만 Helmbold(2007)가 지적하듯, 신체접촉은 대개 기능적인 목적으로 이루어지지만 그런 상황에서도 의사소통적 성격을 띤다. 또한 신체접촉 종류와 방식, 접촉 장소 및 기타 특징은 특정 메시지를 전달하는 기능도 한다(Bienstein & Fröhlich, 2003, 50; Helmbold, 2007; Sieveking, 1997, 63). 따라서 중도장애인을 지원할 때 이뤄지는 신체접촉에서는 신중하고 책임감 있는 태도가 필요하며, 신체접촉 상황을 정기적으로 성찰하고 개선해 나가야 한다.

2) 의사소통 패턴 및 시사점

이제 두 번째 연구문제로 넘어가 보겠다. 본 연구에서는 의사소통 패턴을 살펴보기 위해 다음 도표(〈표 6-2〉, 〈표 6-3〉)와 같이 주로 그래픽 자료를 활용하였다. 〈표 6-2〉는 아침식사 시간 장면을, 〈표 6-3〉은 신변처리 상황을 묘사한다. 오른쪽에 보이는 막대 표시는 사람 1(중도장애성인)과 사람 2(지원자)가 왼쪽에 제시된 각각의 의사소통 경로(응시 행동, 표정, 제스처 등등)를 얼

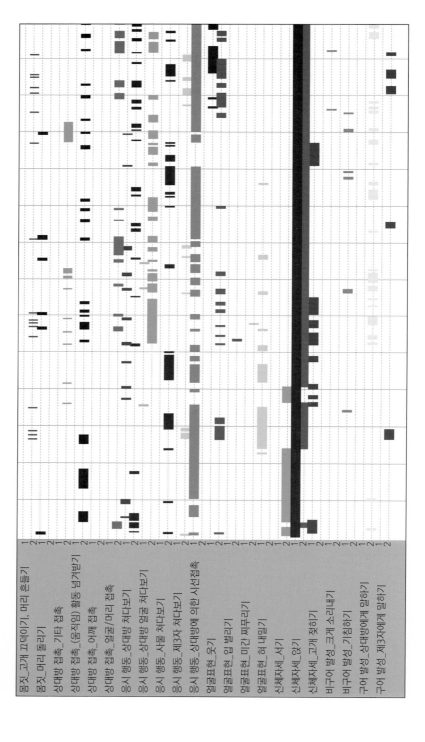

표 6-2 디에나 상황 5-식사: 아침(6분 58초 21)

표 6-3 디에나 상황 6-신변처리: 신변처리 활동 및 옷 입기(6분 39초 21)

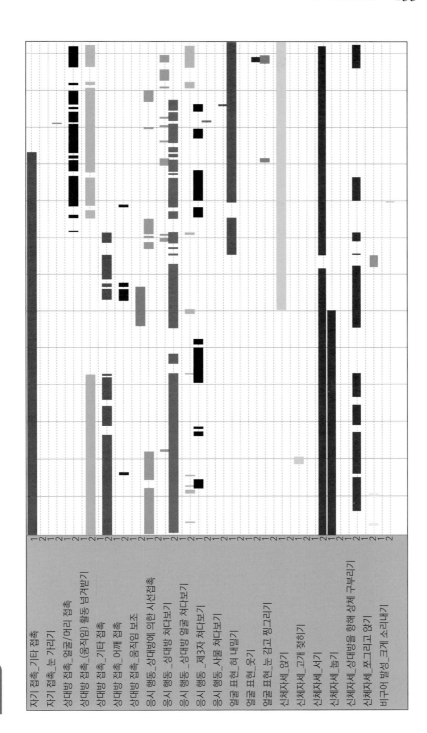

마나 오래 활용하는지를 보여 준다. 오른쪽 칸에 있는 수직선들은 30초 단위로 체크한 것을 의미한다.

그렇다면 이 자료가 신변처리 및 식사 상황과 관련해 시사하는 점은 무엇일까?

〈표 6-2〉의 식사 상황에서는 지원자가 대부분 짧게 상호작용하거나 의사소통하는 모습이 눈에 띈다. 이와 반대로 〈표 6-3〉의 신변처리가 진행되는 상황에서는 의사소통적 표현이 훨씬 긴 막대로 표시되어 있는데, 이것은 각각의 의사소통적 표현이 중간에 끊기지 않고 오래 지속됨을 의미한다. 또한 눈맞춤이나 접촉 또한 구어 사용도 많이 눈에 띈다.

식사 상황에서의 의사소통은 자주 중단되는 특성을 보인다. 이는 〈표 6-2〉의 그래픽 자료에서 각 코드에 짧게 표시된 부분이 많이 나온 것을 통해 알 수 있다. 이렇게 보면 당시 식사 상황은 차분한 분위기가 아닌 듯하다. 면담 결과 지원자들은 식사 시간에 다음과 같은 다양한 일을 수행해야 하는 것으로 나타났다.

- 그릇에 음식물 담고 잘게 썰기
- (수시로) 음식 데우기
- 약 배분하기
- 섭식 지원하기

식사 중 지원자가 중도장애인과 대화를 나누거나 식사 후 활동에 대해 대화하는 행동은 관찰되지 않았다.

식사 상황과는 반대로, 신변처리 활동이 진행되는 상황에서는 지원자와 장애인 간의 교류가 더 길고 꾸준하게 유지되는 것으로 나타났다.

식사 상황과 신변처리 상황에서의 상이한 의사소통 패턴은 이처럼 각각의 상황을 관찰해 보면 분명하게 드러난다. 이를 근거로 신변처리 상황과 식사 상황을 비교해 보면 다음과 같은 사실을 알 수 있다.

- 신변처리 활동은 독립된 공간에서 항상 대응구조(장애인–지원자)로 진행된다.
- 식사 상황은 집단홈의 다른 거주자, 지원자, 방문객들과 함께 하는 공동의 공간에서 진행된다.

이러한 상황 조건과 그 가운데 드러난 의사소통적 표현들을 감안했을 때 다음과 같은 분석이 가능하다.

- 식사 시간은 다소 혼란스러운 분위기 속에서 일관된 소통이 거의 이루어지지 않으며 다양한 인지자극이 주어지기 때문에 장애인은 이러한 상황에 적응하기 힘들 것이다.
- 반대로 신변처리 상황은 장애인과 지원자가 적절하게 소통하는 가운데 편안하고 차분한 공동 활동으로 구성된다.

신변처리 상황에서 장애인과 지원자가 1대1로 마주하는 이러한 관계 구조는 상호 신뢰를 형성하고, 자기 자신과 파트너 그리고 활동 자체에 집중할 수 있는 기회를 제공한다. 중도장애인은 이러한 집중적인 상호 교류를 통해 자신의 발달잠재력을 충분히 발휘하게 된다.

4. 현장 실천 과제

이 연구결과에 기초하여 중도장애인 지원 현장에 제시할 수 있는 내용을 요약하면 다음과 같다.

- 중도지적장애인과 지원자가 성공적으로 의사소통을 하기 위해서는 지원자가 장애인의 표현에 담긴 특징을 인지하여 그에 맞게 유연하게 소통해 나가야 한다. 장애인의 의사소통 역량을 진단하고, 모든 지원자가

접근 가능한 자료를 제공하는 것 역시 성공적인 의사소통을 위해 반드시 필요하다.

• 지적장애인의 응시 행동은 관계 형성을 위한 중요한 의사소통 경로이자 어떤 사물이나 사람 혹은 활동에 관심이 있다는 신호이며, 또한 직접적인 생활환경에 정서적으로 연결되어 있다는 표시로 이해해야 한다.

• 신체접촉과 구어는 중요한 의사소통 요소이며, 지원자는 신중하고 책임감 있는 태도로 이 두 가지 요소를 적절하게 활용해야 한다.

• 중도지적장애인을 돌보는 사람은 신변처리 지원 활동에서 장애인과 관계를 발전시키고 또한 신뢰를 형성하기 위해 대화적인 분위기를 형성해야 한다. 신변처리를 살피는 일은 단순한 신체적 요구 이상의 의미를 갖는다.

• 특수교육 현장에서 지원자는 식사 시간과 같은 상황에서 다음과 같은 사항, 즉 보조기구(예, 보온 접시) 활용이나 장애인의 신체 자세 및 위치, 지원자의 활동 조직 그리고 지적장애인이 주어진 상황에 제대로 참여하고 있는지를 늘 고려하여야 한다.

5. 중도장애인과의 의사소통 활동 지원

마지막으로, 중도장애인의 일상에서 의사소통 과정에 도움이 되는 방법을 소개하겠다. 앞에서 살펴본 연구결과를 바탕으로, 구어능력이 없는 사람에게 적합하고, 상대적으로 적은 비용과 노력으로 실행 가능한 두 가지 접근법을 소개하고자 한다. 오스트리아 (중도)장애인들을 위해 개발된 자료(Communication Resource Centre, 2004)를 참고하였다.

1) 의사소통 프로파일 작성하기

'의사소통 프로파일'은 장애인의 의사소통 역량에 관한 정보가 종합된 자료이다. 장애인의 요구에 적합한 의사소통을 위해 장애인과 관련된 모든 주변인이 당사자의 의사소통 프로파일에 접근할 수 있어야 한다. 지원자나 친척 등이 이에 대한 담당자로서 해당 장애인의 의사소통 프로파일을 정기적으로 수정·보완해야 한다.

의사소통 프로파일은 모든 지원자가 일상에서 쉽게 열람할 수 있어야 한다. 가령, 의사소통 프로파일을 코팅하여 당사자의 휠체어에 걸어 두거나, 직원사무실에 배치하여 누구나 열람 가능하도록 한다.

[그림 6-2]는 의사소통 프로파일의 예시이다.

이름: (해당 장애인)   기록일:

검사일:

• 어려움을 보이는 영역: (각 영역의 어려움을 기술할 것)
  – 청력
  – 시력
  – 움직임
  – 주변 사물 이해력
  – 일상 의례의 변화

• 확인된 의사소통 역량:
  –
  –

• 욕구와 의사를 표현하는 방식:

• 자신의 선택을 표현하는 방식: (예, "오른손으로 선택한 물건을 가리킨다.")

• 예–아니요를 인식하는 방식:

• 기타 중요 사항:

그림 6-2 **의사소통 프로파일 예시**

2) 루틴 정착하기

루틴(routine)이란 하루 일과 속 반복되는 활동을 규칙적이고 일관되게 수행하는 일정한 방식이다. 예를 들어, 아침에 잠자리에서 일어나는 방식, 식사 방식, 옷을 입거나 벗는 방식, 신변처리 방식 등이 있다.

폴의 옷 입기 루틴   일시: 2019. 2. 22.
                                   기록인: 어머니

나는 옷을 입고 벗을 때 전적으로 도움이 필요합니다.

옷 벗기 순서   옷 입기 순서
1.   1.
2.   2.
3.   3.
4.   4.

지원자는
- 나에게 천천히 조용히 말하거나 지시해 주세요.
- 소모적인 움직임은 삼가해 주세요. 움직임이 많아질 경우 내가 경련을 일으킬 수 있기 때문입니다.
- 시간을 충분히 주면, 나는 스스로 옷에서 팔을 뺄 수 있다는 사실도 고려해 주세요.

옷 입기 관련 루틴:

옷가지   신체부위   신호

양말   오른 발   복사뼈 살짝 건드리기
                        ......

그림 6-3 루틴 기록 예시

중도장애인은 루틴을 통해 하루일과를 보다 쉽게 파악하고, 작은 활동을 통해(예를 들어, 스웨터를 벗을 때 스스로 팔 빼기) 자신의 일과에 참여하는 방법을 배우기에, 루틴은 학습과정의 초석이 될 수 있다. 또한 루틴을 중심으로 하루일과를 구성하면 중도장애인과 지원자 모두 특정 활동의 전반적인 순서를 쉽게 파악하므로 불필요한 스트레스를 줄일 수도 있다.

3) 루틴 시작하기 및 지원하기

- 지원자는 장애인의 일상에서 규칙적으로 반복되어야 할 활동을 결정한다.
- 장애인의 건강 및 기분상태를 늘 고려하는 가운데 활동 순서를 관찰하고 기록으로 남겨 둔다.
- 활동과정 기록 시 다음 사항을 포함해야 한다.

- 각 단계 활동의 결과
- 장애인이 활동을 이해하기 쉽도록 해 주는 신호나 물건
- 유의해야 할 어휘 및 기타 세부사항

  루틴 관련 정보는 모든 지원자가 접근 가능한 형태로 제작해야 한다. 자료를 코팅하여 '나에 대한 책'(Ich-Buch, book about me)과 같은 형태로 제작

  장애인이 루틴을 제대로 숙지하려면 시간이 많이 필요할 수 있다. 그러니 서두르지 말자!

  장애인이 루틴을 익히도록 지원할 때에는 틈틈이 휴식을 취하는 것이 좋다. 잠깐의 휴식은 장애인이 보다 수월하게 다음 단계에 참여하는 데 도움이 된다.

  칭찬을 충분히 해 주고, 공동 활동에 대한 동기를 부여한다.

  루틴이 잘 정착될 경우 지원자는 장애인이 스스로 해내도록 지원을 서서히 줄여 나간다.

  루틴과 관련하여 변화가 있을 때마다 의사소통 프로파일을 수정·보완한다.

이와 같은 두 가지 지원방식(의사소통 프로파일 작성하기, 루틴 정착하기)은 장애인과 지원자가 서로 원만히 소통하며 활동하도록 돕는다. 장애인의 의사소통 역량을 수집하고 문서화하는 작업을 통해 지원자는 장애인의 요구에 맞추어 의사소통할 수 있다. 이러한 자료를 잘 활용하면 초보 지원자나 보조활동을 자주 담당하지 않는 종사자도 당사자의 요구를 비교적 쉽게 파악할 수 있다. 이것은 또한 당사자의 루틴을 쉽게 파악하는 데 도움이 된다. 일상에 정착된 루틴은 특정 활동을 수행하는 데 있어 보다 구체적인 방향을 제시한다. 장애인과 지원자는 루틴을 통해 하루 일과의 전체 흐름을 쉽게 파악하므로 일상의 스트레스가 덜하다. 그 결과, 장애인과 지원자는 상호 원만한 관계를 유지하는 데 더 집중할 수 있고, 신변처리와 같은 장애인의 자립능력 발달을 위해 더 많은 에너지와 시간을 확보할 수 있는 장점이 있다.

참고문헌

Argyle, M. (2002). *Körpersprache und Kommunikation. Das Handbuch zur nonverbalen Kommunikation*. Paderborn: Junfermann Verlag.

Bienstein, C. & Fröhlich, A. (2003). *Basale Stimulation in der Pflege*. Die Grundlagen. Seelze/Velber: Kallmeyer'sche Verlagsbuchhandlung.

Communication Resource Centre (2004). *InterAACtion*. Strategies for Intentional and unintentional Communicators. Scope (VIC) LTD.

Forgas, J. P. (1999). *Soziale Interaktion und Kommunikation*. Eine Einführung in die Sozialpsychologie. Weinheim: Psychologie Verlagsunion.

Fröhlich, A. (2003). *Basale Stimulation*. Düsseldorf: verlag selbstbestimmtes Leben.

Grimm, H. & Weinert, S. (2002). Sprachentwicklung. In: Oerter, R. & Montada, L. (Hrsg.). *Entwicklungspsychologie*. Weinheim u. a.: Beltz Verlag, 517-550.

Hedderich, I. (1992). Kommunikative Förderung von Kindern und Jugendlichen mit schwersten zerebralen Bewegungsstörungen. *Geistige Behinderung, 31*(3), 1–21.

Helmbold, A. (2007). *Berühren in der Pflegesituation.* Bern: Verlag Hans Huber.

Keller, H. (2000). Sozial-emotionale Grundlagen des Spracherwerbs. In: Grimm, H. (Hrsg.). *Sprachentwicklung. Enzyklopädie der Psychologie.* Göttingen: Hogrefe Verlag, 379–402.

Klafki, W. (1977). Organisation und Interaktion in pädagogischen Feldern. Thesen und Argumen-tationsansätze zum Thema und zur Terminologie. *Zt. für Pädagogik, 13*, 11–37.

Kristen, U. (1999). *Praxis Unterstützte Kommunikation.* verlag selbstbestimmtes Leben, Düsseldorf.

Kristen, U. (1999). Unterstützte Kommunikation in der Praxis. *Behinderte in Familie, Schule und Gesellschaft, 4*(5), Heftmitte 1–11.

McLean, L. K., Brady, N. C. & McLean, J. E. (1996). Reported Communication Abilities of Individuals with Severe Mental Retardation. *American Journal on Mental Retardation, 100*(6), 580–591.

McLean, L. K., Brady, N. C., McLean, J. E. & Behrens, G. A. (1999). Communication Forms and functions of Children and Adults with Severe Mental Retardation in Community and Institutional Settings. *Journal of Speech, Language, and Hearing Research, 42*(1), 231–239.

Mohr, K. (2008). *Beziehungsprozesse zwischen Erwachsenen mit schwerer geistigen Behinderung und ihren Begleitpersonen.* Theoretische und empirische Analysen. Dissertationsschrift aus dem Heilpädagogischen Institut der Universität Freiburg, Schweiz.

Rauh, H. (2002). Vorgeburtliche Entwicklung und frühe Kindheit. In: Oerter, R. & Montada, L. (Hrsg.). *Entwicklungspsychologie.* Weinheim u. a.: Beltz Verlage, 131–208.

Rothweiler, M. (2002). Spracherwerb. In: Meilbauer, J. u. a. *Einführung in die germanistische Linguistik.* Stuttgart u. a.: Verlag J. B. Metzler, 251–293.

Schmetz, D. (2007). Interaktion. In: Bundschuh, K., Heimlich, U. & Krawitz, R. (Hrsg.). *Wörterbuch Heilpädagogik.* Bad Heilbrunn: Julius Klinkhardt, 148–150.

Sieveking, C. (1997). Beziehungsqualitäten in der Berührung; Berührungsqualitäten in der Beziehung. In: Fröhlich, A. Fördern–Pflegen–Begleiten. Beiträge zu Pflege und Entwicklungsförderung schwerst beeinträchtigter Menschen. *Düsseldorf: verlag selbstbestimmtes Leben*, 57-69.

Wilken, E. (1996). Förderung der Kommunikationsfähigkeit bei nicht oder noch nicht sprechenden Kindern und Jugendlichen mit geistiger Behinderung. *Geistige Behinderung, 35*(2), 115-121.

제4부

중도·중복장애인과의
보완대체의사소통

제7장 "저도 머릿속엔 표현하고 싶은 게 있어요"

제8장 '나에 대한 책'

"저도 머릿속엔 표현하고 싶은 게 있어요"
시각중복장애 아동과 AAC 첫발 내딛기

Uta Herzog (우타 헤어초흐)

보완대체의사소통(이하 AAC)은 시각장애학생 교육과정에서도 비중이 커지는 추세이다. 최근들어 시각장애학교 학생집단의 특성이 많이 변화하고 있는데, 재학생의 과반수가 소위 '중복장애'를 가진 것으로 나타났다. 학생들이 시각장애 외에도 지체장애나 지적장애를 갖고 있다는 의미이다.

시각장애 자체가 특정 언어장애의 원인은 아니지만, 시각장애를 동반한 중복장애은 특히 언어영역에서 문제를 보이는 경우가 많다. 시각장애학교 재학생의 대부분이 구어로 의사소통하는 데 어려움을 보인다고 전해진다. 따라서 현재 이들의 발달지원을 위한 새로운 전략이 요구되는 가운데, 특히 의사소통 지원이 중요해지고 있다. 이 장에서는 시각중복장애를 가진 사람들을 위해 AAC를 얼마나 활용할 수 있는지, 나아가 어떠한 영역에서 수정이 필요한지 살펴보도록 하겠다. 참고로, 이 장에서 거론하는 시각장애인은 전맹에 이르기까지 다양한 수준의 시각능력을 가진 사람을 지칭한다.

1. 시각장애 아동의 의사소통 및 언어 발달

여러 연구에 따르면, 시각장애 자체가 언어 발달에 미치는 영향은 아주 미미하다(Rath, 1995: 230 ff.). 다시 말해, 시각장애 또는 전맹에 따른 전형적인 언어장애는 거의 없다고 봐도 무방하다. 그러나 의사소통 및 언어 발달의 특정 단계는 시각손상의 영향을 받을 수 있는데, 시각장애 출현 시기가 빠르고 시각장애의 정도가 심할수록 언어장애가 발생할 가능성도 커진다(Hudelmayer, 1982: 385).

이와는 달리 전맹이면서 중복장애를 가진 아동의 경우 언어장애가 자주 출현한다. 물론 이 경우에도 전맹이 언어장애의 결정적 요인인지는 확인할 수 없다. 따라서 시각장애가 언어발달의 어떤 지점에 영향을 미치는지를 밝히는 것이 중요하다(Rath, 1995: 230 ff.).

1) 초기 의사소통, 전 의도적 표현

출생과 동시에 아기는 물론 부모도 적극적인 역할을 수행한다. 물론 초반에 아기는 의도적으로 행동하지 않는다. 그러나 부모는 아기의 욕구나 상태를 금방 알아차릴 수 있다. 아기가 보이는 행동, 즉 소리, 몸 긴장도, 혹은 머리를 앞뒤로 돌리는 행동 등을 해석하고 자신이 해석한 것을 아기에게 설명해 주면서 적절히 반응하는데, 이러한 과정에서 아기는 상대방의 반응을 이끌기 위해 의도적으로 행동하는 법을 자연스럽게 습득하게 된다.

이러한 초기 의사소통 단계에서는 대화능력의 토대가 마련된다. 아기와 상호작용하면서 부모는 대화를 위한 조건을 마련해 나간다. 대화를 촉발하는 신호들은 장애에 따라 특이한 형태로 나타나기도 한다. 그래서 부모나 주양육자는 대화의 신호를 처음에는 제대로 해석하기 어렵고, 최악의 경우 대화를 원하는 아기의 신호가 상대방에게 부정적 감정이나 심지어 방어적 반응까지 유발할 수 있다.

시각장애를 가진 아기와의 상호작용에서는 의사소통의 주요 수단인 눈맞춤이 불가능하므로 아기의 감정이나 주의집중 상태를 정확하게 인식하기 어렵다. 아기가 얼굴표정이나 제스처가 아닌 다른 수단으로 표현하기 때문이다. 그러나 이러한 어려움 역시 극복 가능하다. 일반적으로 (비장애)영아와의 초기 대화는 얼굴표정이나 제스처로 표현되나, 시각장애 아기와는 이를 좀 더 세분화된 신체놀이와 소리내기(옹알이 등)로 대체하거나 보완하면 된다.

그런 의미에서 특히 듣는 것은 시각장애 아기에게는 매우 중요하다. 그런데 시각장애 아기는 대화상대방이 말을 건네면 얼굴을 상대방쪽으로 돌리는 대신 오히려 고개를 반대로 돌리는 행동을 보인다. 상대방을 경청하기 위해서이다. 그런데 이러한 행동을 자칫 부모는 오해하기 쉽고 아기가 무관심하다고 해석할 수 있으며, 그 결과 부모가 아기를 꺼려 할 수도 있다. 시각장애 아기가 대화상대방 쪽으로 고개를 돌리는 행위는 양쪽 귀로 수용된 자극들을 대뇌에서 서로 해석하고 연결한 후에야 비로소 가능해진다.

2) 의도적 행동

일반적으로 아기들은 손을 뻗어 관심 가는 물건을 잡는 반면, 시각장애 아동(및 중복장애 아동 포함)은 주변 환경에 접근하는 데 어려움이 많다. 그래서 언뜻 보면 아기가 수동적이고 무관심해 보일 수 있다. 원인은 다양할 것이다. 운동장애가 있는 아기라면 관심 가는 물건을 쳐다볼 수는 있어도 손으로 잡지는 못하고, 뭔가 얻기 위해 부모에게 도움을 요청하는 법을 터득하지 못한 아기는 더 이상 물건에 관심을 두지 않을 것이다(Kane, 1992: 307 f.).

시각장애 아동의 경우 환경의 시각적 자극에 접근할 수 없는 점도 큰 어려움이다. 주변에 흥미로운 물체가 있더라도 소리가 나거나 촉각적인 자극이 없는 한 이를 발견할 수 없기 때문이다. 따라서 초기에 주변 탐색은 직접 손이나 팔이 닿는 범위 내로 제한될 수밖에 없다.

소리를 따라가는 탐색은 시간이 지나야 가능하다. 아기는 소리나는 쪽으로 팔을 뻗어 잡으려 하고, 그러면서 주변 세계를 보다 넓게 인식하게 된다.

주변 세계를 인식해 나가며 옹알이도 함께 나타난다. 즉, 옹알이는 주변 세계를 탐색하면서 나타내는 반응인 셈이다. 따라서 시각장애로 인해 주변 세계 탐색이 위축될 경우 조음발달이 늦어질 수 있다. 그러므로 의도적 행동 단계의 지원 핵심은 아동에게 촉각 및 청각 경험의 기회를 집중적으로 제공하여 주변에 대한 관심을 불러일으키는 데 있다(Rath, 1995: 235). 주변 세계가 먼저 아동에게 한 발짝 다가가 아동이 세계를 체험할수 있어야 한다. 특히 시각장애와 더불어 지체장애를 가진 아동에게 중요한 사항이다.

일반적으로 시각장애 아동이 옹알이를 덜 한다는 것은 주의력과도 관련이 있다. 시각장애 아동은 목소리나 소리를 들을 때 매우 집중한다. 왜냐하면 아동이 스스로 소리를 내며 자기 소리를 듣는 동안에는 그만큼 주변의 소리를 잘 인지하지 못하기 때문이다. 따라서 아동이 타인과 접촉할 때도 (타인의 목소리에 집중하기에) 종종 아무 소리도 내지 않는다. 아동이 혼자 있을 때에는 오히려 옹아리를 더 많이 한다고 한다.

시각장애 아동은 대화상대방, 즉 자기 소리를 들어주는 청자가 있는지를 시각적으로 확인할 수 없다. 그래서 신체접촉이나 고함, 비명 등을 통해 확인하려 한다. 특히 비명을 지르는 행동은 양육자가 오해하기 쉬워 상호작용이 중단되기도 한다.

3) 상대방과의 의도적 의사소통

이 단계의 의사소통은 주로 시선 교환을 바탕으로 이루어진다. 시각장애 아동은 타인의 얼굴표정이나 몸짓을 파악하지 못하므로 의도적으로 의사소통하는 데 제약이 아주 많다. 시각장애 아동은 오로지 촉각자극에 의존하여 대화상대방의 얼굴표정과 몸짓을 관찰하고 모방한다. 따라서 상대방의 얼굴표정을 손으로 만져 보는 것이 도움이 될 수 있다.

아동이 제스처, 즉 몸짓을 배우려면 우선 상대방은 아동과 함께 해당 움직임을 시도해 보아야 한다. 아동이 움직임의 연속 동작을 기억하면 나중에 스스로 몸짓을 사용할 수 있다. 시각장애와 더불어 지체장애로 손발의 움직임에 제한이 있는 아동에게는 뚜렷하게 구별 가능한 몸짓을 선택하여 가르치는 게 좋다. 아동이 몸짓을 기억한다 해도 나중에 스스로 표현할 경우 다소 부정확하거나 개개인에 따라 조금씩 변형되기 때문이다.

아동과 대화상대방이 하나의 대상에 관심을 갖는 행위(삼각관계 구도)는 이 단계에서 매우 중요한 역할을 한다. 시각장애 아동은 누군가 옆에 있는지를 소리나 촉각 정보로 파악한다. 그러므로 물건을 사이에 두고 아동과 대화하기 위해서는 대화상대방이 아동과 직접 신체접촉하여 삼각관계 구도를 형성할 필요가 있다.

4) 관습적 의사소통

관습적 의사소통 단계에서 아동은 지금까지 익혀 온 신호를 의례적으로 사용하게 된다. 예를 들어, 갖고 싶은 물건에 손을 뻗는 대신 물건을 가리킨다.

가리키는 몸짓은 의미를 습득하는 데 중요한 요소이다. 예를 들어, 아동이 어떠한 대상을 가리키면 어머니가 명칭을 알려 주고 이것이 시각적 경험으로 연결된다.

근접 거리에 있는 사물만 인식 가능한 시각장애 아동은 초기에는 가리키는 몸짓을 사용하지 않는다. 그러므로 물건 이름이나 개념 습득을 위해서는 대화상대방이 해당하는 촉각적·청각적 경험을 제공해야 한다. 물건을 구체적으로 제시하며 이름을 알려 줘야 한다. 나아가 아동의 행위와 행동을 구어로 표현해 주어야 한다. 이를 통해 아동은 각 경험을 언어로 연결하는 법을 습득하게 된다. 이러한 지원이 적절히 제공되지 않을 경우 소위 '버벌리즘(Verbalismus, Verbalism)' 현상이 나타난다. 즉, 아동이 뭔가 생각해서 말하는 것이 아니라 내용이 전혀 없는 빈말을 사용하게 되는 것이다(Rath, 1995: 237).

또한 이 시기에는 아동이 부모의 의사소통 형태, 즉 관습적인 제스처를 점점 더 모방하게 된다. 그러나 시각장애 아동에게는 제스처 모방이 자동적으로 일어나지 않으므로 부모가 자주 사용하는 제스처 등을 직접 보여 주고 가르쳐 주어야 한다.

5) 상징적 의사소통

정상 시력을 가진 아동은 대화상대방의 발음을 모방하며 조음을 시작한다. 1983년, Mills는 시각손상이 특정 조음 형성에 어떠한 영향을 미치는지를 연구하였다(Schmalohr, 1985: 56). 연구결과, 정상 시력 아동과 시각장애 아동은 시각적으로 명확히 확인 가능한 조음 발음에서 유의한 차이를 보였다. 즉, 일반 아동은 주변 사람을 보면서 조음 발음 방식을 익힌다는 의미이다. 그러나 이러한 차이가 전반적인 언어발달에는 그다지 큰 영향을 미치지는 않는다.

우선 '어머니'와 같은 단어는 정상 시력 아동이든 시력장애 아동이든 모두 사용한다. 하지만 상징적 의사소통 단계에서 아동은 주로 몸짓을 많이 사용하는 편이다.

초기 단어를 습득할 때 아동은 인지적으로 단어를 해당 대상과 연결시킬 수 있어야 한다. 이를 위해 시각장애 아동의 경우 특정 물체를 제공할 필요가 있다. 즉, 시각장애 아동은 물건을 직접 만지고 느끼면서 해당 명칭을 익히고, 촉각 및 청각 경험을 바탕으로 추후 물건이나 대상에 대한 연상을 하게 된다. 그러나 이러한 학습과정은 순차적으로 진행되며, 개별적인 경험들이 서로 연결되어야 하므로 개념 형성에 제약을 줄 수 있다. 그러나 결국은 시각장애 아동도 정상 시력 아동과 마찬가지로 거의 동일한 순서로 동일한 어휘 표현과 어휘적 관계를 습득하게 된다(Schmalohr, 1985: 62 f.).

이와는 달리 시각장애 외에 지체장애나 지적장애를 가진 아동은 각각의 촉각 경험의 의미를 해석하고 이를 서로 연결하는 데 어려움이 있으므로 개념 형성에 큰 제약을 겪을 수 있다.

6) 이후 언어습득 단계

시각장애 아동이 상징적 의사소통 단계 이후 언어를 습득하는 과정은 일반 아동과 비슷하게 진행된다. 시각장애 아동이 초기에 습득한 어휘는 일반 아동의 초기 어휘와 비슷하다. 시각장애 아동의 경우 언어발달이 시간적으로 다소 지체될 수 있으나 보통 만 3세가 되면 발달연령에 상응하는 어휘를 습득하게 된다.

그러나 시각중복장애 아동의 경우 복합 장애에 따른 제한이 중복되고 상호 영향을 미치기에 언어 문제 및 언어장애가 다차원적으로 출현한다. 따라서 시각중복장애 아동에게 가능한 한 다양한 촉각 및 청각 자극을 제공해야 한다. 기회가 주어질 때마다 매 상황과 세부적 사안을 일일이 말로 표현하고 설명해 주는 것이 필요하다. 아동이 주변 세계에 다가갈 수 없다면 세계가 아동에게 먼저 다가가야 하는 법이다.

2. 시각중복장애 아동의 의사소통 및 AAC 지원

시각중복장애 아동에게 있어 신체접촉과 언어는 외부 세계로 향하는 관문이다. 따라서 아동은 의사소통을 원하는 욕구가 매우 높은 편이다.

그러나 동시에 시각중복장애 아동은 외부 세계 및 적절한 의사소통 전략에 대한 지식이 매우 부족하다. 그렇다고 다른 사람이 이를 대신해 주거나 다른 사람을 바라보며 모방하지도 못하므로 의사소통 상황이 실패로 이어지는 경우가 흔하다.

삶의 영역 전반에 강한 의존성을 갖는 시각중복장애 아동은 소위 '자족적인' 성향이 강하다. 주변에서 주로 아동의 기본욕구를 만족시키기 위해서만 신경을 쓰기 때문이다. 아동이 뭔가를 스스로 의사결정하는 선택의 기회는 거의 주어지지 않는다. 바로 이 지점에서 AAC 원칙이 도움이 될 수 있다.

AAC는 누구에게나 개인별 맞춤형으로 제공될 수 있는 콘셉트이다. AAC

를 위해 인지적 또는 운동적 수행능력이 전제될 필요는 없다. 숨만 쉴 수 있다면 이 콘셉트를 사용할 수 있다고 해도 과언이 아닐 것이다. 당사자가 가능한 한 많은 상황에서 최대한 폭넓게 의사소통을 하도록 여러 형태의 의사소통이 개발된다. AAC의 모든 원리는 당연히 시각장애 아동의 지원에도 적용된다. 시각장애 아동을 위한 개별 의사소통 수단을 개발할 때는 시각적 제한에 따른 어려움을 특별히 고려해야 한다.

아동은 자신이 말하는 것이 무엇인가에 영향을 준다는 점(상대방의 집중 요구하기, 요청하기, 선택하기, 거부하기 등)을 배워야 한다. 간단한 보조도구를 사용하여 자기 효능감을 배울 수 있다. 간이 수동 샤워기,[1] 스크래치 보드, 활동보드 등을 사용하면서 아동이 이를 움직여 소리를 내거나 시각적 효과를 불러올 수 있다. 처음에는 의도 없이 한 행동이 의도적 행위로 변하게 된다.

다음에서는 개별 의사소통 형태에서 고려해야 할 특이사항을 설명해 보겠다. 신체를 이용한 의사소통 방식과 외부기기를 통한 의사소통 형태로 구분하여 논의하겠다.

의사소통 수단과 의사소통 내용은 아동이 가지고 있는 의사소통 전략을 기반으로 고려되어야 한다. 나아가 의사소통 수단은 일상에 적용 가능하고 가능한 한 정기적으로 사용할 수 있어야 한다. 이를 위해서 세부적인 단계로 접근할 필요가 있다.

1) 신체를 활용하는 의사소통 방식

신체를 활용하는 의사소통 방식에는 발성과 표정, 제스처가 있다. 고개를 끄덕이거나 가로젓는 것과 같이 관습적인 몸짓을 사용하거나, 개별적으로 정한 표식(예, "예"의 의미로 노크나 악수하기)을 사용한다. 이러한 상징들은 언제든지 사용할 수 있으므로 장소와 시간을 불문하고 의사소통에 활용 가능

----

1) 샤워기에 달린 손잡이를 아래로 당겨서 사용함–역자 주

하다. 일반적으로 다른 의사소통 수단을 보완하기 위해 사용되는 방식이다.

의사소통 가능성이 제한된 경우 아동은 주로 신체로 의사소통한다. 특히 긍정이나 부정, 예/아니요 등 비교적 짧은 메시지를 전달할 때 신체적 표현이 유용하다. 이런 방식으로 현재의 감정 표현도 가능하나, 과거와 미래 사건 같이 복잡한 내용을 표현하기에는 어려움이 크다.

신체 고유의 표현 형태는 역동적이라 할 수 있다. 즉, 단시간 존재하다 사라지기에 매번 반복해서 재현할 필요가 있다.

얼굴표정과 제스처로 나타내는 표시나 상징은 특히 시각중복장애 학생이 이해하기 어렵다(이 장의 '상대방과의 의도적 의사소통' 참조).

시각중복장애 아동에게 특정 제스처를 새로이 도입하려면 매우 밀접한 신체접촉이 필요한데, 이것은 아동의 사적이고 고유한 영역을 침투하는 행위와도 같다. 따라서 대화상대방은 아동이 자신의 행동을 받아들이는지 지속적으로 관찰해야 한다.

대부분의 신체적 의사소통 수단은 그 자체로는 '소리가 없다'. 그래서 사용자는 자신이 신체동작을 제대로 표현했는지 확인하기 어렵다. 고개를 흔드는 등의 표현은 자신의 몸에 비교적 강한 촉각적 피드백을 전해 주지만, 여타 신체적 표현은 그렇지 않은 경우가 많다.

나아가 시각중복장애 아동은 제스처로 상대방의 주의를 끌기가 힘들다. 정안 아동의 경우, 대화상대방이 자신에게 주의를 기울이는지를 쳐다보고 확인할 수 있지만, 시각중복장애 아동의 경우는 예외이다. 이들은 다른 사람이 같은 공간에 있는지도 금방 확인하기 어렵기에, 소리가 동반되지 않는 제스처는 대부분 효과가 없다.

원칙적으로 시각중복장애인도 제스처나 수어 학습이 가능하다. 특히 좋아요/싫어요 같은 긍정이나 부정, 다급한 신체적 요구를 표현하기 위해서는 언제 어디서든지 쉽게 활용 가능한 의사소통 방식이 매우 유용하다.

모든 형태의 의사소통과 마찬가지로, 제스처를 사용할 때에도 직접적인 결과가 나타나야 효과가 있다. 왜냐하면 직접적인 피드백을 통해 제스처를 더 쉽게 배울 수 있기 때문이다. 자신의 행동을 시각적으로 통제하기 어려운 사람은 제스처의 움직임 순서를 정확히 학습해야 한다. 그러므로 수어 등의 제스처가 가능한 신체부위로 표현되고 몸에서 끝맺어야 한다. 또한 제스처 등 몸짓 상징을 배울 때는 서로 명확히 차이나는 상징으로 제한해야 한다. 몸짓 상징 학습은 각자의 움직임 능력에 따라 다르다. 시각장애학교의 학생 대부분이 움직임적으로 많이 제한되어 있기에 실제 수어를 실천할 가능성은 거의 없을 것이다. 그러므로 학생 개개인에게 적합한 제스처가 개발되어야 한다.

우리는 대부분의 시각중복장애인이 스스로 청각적 신호를 동반한 의사소통 형태를 찾는다는 사실을 고려해야 한다. 대화상대방이 자신에게 주목하는지를 알 수 없는 시각중복장애 아동은 청각적 신호로 상대방의 주목을 집중시키는 것이다. 그러므로 아동이 스스로 사용하지는 않는 제스처 중에 하나를 선택하여 가르칠 때는 이 점을 반드시 고려해야 한다. 즉, 조용히 손을 흔드는 제스처보다는 휠체어 테이블을 두드리는 식의 제스처를 사용하도록 하는 것이 나을 수 있다. 또한 아동이 타인과 직접 신체적 접촉을 할 수 있는 제스처도 유용한데, 가령 동의를 표시할 때 상대방의 손을 누르는 식으로 행동할 수 있다.

지금까지 살펴본 신체적 의사소통 지원의 어려움을 고려할 때, 신체적 의사소통 수단을 다른 의사소통 방식을 보완하는 차원에서 가능한 한 추가적으로 사용하는 것이 바람직해 보인다.

2) 도구를 사용하는 AAC

도구를 사용하는 AAC는 크게 수동과 전동 의사소통 보조도구로 구분된다. 도구를 사용하는 AAC에서는 몸짓 등 제스처가 아닌 소위 '정적인' 상징기호를 사용한다. 상징기호는 이미 제시되어 있기에 사용자는 이를 재인식하고 선택만 하면 된다. 즉, 본인이 스스로 상징기호를 새롭게 만들 필요가 없다. 신체적 제한을 가진 사용자의 경우 이러한 의사소통 형태는 동적인 형태보다 사용하기가 용이할 것이다. 시각장애인은 주로 전동 의사소통 보조장치를 사용하여 자신의 선택에 대한 피드백을 청각적으로 직접 확인할 수 있다.

(1) 수동 의사소통 보조도구

전기 등 전력 없이 사용하는 수동 보조도구는 비교적 단순하고 비용 면에서도 저렴하게 제작 가능하다. 시각장애인을 위해서는 실제 사물이나 미니어처 또는 촉각 상징 등을 사용한다. 이러한 보조도구는 각 사용자의 움직임 범위와 능력에 따라 사용범위가 달라진다.

Adam Ockelford(1994)는 시각중복장애인 의사소통 지원에 사용하는 상징을 '대상참조물(objects of references)'이라 칭한다. Ockelford는 단순한 사물에 특정 의미를 부과하여 사용하였다. 일반 단어와 마찬가지로 단순한 사물이 활동이나 장소 혹은 특정인을 상징하는 것이다. 즉, 특정 사물을 상징하거나(예, 플라스틱 공이 커다란 볼배스를 뜻한다), 특정 행동을 상징할 수도 있다(예, 작은북이 '음악놀이하기'를 뜻한다). 사물로 표현된 개념이나 대상참조물이 실제 의미하는 것이 색상, 모양 또는 질감 면에서 반드시 유사할 필요는 없다. 상호작용에서 사물을 통한 개념이나 대상참조물에 대한 의미 부여는 잇따라 오는 상대자의 반응에 의해 결정되기 때문이다. 그러므로 대상물에 대한 의미는 개별적으로 결정된다고 볼 수 있다.

AAC를 위해 사물을 선정하거나 미니어처를 고안할 때는 사용자의 소근육 운동성과 촉각 특이성도 고려해야 한다. 사물을 만지고 느껴지는 과정은 연속적으로 일어난다. 즉, 사물을 만질 때 느껴지는 연속적인 감각은 누적되어 하나의 이미지로 연결된다. 특정 사물의 세부적인 특성이 많을수록 탐색하는 데 시간이 오래 걸린다. 따라서 대화에 사용하는 사물의 특징은 확실하게 분별 가능해야 한다. 미니어처-사물을 제작하는 경우 사물의 핵심적 특징에만 국한하여 그 의미를 쉽게 인식할 수 있도록 한다. 여러 사물 중 하나를 선택할 경우에는 표면을 만지는 순간 재질의 차이를 쉽게 인식할 수 있는 소재를 사용한다.

특히 움직임 장애를 가진 학생의 경우에도 사물 특성에 대한 고려가 중요하다. 시각장애 학생의 경우 잔존시력을 충분히 사용하도록 한다. 사물의 색을 다양한 색깔로 표시하여 구분이 용이하도록 한다. 그리고 청각적 자극을 유발하거나, 손으로 만질 경우 특유의 소리를 내는 재료를 선택하는 것도 도움이 된다.

사물이나 미니어처를 투입하는 방법은 매우 다양하다. 우선, 물건 2개로 시작한다. 학생이 그중 1개를 선택하여 무언가를 결정하도록 한다. 예를 들어, 학생이 사물 하나를 가리키거나 손으로 잡을 때, 상대방은 이런 행동과 결정을 언어로 동반해 준다. 시간이 지남에 따라 선택 옵션 개수를 증가시킨다(Ockelford, 1994: 21). 이러한 방식으로 촉각 의사소통판이나 수업시간표를 학생과 함께 구성하는 것이 바람직하다.

사물을 선택하는 활동에서는 사물을 항상 같은 페이지, 같은 위치에 제시해야 한다. 특히 시각장애인은 공간 오리엔테이션을 대부분 촉각이나 청각적 단서에 따르거나, 신체 움직임을 통해 습득하기에 이 점에 유의한다. 상징을 항상 동일한 순서로 배열하여 제시해 주면 사용자는 신체 움직임을 기억하며(예, 오른쪽 터치=음악활동) 동일한 활동을 선택할 수 있다.

구체물을 사용하는 의사소통 방식은 간편하지만 쉽게 한계에 도달한다는 단점이 있다. 아동의 촉각적 능력 및 움직임 능력에 맞게 비교적 부피가 큰 사물을 사용해야 하기 때문이다. 촉각 의사소통판에 4개 이상의 구체물을 부착하여 사용하면 아동의 팔 움직임 범위를 벗어나게 된다. 또한 서로 다른 사물 4개를 구별하기 위해서는 촉각적 분별력이 충분해야 하고, 움직임 가동 범위가 좁은 아동은 촉각판 사용이 어렵다. 그러므로 사물 선택은 2~3개로 제한하여 직접 선택하도록 한다. 따라서 이러한 의사소통 역시 다른 방식에 대한 보완으로 사용하거나 단기간의 선택 활동을 위해 사용 가능하며, 포괄적인 의사소통을 위해서는 적합하지 않다고 할 수 있겠다.

(2) 전동 의사소통 보조장치

시각장애인을 위한 전동 음성장치의 적용 가능성과 유의사항은 다음과 같다.

음성출력장치는 시각장애인이 원하는 표현을 큰 소리로 '발화'하는 기회를 제공하여 직접 눈을 마주하지 못하는 상대방에게도 말을 걸 수 있다. 이때 사용자는 상대방이 자신을 주시하는지를 확인할 필요가 없고, 음성출력장치를 통해 직접 상대방의 주의를 끌 수 있다. 동시에 사용자는 자신이 정확한 진술을 선택했는지에 대해 장치를 통해 피드백받을 수 있고, 필요한 경우 직접 발화나 재선택으로 수정할 수 있다. 복합 음성출력장치는 좀 더 다양한 의사소통 옵션을 제공한다. 심지어 사용자는 버튼만 눌러 말하거나 외부 도움 없이도 욕설 등 심한 말까지 할 수 있을 것이다. 이처럼 기기 사용을 통해 사용자는 자율적으로 대화를 유도할 수 있다.

전동 의사소통 보조기기는 다른 의사소통 방식과 접목하여 사용할 수 있다. 예를 들어, 음성출력장치의 버튼에 사물을 붙이거나 표현을 다양하게 표시하여 사용자가 좀 더 쉽게 구분할 수 있도록 한다. 이는 버튼 위의 사물 상징을 선택하면 청각적 피드백이 이어지는 방식이다.

시각중복장애 아동을 위해 음성출력장치를 사용할 시 다음의 몇 가지 사항을 고려해야 한다.

우선, 아동이 기기를 잘 조정할 수 있도록 신체자세를 조절한다. 기기의 위치가 아동의 신체자세에 적합해야 한다. 또한 기기를 항상 같은 위치에 두어야 아동이 공간적 위치를 잘 파악할 수 있다. 시각장애 아동의 경우 색상을 위치단서로 사용하는 것도 좋다. 예를 들어, 음료수 병 위치는 노란색 바탕, 활동버튼 위치는 빨간색 바탕으로 표시해 준다.

현장에서 가장 보편화된 전동 의사소통 기기로는 빅맥(BIGmack) 또는 스텝-바이-스텝(Step-by-Step)이 있다. 이러한 기기는 상대적으로 제어하기 쉽고, 사용자가 시각적으로 쉽게 인식하도록 특수 홀더 등을 추가 부착 가능한 장점이 있다. 초보자를 위한 이러한 보급형 장치를 통해 학생들은 기기가 '목소리'를 낼 수 있음을 배운다. 비록 자신의 목소리는 아니지만 자신의 의도를 '이야기'할 수 있는 기회를 얻는 것이다. 나아가 기기를 사용하여 '소리 일기책'을 만들어 볼 수 있다. 이를 통해 아동은 '주고받는 대화(turn-taking)' 관계를 처음으로 습득하게 된다. 한쪽이 상대방의 말에 반응하고, 이에 새롭게 말을 추가하는 식으로 대화를 이어 나간다.

그 외 전동 기기의 경우 조정 방식이 관건이다. 버튼을 눌러 직접 선택하는 방식은 사용자인 시각중복장애 학생의 움직임 능력이 좋아야 가능하다. 또한 사물의 표면을 볼 수 없고 각 버튼의 위치를 팔 움직임을 통해 기억해야 하므로 움직임 기억력이 좋아야 한다. 버튼을 누르는 방식은 각 버튼의 크기와 버튼 간 간격이 충분히 커야 사용자가 정확하게 조정할 수 있으므로, 버튼 및 그에 해당하는 어휘 및 발화에 제한이 따를 수밖에 없다. 앞서 언급한 대상참조물을 사용할 때와 유사한 문제가 여기서도 발생한다.

지체장애로 움직임 제한이 심한 시각중복장애 아동에게는 '청각적 스캐닝' 방식의 의사소통 보조기기를 활용할 것을 권장한다. 헤드폰을 통해 각 선택 옵션이 차례로 제시되고, 버튼을 누르면 해당 발화가 산출되는 방식이다. 청각적 스캐닝 방식으로 작동하되, 여기에 다양한 의사소통 소프트웨어 프로그램이 연결되어 청각적으로 이를 조정하는 복합 음성산출장치도 나와 있다.

전반적으로 다른 학생들과 마찬가지로 시각장애 학생을 위해서도 개별적으로 적합한 의사소통 지원체계가 마련되어야 한다. 어떤 보조도구를 선택할지, 정안 학생과 달리 어떤 수정이 추가되어야 하는지 등은 사용자의 움직임 능력이나 시각 및 인지적 능력에 따라 달라진다.

3. 일상에서의 참여와 실천

그렇다면 AAC 방식을 일상생활에 어떻게 적용할 수 있을까? 모든 의사소통 지원은 일상에서 이뤄져야 하는 법이다. 결국 시간이 허락하는 한 개인에게 최대한 적합한 의사소통 형태를 개발하고 이를 정기적으로 일상에서 적용하고 연습하는 것이 관건이다.

이때 모든 지원의 출발점은 시각중복장애 학생의 표현과 행동이어야 한다. 학생의 표현과 행동 하나하나를 진지하게 수용하고 포착하여 지원해 나가야 한다. 그래야 아동은 상대방의 반응을 통해 자신의 의도가 통했는지를 알게 된다.

언어란 상호 약속을 통해 고정된 기호로 구성된다. 그러므로 의사소통이
란 이러한 기호를 이해하는 과정을 전제로 한다. 시각중복장애 학생들도 특
정 기호가 특정 행위를 의미함을 배워야 한다. 일상적 행동 영역에서 기호나
제스처 등을 그 결과와 일관되게 연결시켜 줌으로써 학생들은 상징의 의미
를 깨달을 수 있다.

지금까지의 내용에 비추어 볼 때 AAC 원리는 시각중복장애 학생들에게
충분히 적용될 수 있다. 적용 시 가장 중요하게 지켜져야 할 원칙은 학생들
이 AAC를 수용하고, AAC를 통하여 가능한 한 많은 의사결정 과정에 학생들
이 적극 참여하는 것이다. 물론 AAC의 원칙을 기본으로 학생들의 개별 요구
에 따라 적용방법을 수정하는 과정도 필요하겠다.

참고문헌

Grohnfeldt, M. (1995) (Hrsg.). *Handbuch der Sprachtherapie*. Band 8. Berlin,
229 -240.

Hudelmayer, D. (1982). Sprachstörungen bei Blinden und Sehbehinderten und
ihre Behandlung. In: Knura, G. (Hrsg.). *Handbuch der Sonderpädagogik*.
Band 7. Pädagogik der Sprachbehinderten. Berlin, 385-391.

Kane, G.(1994). *Entwicklung früher Kommunikation und Beginn des
Sprechens*. Geistige Behinderung. 4, 303-119.

Ockelford, A. (1994). *Objects of Reference*. London.

Rath, W. (1995). Sprachstörungen bei Sehbeeinträchtigungen und Blindheit. In:
Grohnfeldt, M. (Hrsg.). *Handbuch der Sprachtherapie*. Band 8. Berlin,
229-240.

Schmalohr, E. (1985). Sprachentwicklung, vorsprachliche Kommunikation und
Förderung bei blinden Kindern. In: Paul und Charlotte Kniese-Stiftung

(Hrsg.). *Frühförderung sehgeschädigter Kinder.* 8. Fortbildungstagung in Hannover.

제8장

'나에 대한 책'
정보교환과 동기부여, 공동관심 개발을 위한 맞춤형 지원

Cordula Birngruber (코듈라 비른구르버)

1. 서론

음성 언어로 의사소통을 (거의) 하지 못하는 사람들이 소통하는 방식은 개인별로 매우 다양하다. 얼굴표정이나 몸짓, 손짓, 개인적으로 의미 있는 신체적 상징 등을 통한 '신체적 의사소통'부터 단순한 상징카드나 복잡한 의사소통판과 같은 '상징적 의사소통 도구'를 활용하는 방식, 나아가 단순하거나 복잡한 '전자도구'를 활용하여 소통하는 방식 등이 있다. 의사소통이 심하게 제한된 중도·중복장애인의 경우 대체로 여러 가지 의사소통 방식을 조합하여 사용하는데, 주어진 환경에 따라 의사소통 방식을 활용하는 정도도 다 다르기 때문에 우리는 중도·중복장애인과 소통할 때 어려움을 겪게 된다.

중도·중복장애인은 학교나 주간보호활동센터, 장애인거주시설 등 가정 외부 환경에서도 일상적 도움이 많이 필요하고, 다양한 부류의 사람(동료, 교사, 보조원, 버스 운전사, 치료사 등)과 함께 하는 가운데 그들과 소통하기를 원하고 또 소통을 해야만 한다.

중도·중복장애인이 일상에서 필요한 지원과 선호 대상, 기피 대상, 흥미, 능력, 의사소통 방식 등을 최대한 많은 사람이 이해하기 위해서는 이러한 개

인정보가 일목요연하게 정리된 일명 '나에 대한 책(Ich-Buch, I-Book)'이 큰 도움이 될 수 있다. 보완대체의사소통(AAC) 지원은 중도·중복장애인이 최대한 독립적으로 사회에 참여하는 것을 목표로 하기에, 중도·중복장애인은 자신에 대한 정보를 최대한 자발적으로 전달할 수 있어야 한다. 그리고 이러한 과정은 '나에 대한 책'을 통해 가능하다. 가령, '나는 누가 만든 빵을 가장 좋아할까요?' '내가 가장 꺼리는 일은?' '원하는 것을 잘 표현하는 방법은?' 그리고 '사람들이 나에 대해 반드시 알아야 할 점은?'과 같은 주제는 소통의 계기를 제공하고, 중도·중복장애인과 상대방이 서로 연결점을 찾도록 도와준다. 결국 중도·중복장애인을 향한 새로운 시각과 인식이 가능해질 수 있다.

2. Exkurs: AAC 지원에 내재한 인간상 및 태도

1) '인간상'이란 무엇이고 왜 중요한가

'인간상(Menschenbild)'이란 인간 존재 내지 인간 존재의 본질을 바라보는 관점이다. 예를 들어, "인간 존재의 어떤 점에 관심이 가는가? 인간 존재에게 원하는 바는? 나는 인간 존재에게 무엇을 기대하며 무엇을 줄 수 있는가?" 등이 인간상과 관련된 질문이다. 이러한 인간상은 절대적이거나 보편적이지 않으며, 역사·사회·정치·문화와 밀접히 연관되어 있다.

의식적이든 무의식적이든 사람은 누구나 자기만의 인간상을 갖고 있다. 그리고 인간상은 우리의 사고와 행위를 지배하고 조절한다. 가령, 우리의 윤리적 판단과 행위는 결국 인간상에 기인한 것이다. 인간상은 삶의 원동력이자 사람이 추구하는 이상이기도 하다. 인간상을 통해 이상과 현실의 괴리가 드러나기도 한다.

2) '태도'란 무엇인가

우리의 인간상은 삶과 타인을 향한 우리의 태도에 영향을 주고, 나아가 태도를 전반적으로 결정한다. '태도'란 다음과 같이 정의된다.

> "특정 목표를 향한 인간의 기본 태도 내지 성향 또는 (심리학에서) 어떤 문제에 대한 개인적 견해 내지 신념"(Wikipedia)

3) 우리의 인간상은 어떻게 형성되는가

인간상은 우리가 속한 문화환경, 사회환경, 정치환경에 영향을 많이 받으며 대부분 '부지불식 간'에 형성된다. 그래서 우리는 자신의 인간상에 대하여 자문하는 경우가 드물고, 특히 자신의 것과 다르거나 낯선 인간상과 마주할 때 보통은 자신의 인간상이 '옳다'고 느끼게 된다.

우리는 교사나 치료사로 양성되는 과정에서 다양한 인간상을 접하는데, 이때 우리의 일상에 가장 부합하는 인간상을 의식적이든 무의식적이든 선택하게 된다.

특히 교육학 및 특수교육학에 등장하는 여러 발달이론에는 각 이론의 핵심과 이론 구성에 영향을 미치는 인간상이 내재하기 마련이다. 발달이론에 내재한 인간상에 대해서는 예를 들어, Angelika Rothmayer(2001)가 자세하게 설명한다. 이 글에서 필자는 AAC와 관련된 교육 행위의 기본 철학으로 적합한 '인본주의적 인간상'과 '협응교육학의 인간상'을 간단히 설명하고자 한다.

4) 인본주의적 인간상

인본주의는 인간을 사회 의존적이고 동시에 자율적인 개체로 간주하며, 이러한 주체는 자아실현과 자신의 총체성 구현을 추구하고 의미 및 목적 지향적으로 행동한다고 본다. 이 과정에서 개인의 주관적 경험이 중요한 의미를 갖는다. 인본주의적 인간상은 인간의 자기 조직화 능력을 신뢰하고 인간의 존엄성을 존중한다.

　　인본주의적 인간상은, 모든 인간은 주체적인 존재이고 그 자체로 소중한 인격이 있다고 보며 인간의 다양성을 존중한다. 이 세상에 나와 동일한 사람은 절대 없으며, 동일한 장애나 동일한 질병을 가진 사람도 결코 존재하지 않는다. 모든 인간은 자신의 고유한 존재방식과 표현방식 그대로 존중받아야 마땅하다. 설령 우리가 이해하기 힘들지라도 당사자에게는 나름 의미가 있는 방식이기 때문이다. 인본주의 인간상은 모든 인간은 선천적으로 자기실현 욕구를 가지고 성장·변화하며 문제해결 능력이 있다고 본다[Marlis Pörtner, 1999년 11월 5일, 독일 지적장애인 정신건강학회(DGSGB) Kassel 강연].

5) 협응교육학의 인간상

'협응교육학(Kooperative Pädagogik)'은 중도·중복장애인의 수행능력을 강조하고, 수행능력을 의미 있게 활용하여 중도·중복장애인의 인간적 존재를 최대한 가치 있게 구성하는 데 중점을 둔다. 협응교육학의 목표는 중도·중복장애인의 문화적·사회적 고립을 철폐하는 데 있다.

사람은 무엇보다 다양한 소통과 상호관계 속에서 성공적으로 성장하고 발달한다.

　　… 우리가 바라보는 세상은 우리가 확신하는 '그' 세상이 아니라, 타인과 함께 창조해 나가는 '하나'의 세상에 불과하다(Maturana, 1987, in: Rothmayer, 2001: 188).

따라서 장애인을 소외하고 배제하는 일은 용납되어서는 안 된다.

　　중도·중복장애인의 고유한 존재방식을 있는 그대로 가치 있게 지각하고 인정할 때 우리는 그들의 삶의 표현을 유익하게 이해할 수 있다. 왜냐하면 중도·

중복장애인도 현실과 관련된 행위를 하고, 삶에서 (부분적으로) 가치를 추구하며 계획과 목표를 가지고 행동하는 것처럼 보이며, 이를 통해 그들 또한 인류의 보편적 문화유산에 참여하기 때문이다(Praschak, 1993, in: Rothmayer, 2001: 188).

협응교육학은 모든 인간은 자신의 삶에 적극적으로 영향을 미칠 수 있고 (객관적 사물을) 주관화하거나 (주관적인 것을) 객관화함으로써 깨달음의 단계에 도달할 수 있다고 본다(구성주의적 행위이론). 그러나 현실에서 중도·중복장애인은 '행위능력이 없다'거나 '의미 있는 행동을 하지 못한다'고 취급받기 일쑤이다. 또한 중도·중복장애인은 할 수 있는 행동도 충분한 지원이 뒤따르지 않아 실현하지 못하는 경우가 많다.

지금까지의 설명을 요약하면 다음과 같다. 인간은 누구나 의식적이든 무의식적이든 인간상을 갖고 있다. 인간상은 개방적이고 변화해야 마땅하지만, 경우에 따라서는 고수할 필요도 있다. 모든 심리이론 및 교육이론에는 특정 인간상이 근간을 이룬다. 그리고 그 인간상이 우리의 인간상과 일치하거나 적어도 근본적으로 상반되지 않는 한, 이러한 이론들은 우리의 일상적 행위에 의미 있게 작용할 수 있다.

우리가 살고 있는 자유민주주의사회의 기본질서에도 근간이 되는 인간상이 존재하며, 우리는 국가의 시민으로서 그 인간상을 지녀야 할 의무가 있다. 마지막으로 명심해야 할 점은, '장애가 있는' 인간상이란 결코 존재하지 않는다는 것이다.

6) 인간상이 나의 삶, 일, 기대, 목표에 미치는 영향은

인간상은 실제 행동과 사고를 이끄는 원동력과 같으므로 우리의 행동 하나하나에 큰 영향을 미친다.

가령, 내가 강점 지향적이고 총체적인 인간상을 갖고 있는 치료사라면 나는 환자와 공통점을 찾으려 노력하고 환자의 자기조절 능력을 신뢰하며 중도·중복장애가 있는 사람도 의미 있는 행동과 사고를 할 수 있다고 믿게 된다. 결국 강점 지향적이고 총체적인 인간상은 인간을 긍정적으로 인식하고 '분류'하는 결과를 낳는다.

반대로, 내가 결점 지향적인 인간상을 갖고 있다면(질병과 결함을 찾아내어 반드시 치료하는 게 목적인 서양의학계에서는 실제로 많은 사람이 이러한 인간상을 갖고 있다) 나는 환자를 '건강한' 사람과 비교하여 분석하고, 내가 갖고 있는 전문지식에만 근거하여 치료할 것이다. 특히 중도·중복장애인에게는 의미 있는 행위를 가르쳐 주어야 한다고 보되, 그들의 인지는 상당히 제한적이라고 믿을 것이다. 이처럼 결점 지향적이고 타자에게 거리감을 두는 인간상은 결국 인간을 부정적으로 인식하고 '분류'하는 결과를 초래한다.

인간을 긍정적 또는 부정적으로 인식하고 분류하는 행위, 다시 말해 인간에게 그런 '속성을 부여하는 것(Zuschreibung)'과 그런 속성 부여가 가져오는 결과에 대해 사회심리학에서는 몇 가지 이론으로 설명하는데, 이 중 두 가지 이론을 예로 들어 설명해 보겠다.

3. 속성 부여에 관한 사회심리학 연구

장애인과 마주할 때 우리가 갖고 있는 인간상과 태도는 우리의 인식과 학습(인지)능력에 직접적인 영향을 끼친다. 이른바 '자기충족 예언(Self-fulfilling Prophecy)'이 작동한다. 자기충족 예언은 매우 체계적으로 연구되고 효과가 입증된 이론이지만, 안타깝게도 수십 년이 지난 오늘날까지도 교육 현장에 제대로 알려지지 않았다.

1) 로젠탈 효과 또는 피그말리온 효과(자기충족 예언)

속성부여와 관련한 실험은 1966년 Robert Rosenthal이 최초로 실시하였다. Rosenthal은 대학생 집단에게 미로 속의 쥐가 먹이를 찾아내도록 하는 실험과제를 부여하였다. 이때 첫 번째 집단은 실험 쥐가 학습능력이 매우 뛰어나다는 말을 들었고, 두 번째 집단은 실험 쥐가 아주 우둔하다는 설명을 들었다. 실제로 실험에 사용된 쥐는 모두 동일 품종이었다. 하지만 실험결과에서는 '똑똑한' 쥐들이 '우둔한' 쥐들보다 성적이 유의하게 높게 나타났다.

무엇보다도 다음의 세 가지 효과가 대학생들의 평가에 영향을 끼쳤다.

- 실험자들(대학생들)은 자신이 이미 갖고 있던 기대치로 쥐를 평가하였다 (실험자 기대효과). 즉, '똑똑한' 쥐를 실제로 똑똑하다고 평가했으며, '우둔한' 쥐는 실제로도 우둔하다고 평가한 것이다.
- 실험자료 분석 및 해석 시에도 실험자들의 기대가 영향을 미쳤다. 즉, 해석하기 애매한 경우에는 '똑똑한' 쥐의 자료를 오히려 긍정적으로 평가하고, '우둔한' 쥐의 자료는 부정적으로 평가하였다.
- '똑똑한' 쥐를 담당한 실험자들은 쥐에게 상대적으로 더 많이 몰두하였다. 즉, 실험자는 쥐와 긍정적인 감정관계를 맺고 있었다.

결국 이 세 가지 효과로 인하여 실제로 '똑똑한' 쥐들이 더 우수한 성적을 낼 수 있었던 것이다.

Rosenthal의 실험결과가 장애인 인식과 관련하여 의미하는 점은, 우리가 누군가를 신뢰할수록 그 사람의 장점과 발전을 잘 인식할 수 있으며 그 사람과 더 많이, 더 집중적으로 교류하게 된다는 것이다. 따라서 그 사람은 내가 덜 신뢰하는 사람보다 더 성공적으로 발전할 가능성이 있다.

1977년 Rosenthal은 동료 Leonore Jacobson과 함께 실시한 '교사-학생-상호작용' 실험을 통하여 피그말리온 효과를 입증하였다. 두 연구자는 일명 '학급 내 피그말리온'이라고 불리는 실험을 다음의 방식으로 진행하였다. 두 연구자는 한 학교(18학급) 전교생을 대상으로 새 학기 초에 지능검사를 실시하였다. 이후 실제 지능지수 결과와 무관하게 전교생 중 20%를 무작위로 선정하여 '학업성취도가 매우 우수한 집단'으로 분류하였다. 담임교사들은 이 학생들에게 부여된 속성이 실제 검사결과와 일치한다고 믿었다. 그리고 학기 말에 학생들의 학업수행 능력을 평가한 결과, '학업성취도가 매우 우수한' '집단'의 학업능력이 다른 집단보다 유의하게 향상하였다. 피그말리온 효과는 학년이 낮을수록 더욱 분명하게 드러났다.

이와 같이 피그말리온 효과는 교사와 학생의 상호작용에 영향을 미칠 수 있다. 교사가 학생에게 부당하게 낮은 기대치를 가질 경우, 서로 간의 상호작용도 그만큼 줄어들며 칭찬이 줄고 야단치는 횟수가 증가하게 된다. 그 결과, 학생에 대한 교사의 인내심이 줄어들고 학생은 좌절하며 의기소침해져 학업이 부진해진다. 이에 비해 교사가 학생에게 긍정적인 기대를 할 경우, 학생과 접촉 횟수가 증가하고 학생을 격려하고 학생의 학업수준을 높이기 위해 계속 노력하게 된다. 그 결과 학생의 학업수행 능력은 향상할 수 있다.

실험결과를 통해 Rosenthal은 '네 가지 요소 이론(4-factor-theory)' (Rosenthal & Harris, 1985)을 구안하였다. 교사는 기대치가 높은 학생을 대하는 다음 행동을 통해 긍정적인 피그말리온 효과를 창출할 수 있다.

• 지원적이고 사회정서적인 학습 분위기 제공하기(학급환경)
• 학생의 수행능력에 적합하고 구체적인 반응하기(피드백)
• 점진적으로 학습자료 수준 높이기(input)
• 학생이 반응하는 기회를 점차적으로 늘리기(output)

이후 관련 연구결과에 따르면, 이러한 요소 중 학급환경 요소와 Input 요소가 가장 유의하다고 한다. 이는 또한 '감정-노력-이론(affect-effort-theory)'(1989)으로 개정되기도 하였다(학생 수준 향상을 위해 개별화된 학습자료를 제공하는 교사의 감정과 노력이 가장 중요한 요소이다).

2) 앵커링 효과

'앵커링 효과(anchoring effect)(Tversky & Kahnemann, 1974)'란 양적 판단이 앞서 주어진 앵커(닻) 또는 초깃값 방향으로 왜곡되는 현상을 일컫는다.

Kahnemann과 Tversky(1974)의 연구에서 실험참가자들은 극히 제한된 시간 동안 다음 문제를 풀어야 했다.

8×7×6×5×4×3×2×1=? (참가자의 평균 답: 2,250)

이어서 다음 과제가 주어졌다.

1×2×3×4×5×6×7×8=? (참가자의 평균 답: 512) (두 문제의 정답은 모두 40,320)

이 실험은 이전의 경험이 이후의 정보처리에 앵커로 작동함을 입증한다. 또한 다음 사례처럼 비교적 비현실적인 앵커도 효과를 볼 수 있다. 군데군데 녹이 슨 오래된 차를 중고차 매장에 내다 팔려는 사람이 있다고 치자. 이때 판매자가 (농담으로라도) 구매자에게 우선 가당치 않게 높은 금액을 제안하는 것도 좋은 전략이다. 가격에 놀란 구매자가 머뭇거리는 사이 판매자가 "뭐 어차피 다 낡아 빠진 차긴 하죠. 자, 그럼 원래 가격에서 얼마 주실래요?"라며 다시 가격 협상을 시도한다면 판매자는 구매자가 원래 예상했던 금액보다 훨씬 높은 가격에 자동차를 팔 수 있다.

사실 앵커링 효과에 대한 연구들은 양적 판단과 관련되어 있고 질적 판단과는 무관하다. 하지만 필자는 앵커링 효과가 질적 판단에도 영향을 미친다고 감히 주장하는 바이다. 그렇지 않다면, 가령 우리가 유명 브랜드 제품을 노브랜드 제품보다 더 신뢰하는 현상을 어찌 설명하겠는가?

3) 피그말리온 효과 및 앵커링 효과의 시사점

상대방에 대한 기대감이 내가 그를 인식하는 데 영향을 미치고, 이러한 인식이 오랫동안 지속되어 실제로 그의 수행능력까지 좌우한다면(피그말리온 효과), 타인에 대한 긍정적인 시각은 그의 학습조건을 유리하게 만든다.

게다가 (상대방에 대한) 나의 첫인상과 이전 경험이 훗날의 경험에 영향을 준다면(앵커링 효과), 긍정적 경험은 긍정적 결과를 낼 것이고 부정적 경험은 계속해서 부정적 결과를 초래할 것이다.

교육적 행위에 있어 인간상은 결코 '사적인 유희'에 그치지 않는다. 나의 인간상이 내 일에 미치는 영향을 늘 인식하고 있어야 한다. 책임감 있는 교육자로서 나는 내 인간상과 태도를 적극 성찰하고 반성할 수 있어야 한다. 이때 강점 지향적이고 총체적인 인간상을 형성하기 위해 노력하는 것이 중요하다. 내 인간상은 항시 열린 마음으로 변화하고 발전할 수 있어야 한다. 내 인간상은 교육철학, 교육목표, 교육방법을 성찰하는 데 매우 구체적으로 관여한다.

우리는 학생이나 내담자와 상호작용하거나 중재할 때, 개인적인 관점은 별로 중요하지 않다고 말하곤 한다. "나는 일할 때 내 개인 관점과는 상관없이, 그동안의 노하우를 바탕으로 학생들에게 항상 옳은 것만 알려 줘."라는 게 그 이유일 텐데, 이러한 주장은 옳지 않다.

상대방에 대한 내 첫인상과 초기의 경험은 이후의 모든 나의 인식에 영향을 미치고(앵커링 효과), 오랜 기간에 걸쳐 그 사람의 발달 가능성에도 영향력을 발휘하는 법이다(피그말리온 효과).

오늘날 특수교사나 치료사들은 중도·중복장애인에게 발달지원이 무리한 수준으로 과도하게 이루어진다고 염려하기도 한다. 그러나 이와 같은 연구결과에 의거할 때, 나는 중도·중복장애인을 위한 발달지원 프로그램의 수준이 너무 낮아서는 안 된다고 본다. 물론 중도·중복장애인의 발달상태는 개인별로 상이하다. 그러나 이들이 오히려 터무니없이 낮은 수준에 '갇혀 있을' 위험이 더 크다고 본다. 만약 당사자가 발달지원 프로그램을 너무 어려워한다면 프로그램 수준을 다시 낮추면 되지 않은가. 중도·중복장애인을 위한 발달지원 프로그램을 적정 수준으로 유지하고, 나아가 이들의 능력을 신뢰하고 긍정적인 기대치를 갖는다면, 중도·중복장애인은 최상의 조건에서 발달할 수 있을 것이다.

4. '나에 대한 책'이란

'나에 대한 책'은 중도·중복장애 학생도 상호작용을 통해 우리를 이해하고 최대한 자기주도적으로 자신의 삶에 참여해야 한다는 신념과 태도, 나아가 그러한 인간상을 바탕으로 구안한 콘셉트이다.

'나에 대한 책'은 독일 '도움의 손길(Helfende Hände)' 법인 소속 사립 지원 센터뿐 아니라 공립학교에서 학생 개개인에 맞춰 적용되고 있으며, 학생들이 가능한 한 주체적으로 자신의 이야기를 하도록 도와주는 수단이다(이하 '학생'이란 단어는 아동 및 성인도 해당될 수 있음을 밝힌다).

1) '나에 대한 책'에 담기는 내용

학생의 삶에서 중요한 주제가 책의 각 장과 여러 페이지에 걸쳐 기술된다. 가족, 친구, 학교 또래, 교사 등에 관한 정보가 책의 주요 내용이다. 특히 의사소통 방법과 일상 신변 지원방법에 대한 정보는 아동의 자립생활을 위해 가장 중요한 내용이다.

예시: 의사소통 방식 1

당신이 나와 대화하기 위해서는……

알아든다

나는 당신이 하는 말을 거의 알아듣는다는 걸
꼭 기억하세요!
다른 사람들과 얘기하듯
아주 자연스럽게 대화하면 돼요.

대화하다

내게 뭔가 전달하려면 우선 나를 잘 관찰해 주세요.
나의 표현방식은 좀 다양하거든요

우선 관심이 생기면,
나는 당신에게 고개를 돌리거나
눈을 마주칠 거예요.
찬성이나 좋다는 표현은 말을 하는 입모양을 하거나
한 손 내지 손가락 하나를 움직여요.
내가 미소 짓거나 크게 하품하면
만족한다는 표현이죠.

만족해요

따분해요

나는 뭔가 따분하고 지루해지면
그냥 눈을 감아 버리거나 자는 척을 해요.

빅맥 스위치

나는 '스텝-바이-스텝'이란
도구로 소통해요.
항상 옆에 지니고 있죠.
집이나 학교에서 일어난 일을 얘기할 테니
기계만 켜 주세요.

말을 해요

당신이 다른 사람과 얘기 나눌 때 나도 옆에서 같이 듣고 싶어요.
당신이 얘기하는 건 나도 잘 이해할 수 있거든요.
그리고 솔직히 무슨 얘기인지 궁금하기도 해요.
다른 이들과 대화할 때 나를 곁으로 데려가 주세요.
대화에 나도 참여할 수 있도록 도와주세요.
나는 혼자 있는 건 좋아하지 않아요. 같이 얘기 나누고 싶어요.
그리고 내가 옆에 있는데도 아무렇지 않게
나에 대해 말하는 건 삼가해 주세요.
그럴 때는 참을 수 없이 괴로워요.

들어요

제발요

고마워요.

당신과
얘기할래요

그 다음 나의 수어카드가 눈에 띌 거예요.
내가 사용하는 수어가 담긴 책이 있어요.
보통은 책가방에 있는데, 한번 구경해 보세요.
나와 함께 수어로 대화 나눌 수 있어요.
당신이 전하는 말을 제가 확실히 이해하게 되죠.
나는 수어를 좋아해요.

자랑스러워요

예시: 의사소통 방식 2

나와 함께 이야기 나누고 싶다고요?

말을 잘 못해요

나는 말을 잘 하지 못하지만,
당신 말은 잘 들을 수 있어요.

들어요

나와 얘기해요

이해해요

그러니 당신이 다른 이와 대화하는
것처럼 편안하게 말하면 돼요. 당신이
하는 말을 대부분 이해한답니다.

당신이 다른 사람과 얘기 나눌 때
나도 옆에서 같이 듣고 싶어요. 다른 이들과
대화할 때 나를 곁으로 데려가 주세요.
대화에 나도 참여하도록 도와주세요.

곁으로 와요

대화해요

잘 안 보여요

나는 시력이 안 좋기 때문에 내 주위에서
무슨 일이 일어나는지 잘 몰라요.
그러니 자주 설명해 주세요.

나는 잘 볼 수가 없어 사람들이 갑자기 큰 소리로 웃으면
궁금해서 짜증이 나요. 내가 뭘 잘못해서 웃는 건지 궁금해요.
그럴 때도 상황을 설명해 주세요.

짜증나요

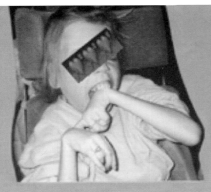

속상하고 화가 나거나 짜증이
나면 소리를 질러요.
혹은 왼쪽 손등을 깨물기도 하고
얼굴을 찡그려요.

화가 나요

더 이상 참을 수 없을 때는 울기도 하고,
경련이 오기도 하지요.
물을 마실 때 종종 경련이 와요.
그리고 뭔가 무섭고 많이 아플 때도 그래요.

무서워요

아파요

지루해요

소리질러요

뭔가 따분하고 지루해지면 입을 크게
벌리며 하품을 하기도 하고,
눈동자가 돌아가기도 하고요.
어떨 땐 소리도 질러요.

그런 상황이 닥치면 나도 달리 어쩔 도리가 없답니다.

그렇지만 내가 항상 그런 건 아니고요.
안 그럴 때도 있어요.

뭔가에 관심을 가지면 집중해서
바라보거나 들어봐요. 다리를 차기도
하고 손으로 잡으려고도 해요.

예시: 의사소통 방식 3

나는 이 그림들을 다 이해해요. 생각보다 꽤 많죠?
그러니 부담 갖지 말고 자연스럽게 말 걸어 주세요.

바보가 아니라고요

좋은 아침

이를 닦을까요?

잠 잘 시간이예요

피곤한가요?

부엌에 갈까요?

배가 고픈가요? 짜증나요

뭐 마실래요? 뭐 먹을까요?

다 했나요?

거실에 갈까요?

불을 켜 주세요~!

문 좀 열어 주세요

화장실에 가요

아니요

차가워요

조용히 해요

좋아요

안 돼요

뜨거운

시끄러운

예시: 의사소통 방식 4

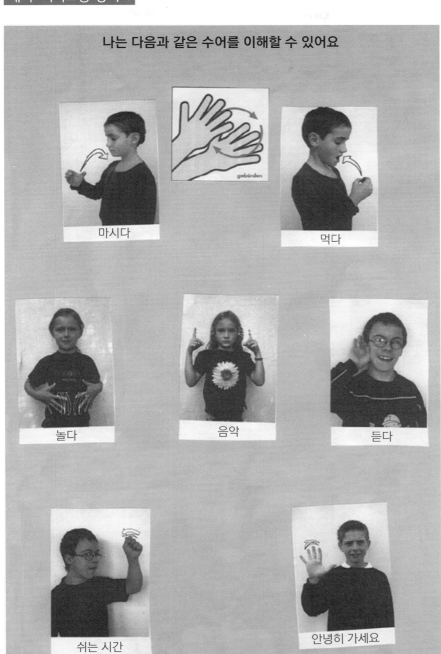

나는 다음과 같은 수어를 이해할 수 있어요

마시다

먹다

놀다

음악

듣다

쉬는 시간

안녕히 가세요

AAC를 사용하는 사람 중 독일어가 모국어가 아닌 이들에게는 다음과 같이 이중언어로 '언어 안내서'를 만들어 사용할 수 있다.

예시: 터키어 안내서

예시: 보조기구

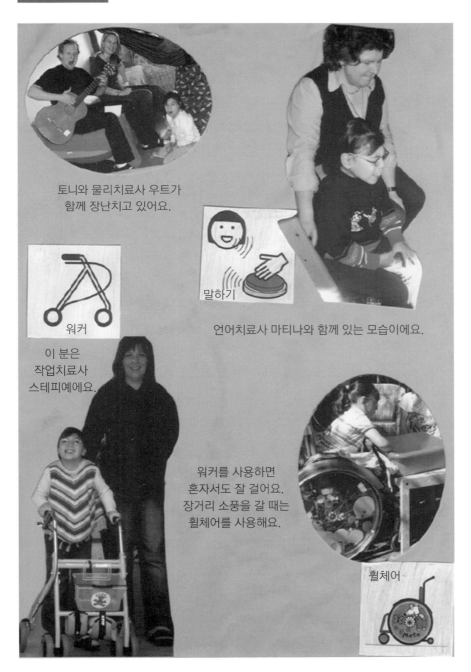

토니와 물리치료사 우트가
함께 장난치고 있어요.

말하기

워커

언어치료사 마티나와 함께 있는 모습이에요.

이 분은
작업치료사
스테피예요.

워커를 사용하면
혼자서도 잘 걸어요.
장거리 소풍을 갈 때는
휠체어를 사용해요.

휠체어

일상 신변 지원에서는 보조도구, 자세이동 그리고 신변처리 및 식사에 필요한 보조방법에 대해 정보를 자세히 기술하는 것이 중요하다.

예시: 자세 유지

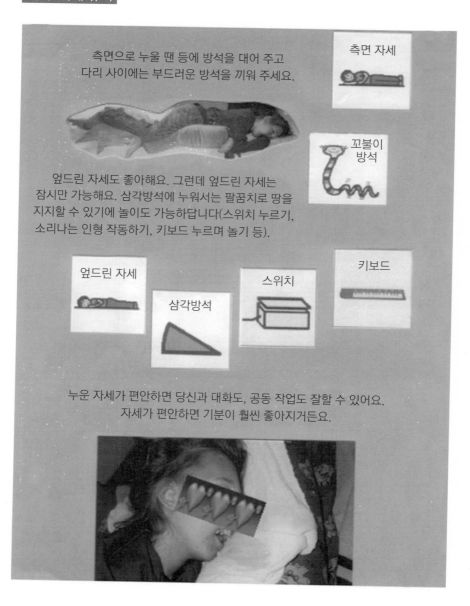

측면으로 누울 땐 등에 방석을 대어 주고 다리 사이에는 부드러운 방석을 끼워 주세요.

측면 자세

꼬불이 방석

엎드린 자세도 좋아해요. 그런데 엎드린 자세는 잠시만 가능해요. 삼각방석에 누워서는 팔꿈치로 땅을 지지할 수 있기에 놀이도 가능하답니다(스위치 누르기, 소리나는 인형 작동하기, 키보드 누르며 놀기 등).

엎드린 자세

삼각방석

스위치

키보드

누운 자세가 편안하면 당신과 대화도, 공동 작업도 잘할 수 있어요. 자세가 편안하면 기분이 훨씬 좋아지거든요.

예시: 좋아하는 음식 및 식사 보조도구

마시기

먹기

나의 식사에 대해 알려 줄게요.

나는 뭐든 잘 먹고 또 많이 먹지요.
특히 기름진 음식을 너무 좋아해요.
감자튀김과 돈가스를 즐겨 먹고요.
초콜릿과 케이크도 아주 잘 먹는 답니다.

학교에서는 내가 특별히 사용하는 숟가락이 있어요.
일반 숟가락보다 손잡이가 두껍게 만들어진 거예요.
밥을 먹을 때 보조원의 손을 같이 잡고 먹기도 하고
스스로 숟가락을 잡을 수도 있어요.

음료를 마실 때 큰 어려움은 없어요.
음료수 병에 찬물을 담아 주면 혼자서 잡고 입으로 가져가 마실 수 있어요.

식사, 놀이, 여가활동, 신변처리에서 학생이 좋아하는 것과 싫어하는 것, 학생의 취미와 관심사에 관한 그림들을 붙여 학생의 상황을 전달한다.

예시: 좋아하는 것 1

네

좋아요

사진처럼 나는 동물을 좋아해요. 잘 볼 수가 없어서 손으로 만지는 걸 좋아하지요. 나는 별로 겁이 없어요. 동물을 만지면 정말 기분이 좋아져요.

쓰다듬다

애완동물

예시: 좋아하는 것 2

나와 함께 즐겁게 할 수 있는 것은…

수영

파티

나는 이런 활동을 할 때 정말 행복해요.

물 온도가 28~34도일 때가 딱 좋아요.

행복해요

책 읽어 주기

돌고래

음악 듣기

외출

손가락으로 짚어 가며 같이 읽게 해 주세요.

소풍

예시: 싫어하는 것

내가 정말로 하기 싫어하는 것을 살짝 알려 줄게요.

너무 오래 기다리기

그릇

설거지하기

정말 어리석죠

세수하기

유리잔 긁는 소리

영화

정말 싫어요

양치 후 치약 맛

나는 전혀 볼 수 없는데 영화를 보자고요?

못 봐요

폭풍우 날씨

짜증나요

이런 일들이 나를 정말 짜증나고 화나게 해요.

또한 다음과 같이 매우 개인적이고 특별한 페이지도 구성할 수 있다.

예시: 개인 이야기 페이지

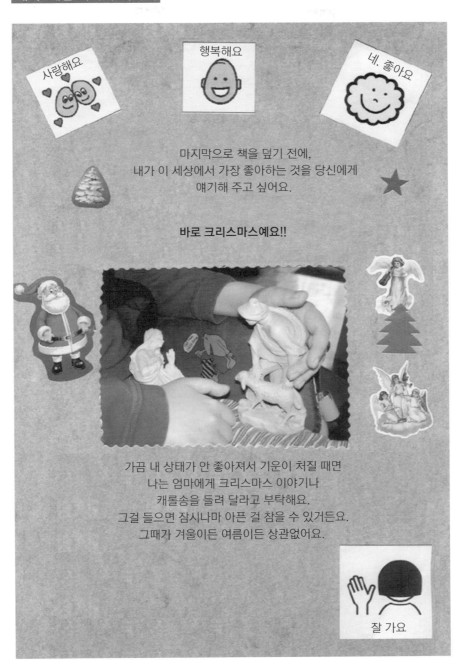

사랑해요

행복해요

네, 좋아요

마지막으로 책을 덮기 전에,
내가 이 세상에서 가장 좋아하는 것을 당신에게
얘기해 주고 싶어요.

바로 크리스마스예요!!

가끔 내 상태가 안 좋아져서 기운이 처질 때면
나는 엄마에게 크리스마스 이야기나
캐롤송을 들려 달라고 부탁해요.
그걸 들으면 잠시나마 아픈 걸 참을 수 있거든요.
그때가 겨울이든 여름이든 상관없어요.

잘 가요

예시: (그림 카드를 붙인) 촉각판 페이지

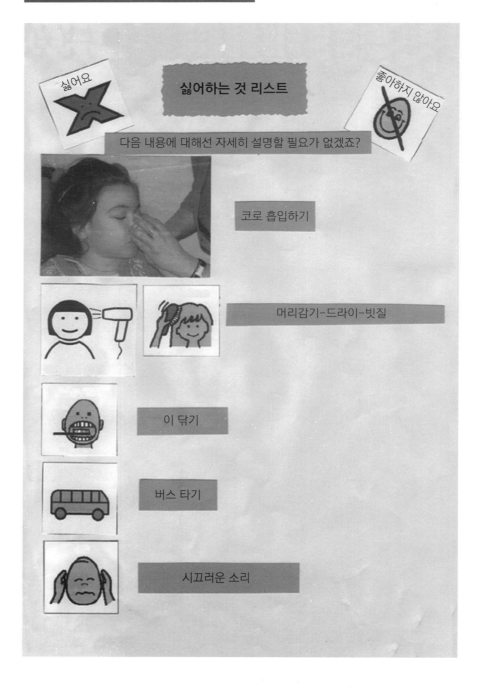

2) '나에 대한 책' 내용 작성하기

'나에 대한 책'은 글과 사진, 상징그림, 수어(그림 또는 사진 형태), 신문 스크랩 등의 형식으로 구성된다. 시각장애 학생의 책은 촉각 재료를 추가하여 구성한다(예, 거친 사포를 붙여서 '나를 짜증나게 하는 것' 또는 양털을 부착하여 '내가 제일 좋아하는 것' 주제를 장식한다). 주의집중시간이 짧은 학생의 책은 과도한 장식을 피하고 간결하면서도 체계적인 형태로 제작한다.

'나에 대한 책'은 학생 개인의 이야기가 담긴 특별한 책이므로, 내용을 선택하고 구성하는 과정에 학생을 적극 참여시키는 것이 매우 중요하다. 또한 학생의 선호도에 맞춰 개별적인 내용으로 구성하는데, 이때 다음 두 가지 측면을 고려해야 한다.

- 아동의 인지능력
- 대화상대방의 관심을 강하게 끌 수 있는 내용 구성

예를 들어, 중증시각장애 학생의 책은 다채로운 색을 활용하여 꾸민다. 비록 학생은 알록달록한 그림을 볼 수 없겠지만, 대화상대방은 책에 관심을 가지고 학생과 함께 책을 바라보며 각 장마다 무슨 내용이 있는지 설명해 주며 서로 대화를 나눌 수 있다.

학생에 대한 주요 정보를 최대한 많이 수집하기 위해서는 학생을 잘 알고 있는 모든 관련자에게 설문조사를 실시하는 것을 추천한다. 또한 책을 본격적으로 꾸미기 전, 책에 어울리는 여러 사진을 미리 선정하고 상징그림과 수어그림을 제작해 놓는 것도 도움이 된다.

교사와 학생이 공동으로 책의 내용을 계획하고 만들기 위해서는 무엇보다 학생이 스스로 선택할 수 있는 기회가 제공되어야 한다. 책에 구체적으로 어떤 사진이나 상징, 수어그림을 삽입할지, 각 페이지 색상은 어떻게 정할지, 모든 내용을 어떤 식으로 구성할 것인지 등을 학생과 함께 결정하는 것이 바람직하며 이때 AAC를 활용할 수 있다. 중도·중복장애인이 직접 선택을 하도록 AAC를 적용하는 간단한 방법 몇 가지를 설명해 보겠다.

3) '나에 대한 책' 구성을 위한 선택방식

(1) 파트너에 의한 청각적 스캐닝

'파트너에 의한 청각적 스캐닝'이란 AAC 사용자(이하 '사용자')가 음성 언어로 전달되는 다양한 선택 사항을 듣고 난 후 원하는 사항을 어떤 형태로든 표현하여 (또는 "네."라고 대답하여) 선택하는 방식을 말한다. 이때 사용자는 선택하기 앞서 모든 선택 옵션에 대해 충분히 인지하고 있어야 한다. 예를 들어, 교사가 "가족 사진을 파란색 종이에 붙일까? 아님 빨간색 종이에? 아님 노란색 종이에?"라고 질문한다. 학생에게 잠시 생각할 여유를 주고 난 후 다시 한번 천천히 물어본다. "파란색? 빨간색? 노란색?" 그러면 사용자는 자신이 원하는 색 부분에서 고개를 끄덕인다("네!"라는 표시이다).

(2) 상징카드 또는 상징판을 활용한 선택방식

사용자는 상징을 가리키거나 주시함으로써 특정 물건이나 행위를 선택한다. 이때 상징은 사용자 특성에 따라 개별 카드나 상징판 형태로 제공될 수 있다. 색상 선택은 색상판을 활용할 수 있다. 사용자가 스스로 선택할 수 없는 상황이라면, 앞서 언급한 '파트너에 의한 청각적 스캐닝'을 통해 사용자에게 상징판의 그림을 하나씩 읽어 준다(사용자가 선택하는 방식은 파트너 스캐닝 때와 동일하다). 이때, 일반적으로 글 읽는 순서로(왼쪽에서 오른쪽, 위에서 아래로) 상징판 그림을 읽어 주는 것이 중요하다. 이를 통해 사용자는 다음에 어떤 색이 나올지 예측하는 능력을 기를 수 있고 그 결과 스캐닝 과정이 빨라질 수 있다.

상징판에 여러 블록이 표시된 경우(예시 참조) 블록 단위로 스캐닝을 한 후 선택한 블록 범위 내에서 상징그림을 하나씩 (왼쪽에서 오른쪽, 위에서 아래로) 읽어 준다.

예시: 색상판

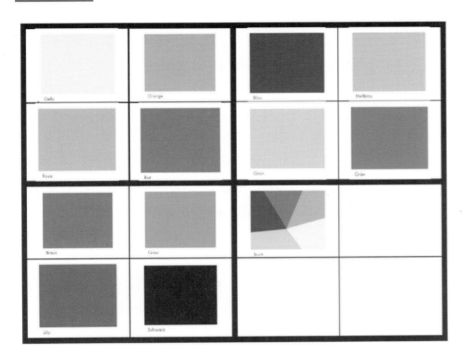

(3) 양손을 활용한 선택방식

사용자는 파트너의 양손을 활용하여 선택을 한다. 가령, 파트너가 오른손을 들며 "빨간색 종이에 붙이고 싶어?"(오른손을 든다), 왼손을 들며 "파란색 종이에 붙이고 싶어?"라고 물으면, 사용자는 손짓이나 눈짓을 통해 파트너의 손을 선택하는 방식이다.

양손을 활용한 선택방식을 통해 사용자는 보다 넓은 범주에서도 선택을 할 수 있다. 가령, 파트너가 오른손을 들며 "빨간색 종이 또는 노란색 종이에 붙이고 싶어?", 왼손을 들며 "아님 파란색 종이 또는 녹색 종이에 붙이고 싶어?"라고 묻는다. 만약 사용자가 파트너의 오른손을 바라보거나 가리킨다면, 파트너는 오른손을 들며 "빨간색 종이?", 왼손을 들며 "노란색 종이?"와 같은 식으로 진행할 수 있다.

(4) 터치 포인트를 활용한 선택 방식

터치 포인트(접촉점)를 통해 선택하는 방식은 양손을 활용하여 선택하는 방식과 비슷하나, 파트너의 양손 대신 사용자의 신체부위를 활용한다는 데 차이점이 있다. 파트너는 사용자의 신체부위 중 2~4군데 정도를 터치하면서 선택사항을 표현한다. 가령, 사용자의 오른쪽/왼쪽 어깨 또는 오른손/왼손처럼 2군데를 터치하는 방식이 있고, 사용자의 정수리, 오른쪽 어깨, 왼쪽 어깨, 손과 같이 4군데를 터치하는 방법이 있다. 사용자는 자신이 선택하고자 하는 부분에서 동의 의사를 표현하거나 "네."라고 대답하거나, 또는 해당 신체부위를 접촉할 때 응시하거나 그 신체부위를 함께 움직인다. 터치 포인트를 활용한 선택방식에서도 보다 넓은 범주 속 선택이 가능하다.

(5) '스텝-바이-스텝'을 활용한 수동 스캐닝

스텝-바이-스텝은 여러 선택 사항이 차례대로 소리나는 음성출력장치로, 사용법이 비교적 간단하다. 사용자는 장치의 버튼을 누르고 있다가 자신이 선택하고 싶은 사항이 들릴 때 버튼에서 손을 떼어 동의 의사를 표현한다. 수동으로 조작하는 이러한 스캐닝의 장점은 사용자가 선택 옵션들을 차분하게 반복해서 들으며 스스로 선택할 수 있다는 데 있다.

4) '나에 대한 책'의 마지막 부분

'나에 대한 책' 마지막 부분에서는 중도·중복장애인과 소통을 할 때 주의할 점이나 이 책을 주기적으로 점검하고 갱신할 필요성을 언급한다. 예를 들어, 다음과 같은 내용을 삽입한다.

마지막으로…

당신이 내 앞에서 하는 모든 말을 나는 다 듣고 이해할 수 있다는 점을 명심하세요.

나에 대해서만 이야기하지 말고, 나와 함께 이야기해요.

다음에 (내게) 무슨 일이 일어날지 정확하게 알려 주세요.

어떤 일이든지 나를 적극 포함시켜 주세요. 나를 투명인간 취급하지 마세요.

상대가 나를 이해하지 못하는 느낌이 들 때 나도 화날 수 있다는 점을 이해해 주세요.

나의 있는 모습 그대로를 존중해 주세요. 나는 나이고 당신은 당신이니까요. 그리고 우리가 서로를 자세히 바라보면 공통점이 많이 드러나면서 서로를 잘 이해할 수 있을 거예요!

(가장 마지막 페이지에…)

이 책은 20××년 나를 담당하는 직원들과 함께 긴밀하게 소통하며 제작했어요. 원래 사람이란 존재가 그렇듯, 나 역시도 매순간 변화하는 존재이지요. 따라서 이 책도 주기적으로 수정되고 보완될 필요가 있어요. 책의 내용을 수정하기 전에는 반드시 나와 함께 상의해 주세요. 나를 가장 잘 알고 있는 사람은 바로 나이니까요! 당신이 나를 이해하려고 노력한다면 우리는 분명 멋진 친구가 될 거예요. '나에 대한 책'을 계획하고 꾸미고 활용하면서 즐거운 시간 되길 바라요.

참고문헌

Harris, M. J. & Rosenthal, R. (1985). Mediation of interpersonal expectancy effects: 31 meta-analyses. *Psychological Bulletin, 97,* 363-386.

Ludwig, P. H. (2001). Pygmalioneffekt. In: Rost, D. H. (2001). *Handwörterbuch der Pädagogischen Psychologie.* 2. Aufl., Weinheim: Beltz Verlag, 567-573.

Musselwhite, C. R. & Burkhart, L. J. (2001). Can we chat? A make it/take it Book of Ideas and Adaptions. Eigenverlag, Bezugsquelle: www.aacintervention.com.

Pörtner, M. (1999). Vortrag am 5. 11. 99 in Kassel. Arbeitstagung der DGSGB

Deutschen Gesellschaft für Seelische Gesundheit bei Menschen mit geistiger Behinderung.

Rosenthal, R. & Jacobson, L. (1971). *Pygmalion im Unterricht: Lehrererwartungen und Intelligenzentwicklung der Schüler.* (Übers. v. Brinkmann, I., Habelitz, G. & Schweim, L.) Weinheim: Beltz.

Rothmayr, A. (2001). *Pädagogik und Unterstützte Kommunikation.* Karlsruhe: Von Loeper Literaturverlag.

Schmalzhaf, J. & Baunach, M. (2006). "Gute Lehrer-schlechte Lehrer". Der Zusammenhang von Menschenbild und Qualität und (UK-)Unterricht. In: *Unterstützte Kommunikation.* Isaac's Zeitung. Karlsruhe: Von Loeper Literaturverlag, 3-17.

Tversky, A. & Kahneman, D. (1974). Judgment under uncertainty: Heuristics and biases. *Science, 185,* 1124-1131.

Wikipedia. Haltung. Im Internet unter: http://de.wikipedia.org/wiki/Haltung. [Zugriff am 20. 2. 08].

제5부

세분화된 주제

제9장 중도·중복장애 영아와 의사소통하기

제10장 촉독수화

제11장 인공호흡기 사용 아동·청소년의 의사소통과 자기결정 및 참여

제12장 음악으로 접촉하기

제13장 보조장비 제공에 관한 사회보장법

제9장

중도·중복장애 영아와 의사소통하기

Angela Simon (안젤라 지몬)

1. 기본적 고찰

'상호작용'과 '의사소통'은 최근 몇 년간 중요성이 강조되고 있다. 과연 중도·중복장애 영아[1]에게도 상호작용과 의사소통은 중요한 의미가 있을까? 호흡과 영양섭취, 생존만으로도 중요한 영아기에 의사소통은 과연 삶의 근본적 욕구에 해당할까?

조기출산에 따른 합병증, 광범위한 증후군, 원인을 알 수 없는 병 등으로 영아기부터 심각한 발달장애가 있는 중도·중복장애 아동과 부모는 출산과정 및 출산 직후 길고 험난한 여정을 함께한다.

아이는 태어나자 마자 집중치료실에 장기간 입원하여 각종 기계 장치에 의존한 채 인공관으로 영양섭취를 하기 때문에 부모는 자녀를 지속적이고 집중적으로 대면할 수 없다. 게다가 아이는 집중치료실에 고립되어 안정감과 온기, 접촉이 심하게 제한된 생활을 한다. 결국 아이는 부모의 사랑을 직

---

1) 원문에서 저자는 '아주 어린아이(sehr kleine Kinder)'라는 표현을 사용하는데 이는 출생 후 약 1년까지의 아이(신생아와 영아)를 의미하는 것으로 보이며, 이 책에서는 줄여서 '영아' 및 '영아기' 표현을 사용함-역자 주

접 느끼고 싶은 욕구가 전혀 충족되지 않는 생활환경 속에 갇히고 만다.

자신의 욕구를 타인에게 표현하고 타인의 반응을 경험하며 기쁨과 근심을 공유하는 등 의사소통의 과정은 인간의 실존에 필수적이다. 의사소통이 없이는 어떤 관계도 형성할 수 없으며 아이에게 세상을 보여 줄 수도 없다.

의사소통과 사회적 관계가 인간의 인지발달 과정에 필수요소라는 점을 우리는 이미 잘 알고 있다.

중도·중복장애 아동의 부모가 겪는 가장 큰 어려움 중 하나가 바로 의사소통일 것이다. 이들의 의사소통은 장애에 따른 여러 어려움, 즉 부모의 근심과 걱정, 이해하기 힘든 아동의 행동 등으로 인해 더욱 심각한 문제로 다가온다. 게다가 중도·중복장애인의 경우 표정 변화, 호흡 변화, 자세 변화 등 의사표현 능력에 속하는 모든 요소가 상당히 제한되어 있다.

Klauß(1999: 29)에 따르면, 중도·중복장애 아동의 부모와 전문가들은 아동과의 의사소통이 원만히 이루어지지 않는 점이 가장 힘들다고 한다.

> "우리는 정말 아이와 소통하고 싶어요. 아이가 필요한 게 무엇인지, 무엇을 표현하고 무엇을 하고 싶은 지 너무나도 알고 싶어요. 하지만 아이와 의사교환이 전혀 안 되다 보니 그저 앞이 막막할 따름이에요."

Pfeffer는 의사소통의 필요성을 매우 사실적으로 설명한다.

> 의사소통을 처음으로 시도할 때에는 어떻게 소통할지 몰라 막막한 심정에 아동과 관계를 아예 끊어 버리고 싶은 마음까지도 들 수 있다. … 교사가 온갖 노력을 다하더라도 여전히 의사소통은 힘들 수 있다. 그래도 교사는 끝까지 포기하지 않고 의사소통을 위한 노력을 이어 가야 하며, 아동을 결코 홀로 두어서는 안 된다. 그렇지 않으면 아동은 정신적(psychogen) 죽음을 맞이할지도 모른다(Pfeffer, 1988: 144).

중도·중복장애 영아의 의사소통 능력은 장애로 인해 발달이 지체될 수 있다. 그러나 상대방이 아동의 고유한 의사소통 방법을 수용할 준비가 되어 있다면 두 사람은 얼마든지 소통 가능하다.

2. 의사소통: 말을 걸어도 될까

아동이 의사소통의 수단으로써 행동의 의미를 터득하고 의사소통이 시작되도록 하려면, 먼저 대화상대방이 아동의 신호에 직접 반응해야 한다.

아동에게 가장 친숙한 존재인 부모는 대개 출산과 동시에 아동이 보내는 의사소통 시도를 분명하게 감지할 수 있다.

> 생후 1개월 된 아기는 울음을 통해 자신의 신체욕구를 알린다. 울기라는 의사소통 신호를 활용하여 어머니, 아버지가 자신을 만져 주고, 말 걸어 주고, 적절히 자극해 주기를 원하는 욕구를 표현하는 법을 습득하는 것이다. 아기는 어머니의 목소리를 잘 알고 있다. 아기는 어머니가 안아 주고 쓰다듬고 친숙한 목소리로 말하고 어머니의 온기를 느끼고 젖을 빨면서 안정감을 느끼게 된다 (Haupt, 1993: 372).

아동이 무의식적으로 표현하는 신체욕구 신호를 부모가 해석하면, 아동은 부모가 자신의 행동에 반응함을 느끼고, 자신이 보낸 신호의 영향력을 체험하

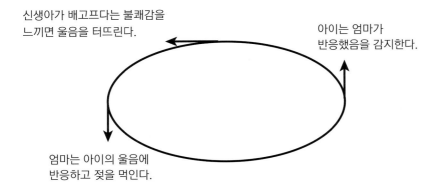

이러한 순환이 규칙적으로 일어날 경우 아이는 자신의 욕구 충족을 위해 '울기'라는 수단을 활용하는 법을 배울 수 있다.

그림 9-1 **의사소통 순환체계**(Fröhlich & Simon, 2004: 27).

게 된다. 이로써 의사소통이 시작되는 것이다. [그림 9-1]은 아동이 자신의 행동에 내포된 신호가 미치는 영향을 터득하는 과정을 뚜렷하게 보여 준다.

그런데 아동의 신호를 이해하는 과정에서 아동이 중도·중복장애가 있을 경우 상황은 달라진다. 우리가 일반적으로 해석할 수 있는 타인의 몸짓 신호가 중도·중복장애 아동의 경우에는 변형되어 표출되기 때문이다. 일반적으로 아동은 기분상태와 상호작용을 하려는 의지를 근육 긴장과 표정으로 보여 준다. 이러한 맥락에서 Dornes(2001)는 '유능한 신생아(kompetenter Säugling)'라는 표현을 쓰는데, 신생아는 출생과 동시에 표정과 몸짓언어로 행동방식을 보여 주고 이를 통해 기분상태 및 활동 수준을 주변에 알린다는 것이다.

상당수의 중도·중복장애 아동은 근 긴장도가 매우 낮기 때문에 무기력하고 피곤해 보이는 경우가 많다. 따라서 사람들은 그러한 아동을 그냥 쉬도록 내버려두려는 경향이 있는데, 그 결과 아동은 일상에서 충분한 자극을 받지 못하게 된다.

이와 반대로 근 긴장도가 심하게 높은 중도·중복장애 아동은 늘 활기차고 상호작용 의지가 높은 것처럼 보이지만, 정작 아동에게 필요한 것은 충분한 휴식일 수 있다. 그 밖에도 아동의 표정 및 음성 표현이 변형되어 아동의 신호를 제대로 파악하기 힘든 경우도 많다.

아동의 활동수준은 주기적으로 변한다. 이러한 변화를 담당하는 것은 아동 뇌에 있는 특별한 메커니즘인데, 아동의 뇌가 손상되면 이러한 메커니즘 또한 영향을 받을 수 있다(Schäffer, 1982).

영아는 시선 처리와 머리 움직임을 통해 성인과의 접촉을 조절할 수 있다. 그런데 아동의 눈과 머리 움직임이 손상되면 성인과의 소통 역시 상당히 제한될 수밖에 없다. 가령, 아동이 머리를 갑자기 다른 곳으로 돌리면, 성인은 아동이 자신에게 더 이상 관심이 없다고 잘못 해석할 수 있다.

Fröhlich(1999: 312)는 아동의 시각과 시선의 손상으로 인해 의사소통이 어려워지는 경우를 다음 예시로 설명한다.

심한 안구진탕증이 있는 아동은 어떤 대상을 매우 불안하게 인지한다. 상대방과 눈 맞추기도 어려우며, 눈으로 어머니, 아버지에게 거의 반응하지 못한다.

머리와 눈동자 움직임을 제대로 조절하지 못하는 아동은 의사소통을 일관되게 경험하기 힘들다. 아동이 머리를 잘 움직이지 못하고 자세가 경직되어 있을 경우 의사소통 상황을 종료하기 위해 머리를 다른 곳으로 돌리는 행위조차도 어렵다. 이러한 아동은 어릴 적부터 상호작용을 유도하는 경험을 거의 하지 못한다(Sarimski, 2001).

Molcho(1996)는 사람의 손이야 말로 가장 중요한 의사소통 수단이라고 강조한다. 손의 모양새에 따라 사람의 활동수준 및 긴장도를 읽어 낼 수 있기 때문이다(Fröhlich, 1999). 또한 Molcho는 손을 통해 타인 및 주변 세계와 접촉할 수 있고 손짓으로 의사를 표현할 수 있다고 한다. 그런데 마비증상으로 손 기능이 제한되거나 비대칭성 긴장성 경반사(asymmetrical tonic neck reflex) 때문에 어떤 물건을 잡아당길 수도 없다면, 당연히 아동은 의사소통에 제약을 많이 받게 된다. 이와 비슷한 이유로 중도·중복장애 아동이 상호작용 및 의사소통에 제한을 받은 예는 많이 있다.

우리가 중도·중복장애 아동의 특징을 알고 아동의 언어를 수용하면 점차 아동의 의사표현을 이해하고 해석하게 될 것이다. 그래서 아동과 제대로 의사소통을 하고, 우리가 아동의 신호를 신중하게 고려하고 아동의 한계도 존중하고 있음을 아동이 느낀다면, 비로소 아동은 의사소통과 관계를 체험할 수 있다.

(중도·중복)장애인이 의사소통을 할 수 있는지 없는지는 우리가 그의 언어를 습득하는가에 달린 문제이지 결코 그 반대가 아니다(Bodelschwingh) (Fröhlich, 2008: 55).

3. 의사소통: 나는 다른 방식으로 체험해요

중도·중복장애 아동과 더 원활하게 의사소통하기를 원한다면 우리가 일반적으로 중도·중복장애인에 대해 얼마나 알고 있는지를 먼저 살펴볼 필요가 있다. 개인마다 서로 다른 특징이 있다 하더라도 중도·중복장애 아동에게 찾아볼 수 있는 보편적인 특징을 이해한다면 의사소통에 도움이 된다.

오늘날 연구에 따르면, 중도·중복장애인은 비장애인보다 최대 6~7배 정도 인지 속도가 느리며 중도·중복장애인의 체험 형태는 직접적이고 신체적인 경우가 많다. 중도·중복장애인의 이러한 학습방식은 의사소통 영역에도 그대로 적용된다.

게다가 중도·중복장애인의 학습 및 인지 조건은 신생아 수준과 비슷하다고 알려져 있기 때문에, 일반적으로 부모와 신생아 사이에 이루어지는 의사소통 구조가 적극 활용된다.

부모가 본능적으로 신생아와 의사소통하는 방식은, 우리가 아동이나 성인과 의사소통하는 방식과는 분명 차이가 있다. 대부분의 성인은 신생아와 의사소통할 때 본능적으로 자신의 행동과 언어에 변화를 주는데, 이러한 특별한 행동과 언어는 아이의 의사소통 능력을 효과적으로 발달시킨다(Papoušek & Papoušek, 1989).

영아와 부모 간의 의사소통이 갖는 특징은 [그림 9-2]에 잘 나타나 있다.

이러한 의사소통의 특성을 상황에 맞게 적절히 활용할 경우, 우리는 중도·중복장애 아동만의 특별한 의사소통 욕구 및 지각능력을 수용하고 아동을 제대로 이해할 수 있다.

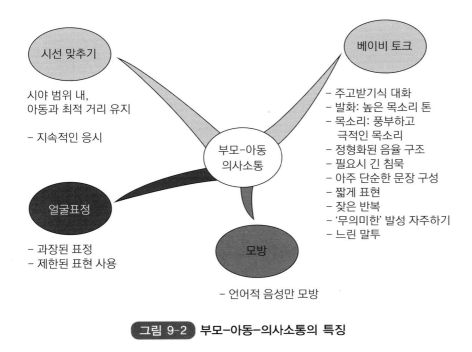

그림 9-2 부모-아동-의사소통의 특징

4. 의사소통: 내 앞의 난관을 극복해요

　중도·중복장애 아동의 인지 및 의사표현 능력이 갖는 특징 외에도 극복해야 할 난관이 또 있다. 그것은 바로, 상호작용을 시작하기 전 아동의 생리적인 조건이 제대로 갖추어져야 한다는 점이다. 가령, 비대칭 자세를 바로잡고, 반사작용을 저지하며, 신체긴장을 조절하는 등 안정적인 자세를 찾아내야 한다.

　아동이 자신을 지탱하는 의자에서 미끄러질지도 모른다는 두려움을 느끼거나 불안정한 자세 때문에 몸이 계속 경직되어 있다면, 상대방을 만나고 싶은 마음이 아예 사라질 수도 있다. 안정적인 자세는 성공적인 의사소통을 위한 전제조건이다.

> 아동의 신체가 닿는 지지면은 아동이 행동을 제어하고 움직이는 데 편하고,
> 원하는 행동이 가능해야 하므로 특히 신경을 써야 한다(Rüller-Peters, in:
> Fröhlich, Heinen & Lamers, 2007: 297).

Rüller-Peters(2007)는 중도·중복장애 아동과 상호작용을 시작하기 전 갖
추어야 할 기본 조건으로 아동의 주변인이 물리치료사와 긴밀하게 협력하는
것을 강조하며, 물리치료사의 전문지식과 치료작업이 아동의 의사소통 발달
에 매우 중요한 바탕이 될 수 있다고 주장한다.

또한 상황에 따라서는 시간적·구조적·공간적 조건도 고려할 필요가 있다.
앞서 언급했듯, 중도·중복장애 아동이 상대방에게 전적으로 집중하려면 충
분한 시간과 조용한 공간이 필요하다. 그리고 상대방은 민감성과 주의력을
최대한 동원하여 아동의 신호를 수용하고 응답할 수 있어야 한다. 이러한 과
정은 아주 긴 시간이 소요될 수 있다. 그리고 가능하면 외부 자극, 특히 시각
및 청각 자극을 최소화할 필요가 있다. 왜냐하면 중도·중복장애 아동이 외부
자극을 수용하는 방식은 소위 입체적인 '스테레오'가 아니라 단일한 '모노' 형
식이기 때문이다.

> 타인과 함께 하는 장소로서의 공간은 아동이나 성인 모두에게 중요한 의미
> 를 갖는다. 우리는 대화를 위해 조용한 공간으로 이동한다. … 이상적인 대화
> 장소란 활동을 하고 욕구를 충족하는 데 도움이 되고, 적절한 자극이나 휴식을
> 제공하고, 집중할 수 있으며, 각종 신체활동이 자유로운 공간이다. 조용하게
> 집중할 수 있는 공간은 시끄럽거나 소란하지 않으며, 시각적 자극이 넘치지 않
> 아야 한다(Fröhlich & Rahmen, in: Fröhlich, & Heinen & Lamers, 2007:
> 126).

중도·중복장애인이 일상에서 통합을 체험하기 위해서는 때로는 별도의 공
간이 필요하며, 우리는 이러한 공간을 찾아내기 위해 창의성을 발휘하고 노
력해야 한다.

5. 의사소통: 조기중재의 결정적 요소

오늘날 조기중재의 효과에 대한 다양한 연구결과 덕분에, 중재 시기를 앞당기거나 중재 횟수를 늘리고 강도를 높일수록 효과가 크다는 과거의 주장들을 중재자가 사전에 계획한 대로 아동의 발달이 기능훈련을 통해 이루어진다는 주장은 사실이 아니며, 오히려 아동은 자신의 발달을 스스로 조절할 수 있음이 학술적으로 입증되었다. 따라서 오늘날 조기중재는 아동의 주변 환경 및 지원체계를 새롭게 구축하여 아동이 자신의 능력을 개발하고 주변 세계를 발견할 수 있도록 돕는 데 목표를 둔다. 이때 중재 프로그램은 아동의 일상생활에 의미가 있어야 하며, 아동이 의도한 것을 바로 실행에 옮길 수 있어야 한다. 물론 이러한 목표를 달성하기 위해서는 기본적으로 아동과 의사소통이 가능해야 하고, 아동은 자신이 원하는 것을 우리에게 분명하게 제시할 수 있어야 한다.

이미 언급한 능력 외에도 영아가 주변 사람과 관계를 맺고 자신의 욕구를 전달하기 위해서는 두 가지 능력이 더 필요하다.

- **눈맞춤**: 아동은 특정 사물이나 사람을 향해 눈을 돌리고 일정 시간 동안 시선을 유지할 수 있다.
- **삼각 시선 처리**: 아동은 사람과 사물을 번갈아 바라보며 자신의 관심을 표현할 수 있다.

그러나 중도·중복장애 영아는 이러한 능력을 잘 드러내지 않는다. 따라서 우리는 아동이 가진 다른 종류의 언어를 배우기 위한 방법을 모색해야 한다.

중도·중복장애 아동을 조기중재할 때에는 사람과 사물 다루기, 손과 입으로 사물을 직접 만져 보며 파악하기, 간접적으로 인과관계(if-then) 경험하기 등 아동이 가장 기초적인 경험을 하도록 도와주어야 한다. 아동은 빳빳한 종이를 구기면 바삭거리는 소리와 함께 동그랗게 말리면서 크기가 작아지는 것을 체험해야 한다. 또한 빨간 공을 누르면 삐삐 소리가 나는 것도 체험해야 한다. 중도·중복장애 아동은 다른 아동들과 마찬가지로 직접 경험하고 체험하며 세상을 파악하고 싶어 한다. 바로 이러한 관점에서 우리는 출발해야 한다. 중도·중복장애 아동은 (운동성) 장애로 인해 직간접적인 체험이 불가능한 경우가 많으므로 아동이 다양한 감각경험을 하도록 옆에서 적극 도와주는 주변인이 필요하다.

의사소통에는 흔히 '제3의 대상'이 필요하므로 이렇게 모두가 협력할 때 관계를 형성하고 의사소통을 시작할 수 있다. 공통된 의사소통 대상이 없는 의사소통 발달지원은 거의 불가능하다.

오늘날에는 아동이 타인과 원만하고 안정적인 관계를 형성하도록 도와주고, 아동이 속한 전반적인 사회심리적 환경을 조기중재에 고려하는 일이 특히 중요하다. 사람은 타인과의 관계 속에서, 타인과의 관계를 통해 발달하는 존재이다. 관계는 다시금 의사소통과 끊임없는 의사교환을 통해 발전한다. 우리는 이러한 사실을 더 이상 간과해서는 안 되며, 중도·중복장애 아동을 위한 조기중재의 기본바탕으로 인식해야 한다.

6. 의사소통: 조기중재에서 아동과 만나기

앞서 언급했듯, 중도·중복장애 아동은 출생과 동시에 수많은 난관을 극복해야 한다. 또한 숱한 도움에 의존해야 하고, 도움을 주는 타인의 손길을 수시로 체험하는 가운데 심적 부담과 고통과 같은 부정적인 경험을 하기도 한다.

조기중재가 시작되면 아동의 삶에 낯선 사람 1명이 더 들어오게 된다. 대개 중도장애 아동은 자신과 다른 사람을 인식하고 직접 경험하기 위해서 신체접촉을 한다. 이때 의사소통은 신체를 통해 진행된다. 따라서 아동은 새로운 사람을 만났을 때 직접적인 신체접촉을 많이 할 수밖에 없다. 조기중재에 참여한 아동과 공통언어를 찾고 개발하는 과정에서 우리는 매우 신중하게 아동과 접촉하고 긴밀한 관계를 형성해야만 한다. 우리가 아동을 신뢰한 다는 사실을 아동이 스스로 느끼도록 해야 한다. 그렇지 않으면 중도·중복장 애 아동은 자신에게 생소하고 낯선 대상을 인지하고 파악하는 일이 매우 불 편하게 느껴질 것이다.

우리는 아동의 신호에 직접 반응해야 한다. 아동에게 어떤 것을 제안했는 데 아동이 신체언어를 통해 싫다고 표현할 경우, 우리는 그 제안을 바로 거 둬들여야 한다. 원만하고 안정적인 관계는 서서히 발전하며 그 속에서 신뢰 가 조성되어야 한다. 그래야 우리는 아동에게 새로운 제안을 할 수 있다.

중도·중복장애 아동을 중재하는 과정은 신체접촉이 아주 많이 요구되므로 우리는 조심스러우면서도 전문적으로 아동의 한계를 서서히 넓혀 나가되 한 계를 넘어서지 않도록 각별히 노력을 기울여야 한다. 중도·중복장애 영아의 경우 이러한 문제가 덜하긴 하나, Stern(2000)이 지적하듯, 일반적으로 영아 는 자신의 신체 중 민감한 부분을 타인이 침범하는 행위를 좋아하지 않는다.

신체접촉을 통해 아동들과 함께 하다 보면 우리는 대체의사소통의 측면을 발견하기도 한다. 대체의사소통 측면의 예를 몇 가지 들면 다음과 같다.

- 아동의 호흡이 안정적인가 아니면 불안정한가?
- 아동의 신체가 부드럽게 느껴지는가 아니면 긴장되어 있는가?
- 아동의 피부가 차가운가? 땀에 젖어 있는가? 따뜻한가?
- 나의 신체를 공명체로 활용하여 음향과 진동을 통해 아동에게 다가갈 수 있는가?

중도장애 아동의 의사소통과 관련한 주요 관찰 영역 및 다양한 의사소통 '전달 수단'에 관한 내용은 Fröhlich과 Simon(2004)이 자세히 설명한다.

7. 의사소통: 아동의 언어를 함께 발견하기

조기중재에 대한 새로운 이해에 따르면, 아동의 지원 조건을 개선하기 위해서는 전문가가 전면에 나서는 것이 아니라 조기중재 프로그램에서 부모와 협력하는 것이 매우 중요하다. 부모와 소통할 때, 중재전문가는 중재 기술이나 훈련방법만을 전달하기보다는 아동을 위한 최선의 중재조건을 부모와 함께 찾고 만드는 데 중점을 두어야 한다. 중재자와 부모는 동등한 협력자로써, 각자의 지식과 견해를 존중하는 협력관계를 형성해야 한다. 아동의 개별능력 및 조건에 대한 중재자의 전문지식과 부모의 지식이 서로 보완되어야하는 것이다. 그래야만 아동을 위한 협력이 실효성 있는 결실을 맺게 된다.

특히 의사소통 측면에서 중재자와 부모 간의 협력은 매우 중요하다. 아동에게서 어떤 표현이 관찰되는지, 그 표현을 어떻게 해석해야 할지 등을 모두함께 의논해야 한다. 모두 함께 아동의 의사소통을 분석·기록·지원해야 하는것이다. 이때 의사소통 과정에서 상호 관찰, 비디오 녹화, 그 외 적절한 문서기록 등이 도움이 될 수 있다.

8. 의사소통: 아동의 보호자는 부모이다

중도·중복장애 아동의 부모가 처한 특별한 상황에 대해서는 앞서 언급하였다. 부모들은 지금까지 유지하던 삶의 철학이 한순간에 흔들리고, 모든 기대와 희망이 전혀 예상치 못한 방향으로 변하였으며, 감당하기 힘든 두려움으로 삶의 모든 활동이 위축되어 버린다. 자녀를 향한 기쁨, 자녀의 미래를위한 정성 어린 준비보다는 정신적 충격에 휩싸이고, 앞으로 어떻게 살아가야 할지, 어떻게 장애에 맞서 싸워야 할지, 다가올 인생 과제를 어떻게 헤쳐나가야 할지 막막하고 두려운 마음이 부모의 삶을 강하게 지배하게 된다.

또한 숱한 전문가와 치료 프로그램이 부모의 일상을 결정짓고, 부모는 삶의 여러 위기를 겪어 나가며 밤을 지새우는 생활을 반복하게 된다. 비장애 신생아는 출생 직후 타인과 상호작용하는 능력을 보이는 데 반해, 중도·중복 장애가 있는 신생아는 출생 후 상대방에게 혼란과 불확신을 강하게 불러일 으킨다. 아동에 대해 알고 있던 이전의 모든 지식과 생각이 이제는 모두 낯 설게 느껴지고, 일상 속 가장 단순한 행위도 겨우 해낼 정도이다. 아동을 안 고 먹이고 돌보는 방법에 대해 끊임없이 조언하는 치료사와 치료중재가 부 모의 삶을 지배하게 된다. 이 모든 것은 더 이상 '평범'하지 않으며, 일상에서 부모조차 자녀를 '기술적'으로 대하기도 한다.

이러한 상황에서 부모는 제일 먼저 아이의 어머니 또는 아버지가 되는 법 을 배워야 한다. 아이의 간호·간병사, 마사지사, 치료사가 아니라 자녀에게 가장 친밀하고 가까운 존재가 가장 먼저 되어야 하는 것이다.

부모가 자녀와 안정적인 관계를 형성하기 위해서는 아동이 긍정적인 경 험을 하고 서로가 집중적으로 알아 가며 함께 소통할 수 있는 기회가 있어야 한다. 이것은 모든 학습의 근본이다.

이때 조기중재는 아동이 긍정적인 경험을 하도록 도와주고, 부모가 아동 의 언어를 배워 아동의 욕구를 보다 잘 이해할 수 있도록 기여해야 한다.

조기중재의 핵심은 전문가와 아동 간의 활동이 아니라, 부모와 자녀 간의 관계와 의사소통이 원활해지도록 돕는 데 있다. 어머니가 중재 프로그램과 상관없이 전적으로 자녀를 위해 있어 주고 안아 주고 쓰다듬어 주고 함께 놀 아 주는 시간을 어떻게 만들 수 있는가? 다른 어머니들이라면 거뜬히 할 수 있는 일이겠지만, 중증장애를 가진 자녀와 이 모든 것을 해내기에는 일상의 난관이 너무 많지 않은가? 아버지는 매우 제한적인 자녀의 신호를 이해하는 법을 어떻게 배울 수 있는가? 어떻게 해야 밥을 먹이고 돌보는 등의 일상활 동을 외부의 방해 없이 어머니와 아버지 그리고 자녀가 의미 있게 체험할 수 있는가? 어떻게 해야 완전한 일상 속에서 가족은 서로 소통하며 원만하게 상 호작용을 할 수 있는가?

무엇보다도 장애아동의 부모가 먼저 아이의 어머니, 아버지로서 자녀와의 감정 교류와 상호작용의 중요성을 새롭게 인식할 때, 더 이상 아이의 결함만을 보지 않고 가족 모두가 함께하며 편안함을 느끼게 될 것이다. 이때 아동은 자신이 사랑받고 있으며 소중한 존재라는 사실을 경험하게 된다. 이처럼 자신을 돌보는 성인과의 안정된 만남을 통해 쌓인 신뢰는 지속적인 관계 형성을 가능하게 한다. 이것이 바로 학습의 기본이다.

> 사람은 타인을 통해 자신의 존재를 확인하고 싶어 하며 동시에 타인이 존재하는 가운데 현존하기를 원한다. 사람은 사람에 대한 신뢰, 세계에 대한 신뢰를 확인하고 싶어 한다. 이것이야말로 교육이 성취해야 할 가장 본질적인 과업이다(Buber, 1951).

참고문헌

Buber, M. (1951). *Urdistanz und Beziehung.* Heidelberg.

Dornes, M. (2001). *Der kompetente Säugling.* Sonderausgabe. Die präverbale Entwicklung des Menschen. Frankfurt a. M.

Fröhlich, A. & Simon, A. (2004). *Gemeinsamkeiten entdecken-Mit schwerbehinderten Kindern kommunizieren.* Düsseldorf.

Fröhlich, A., Heinen, N. & Lamers, W. (Hrsg.) (2001). *Schwere Behinderung in Praxis und Theorie-ein Blick zurück nach vorn.* Texte zur Körper- und Mehrfachbehindertenpädagogik. Düsseldorf.

Fröhlich, A. (1999). *Basale Stimulation.* Das Konzept. Düsseldorf.

Fröhlich, A. (1995). Sprachstörungen und geistige Behinderungen. In: Grohnfeldt, M. (Hrsg.). *Sprachstörungen im sonderpädagogischen Bezugssystem* (Handbuch der Sprachtherapie Band 8). Berlin, 129-147.

Fröhlich, A. (1995). *Dialog der Sinne.* Zusammen, 9, Seelze.

Fröhlich, A. (1989). *Kommunikation und Sprache körperbehinderter Kinder.* Dortmund.

Fröhlich, A. & Rahmen, H. (2007). Eine gestaltete Umwelt für kleine Kinder mit schwersten Behinderungen. In: Fröhlich, A., Heinen, N. & Lamers, W. (Hrsg.). *Frühförderung von Kindern mit schwerer Behinderung.* Düsseldorf, 124–138.

Haupt, U. (1993). Sprachtherapie bei Kindern mit cerebralen Bewegungsstörungen. In: Grohnfeldt, M. (Hrsg.). *Handbuch der Sprachtherapie Band 6: Zentrale Sprach-und Sprechstörungen.* Berlin, 371–388.

Klauß, Th. (1999). *Ein besonderes Leben.* Was Eltern und Pädagogen von Menschen mit geistiger Behinderung wissen sollten. Heidelberg.

Kühl, J. (2002). Was bewirkt Frühförderung? *Frühförderung interdisziplinär, 21*(2), 1–10, München; Basel.

Largo, R. (2002). *Babyjahre.* Die frühkindliche Entwicklung aus biologischer Sicht. München.

Leyendecker, Ch. & Horstmann, T. (Hrsg.) (2002). *Große Pläne für kleine Leute.* München, Basel.

Molcho, S. (1996). *Körpersprache für Kinder.* München.

Papoušek, M. & Papoušek, H. (1989). Frühe Kommunikationsentwicklung und körperliche Beeinträchtigung. In: Fröhlich, A. *Kommunikation und Sprache körperbehinderter Kinder.* Dortmund.

Papoušek, M. (2001). Intuitive elterliche Kompetenzen. *Frühe Kindheit, 4*(1), 4–10.

Pfeffer, W. (1988). *Förderung schwer geistig Behinderter, eine Grundlegung.* Würzburg.

Rüller-Peters, B. (2007). Grundpositionen als Voraussetzung für Bewegung und Partizipation im Alltag. In: Fröhlich, A., Heinen, N. & Lamers, W. (Hrsg.). *Frühförderung von Kindern mit schwerer Behinderung.* Düsseldorf, 290–308.

Sarimski, K. (2001). *Kinder und Jugendliche mit geistiger Behinderung.* Göttingen; Bern; Toronto; Seattle.

Schäffer, R. (1982). *Mütterliche Fürsorge in den ersten Lebensjahren.* Stuttgart.

Stern, D. (2000). *Mutter und Kind.* Die erste Beziehung. Stuttgart.

제10장

촉독수화

Jutta Wiese (유타 비제)

1. 서론

이 장에서는 '촉독수화(Taktiles Gebärden)'[1]의 이론과 실제를 조명해 본다. 우선 독일의 수화와 촉독수화에 대한 역사를 잠시 살펴본 후 초기 발달에서 손 사용의 중요성에 대해 알아보겠다.

'수어(Gebärdensprache)'라는 표현은 언제 사용되는가? Vonen(2001) 에 따르면, 언어가 성립되기 위해서는 반드시 문법 규칙이 존재해야 한다. 독일의 청각장애인협회는 2002년 '독일 수화'가 '독일 수어(Deutsche Gebärdensprache: DGS)'라는 고유 언어로 인정받기까지 지난한 길을 걸어 왔다. 독일 수어는 독일어 문법과는 다른 고유의 문법 체계를 갖추고 있다. 예를 들어, 독일 수어의 일반적인 문장 구조는 '주어-목적어-술어' 순이다. 이를테면 독일어 문장 "Du isst Süßes(너는/먹는구나/단 것을)."를 독일 수어로는 "du Süßes essen(너는/단 것을/먹는구나)."이라고 표현한다. 그 외에도 다른 특징들이 있는데(이 글에서는 자세히 언급하지 않겠다), 한마디로 말하자면,

---

1) 이 글에서 촉독수화는 수어처럼 고유의 문법체계를 갖춘 수화언어로 공인된 것이 아닌, 촉독으로 교류하는 언어이기에 촉독수어 대신 촉독수화로 번역함-역자 주

독일 수어는 사용방식이 매우 효율적이다. 독일 수어 역시 '시각적' 언어이다. 따라서 어셔 증후군(Usher syndrome)과 같이 시각장애가 있는 경우에는 수어의 모든 측면이 촉각적으로 전환되어야 한다. 이러한 전환에 따른 어려움에 대해서는 뒤에서 언급하겠다.

'수화'와 관련하여 일부 언급할 만한 개념으로는 '구어 병행 수화(Lautsprachbeg-leitende Gebärden: LBG)'와 '구어 보조 수화(Lautsprachunter-stützende Gebärden: LUG)'가 있다. 수화통역 상황을 떠올리면 양자 간의 차이가 쉽게 이해될 것이다. '구어 병행 수화'는 구어나 문어를 그대로 시각화하는 방식이다. 즉, 문장의 구조와 문장 내 모든 단어를 그대로 수화로 전환한다. 반대로, '구어 보조 수화'는 문장의 의미를 핵심적으로 나타내는 특정 단어들을 강조할 때 주로 사용한다. 즉, 여기서는 문장 전체가 아닌 핵심 내용만 수화로 표현한다. 예컨대, "Heute gibt es Schokolade für dich.(오늘 너를 위해 초콜릿을 가져왔어.)"에서 고딕체 단어만을 수화로 표현하는 것이다.

과거에는 학교교육이 구어로만 진행되었기에 청각장애 학생들은 수화를 비공식적으로 접할 수밖에 없었다. 특히 시청각장애 아동이나 선천성 시청각장애 아동에게 수화는 단지 상징 습득의 수단이나, 구어 및 문어 발달의 과도기 단계 정도로만 간주되었다. 1990년대 중·후반에 이르러서야 비로소 수화가 이들의 의사소통 발달에 기여하는 점을 본격적으로 논의하기 시작하였다.

'촉독수화'라는 개념 역시 '4개 손 수화(Vierhandgebärden)' '손과 손 접촉 수화(Gebärden im Hand-zu-Hand Kontakt)' '느끼는 수화(gefühltes Gebärden)' 등 다양한 명칭으로 불린다. 나아가 이러한 촉독수화 명칭에서는 주로 '촉각 접촉' 정도의 특성만을 알 수 있는데, 수화가 시각장애인에게 촉각 접촉을 통해 전달되기 때문일 것이다. 그러나 촉독수화에서 어떤 식으로 수화 교환이 이뤄지는지는 명칭만으론 알 수 없다.

촉독수화에 대해 본격적으로 살펴보기 전에 먼저 손의 중요성과 촉각체계 및 운동감각(kinesthetic) 체계의 발달에 대해 알아보겠다. 촉각체계와 운동감각체계는 신체근접 감각[2])에 속한다. 이미 독일어에는 인간의 감정과 피부의 직접적인 관계를 묘사하는 표현이 많다. 예컨대, 깊은 감명을 받았을 때 "Das geht mir unter die Haut(피부 깊이 와 닿는다)."라고 하거나, 믿기 어려운 사실을 접했을 때 "Es ist kaum zu fassen(전혀 잡히지 않는다)."라고 표현하는 경우가 대표적인 예이다. 이렇듯 사람의 감정이라는 것은 항상 중의적으로 이해되기 마련이다.

　피부는 우리 몸에서 가장 큰 감각기관으로, 몸 전체를 감싸며 내부 세계와 외부 세계를 연결하는 통로 역할을 한다. 신체활동과 주변 환경의 관계를 조절하는 접촉 기관인 셈이다. 또한 피부는 스스로 지각하는 주체인 동시에 지각되고 자극을 받는 객체, 즉 대상이기도 하다(Zimmer, 2002). 촉감각은 외부 자극에 수동적으로 반응하기도 하지만, 동시에 적극적으로 탐색하며 인식하기도 한다. 촉각체계와 운동감각체계는 서로 밀접히 관련된다. 운동감각을 통한 지각은 신체의 위치와 움직임에 대한 지각으로, 이때 시각은 관여하지 않으며(Zimmer, 2002), 평소에는 의식되지 않는 지각이다. 나아가 수동적인 촉지각(예, 타인이 나를 만지는 것)은 최소한의 정보만을 제공하기에, 물건을 직접 움켜잡는 등 능동적인 접촉을 통해 비로소 대상의 특성과 성질을 파악할 수 있다.

　손은 촉감각의 일부이자 동시에 도구이다. 손의 촉감으로 대상을 탐색하는 동시에 변화시키는 것은 시각이나 청각은 불가능하다. 다른 감각체계와는 달리 촉감각은 이미 태내에서 발달하기 시작한다. 촉각적 접촉은 인간 존재의 근원이라고 할 수 있다. 촉각을 통해 아동은 접촉마다 의미(포근함, 통증, 두려움 등)가 부여될 수 있음을 배운다. Montagu(Zimmer, 2002에서 인용)는 촉각의 언어를 모든 언어의 원시적 형태라 표현한다. 이러한 촉각적 의사소통은 아동의 음성 언어 발달의 기반이 된다.

　모든 이에게 있어 손 능력의 발달은 초기 자의식 발달과 궤를 같이 한다. 손을 도구로 사용하는 능력이 발달하면, 즉 사람이나 사물을 능숙하게 조작하고 탐색하고 다루는 능력이 발달할수록 점차 자신의 힘과 능력에 대해 신

----
2) 체성 감각, 심부 감각, 근(近) 감각으로도 칭함–역자 주

뢰하게 된다(Miles, 2000). 아동은 손을 사용하며 세계에 대한 개념을 형성해 나간다. 따라서 우리는 아동이 촉각적으로 탐색하며 환경과 적극 상호작용 하도록 도와야 하고, 동시에 아동의 손을 세심하게 다루어야 한다. 우리가 아동의 손을 어떤 식으로 접촉하는지는 사실 매우 실존적인 의미를 지닌다. 시청각장애 아동이나 지체장애아동의 손을 접촉하는 가장 일상적인 방식은 일명 '손 위에 손(hand-over-hand)', 즉 성인의 손이 아동의 손을 위에서 부여잡는 형태이다. 그러나 (지원이라는 미명하에) 일상에서 아동의 손을 항상 이런 식으로 부여잡고 뭔가로 이끄는 행위는 오히려 아동의 손을 수동적으로 만들고, 아동이 적극적으로 주변의 정보와 자극을 탐색하는 데 큰 걸림돌이 된다. 따라서 '손 위에 손' 접촉보다는 '손 아래에 손(hand-under-hand)' 방식으로 접촉하고 이끄는 것이 보다 타당하다([그림 10-1] 참조). 나아가 예를 들어, 이런 방식으로 손을 이끌다가 아동의 손이 어떤 사물에 닿을 때 성인은 다시금 아동의 손 아래를 가볍게 터치함으로써 사물에 대한 관심을 나타낼 수 있다(공동주의 형성). 이러한 아동과의 손 접촉은 대화에 공동 주제를 제공하고, 손 언어의 발달, 즉 촉독수화의 토대를 마련해 준다.

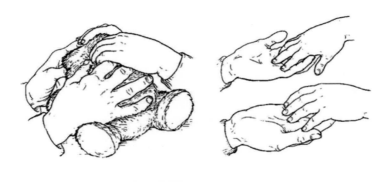

그림 10-1 손 접촉의 방식

'손 아래 손' 방식의 접촉 시 유의점은 다음과 같다.

- 아동을 통제해서는 안 된다.

- 아동이 지금 자신의 경험과 움직임이 누군가와 공유되고 있음을 충분히 느끼도록 한다.
- 아동의 탐색과정을 방해하지 않는다.

2. 촉독수화 유형

지금부터는 촉독수화의 다양한 종류를 살펴보겠다. 2001년 Mesch는 선천적 시청각장애인의 의사소통 유형을 분석 연구하였다. 먼저 시청각장애인의 수화대화 상황을 기록하여 지각 특성에 따라 나타나는 변화를 분석한 결과, 다음과 같은 유형을 발견하였다.

- 양손 독백 포지션(Monolog position der Hände)
- 양손 대화 포지션(Dialog position der Hände)
- 한 손 촉독수화(Gefühltes Einhandgebärden)
- 공동협력 촉독수화(Co-aktives Gebärden)

용어 사용의 혼란을 피하기 위해 여기에서는 Mesch의 분류 용어 중 첫째와 둘째 것은 직접 차용하지 않는다. 그 대신 의사소통에서는 대화가 핵심이므로, Mesch의 용어를 다음과 같이 칭한다.

- 손 교환이 있는 촉독수화(Mesch의 '양손 독백 포지션'에 해당)
- 손 교환이 없는 촉독수화(Mesch의 '양손 대화 포지션'에 해당)

1) 손 교환이 있는 촉독수화(monolog position by Mesch)

손 교환이 있는 촉독수화는 긴 내레이션이 예상되거나 수화통역사가 시청각장애인 청자에게 무언가를 설명하고 통역할 때 주로 사용하는 방법으로,

청자의 양손이 화자의 양손 위에 놓이게 된다. 청자와 화자의 관계가 바뀌면 손 위치도 아래 위로 바뀐다.

Monologposition

그림 10-2 손 교환이 있는 촉독수화

2) 손 교환이 없는 촉독수화(dialog position by Mesch)

이 방식의 경우 각 대화파트너는 '말하는 손'과 '듣는 손'을 동시에 사용한다. 예를 들어, 나의 오른손은 '말하는 손', 왼손은 '듣는 손'이 되며, 내가 '말하는 손'은 상대방의 '듣는 손' 아래에, 내가 '듣는 손'은 상대방의 '말하는 손' 위에 얹는다. 이런 형식의 손의 위치는 청자와 화자가 자주 번갈아 가며 대화할 때 유용하다.

Dialogposition

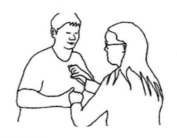

그림 10-3 손 교환이 없는 촉독수화

3) 한 손 촉독수화(one-hand tactile sign language)

수어로 능숙하게 의사소통하는 사람은 각자 한 손으로도 의사소통할 수 있다. 각 파트너가 한 손만 사용하기에 대화 시 청자와 화자의 역할에 따라 손 교환이 필요하다. 한 손 촉독수화는 파트너가 서로 나란히 앉아 있는 경우, 예를 들면 나란히 앉아 버스를 타고 가거나 강의를 듣는 경우에 유용하다.

그림 10-2 한 손 촉독수화

4) 공동협력 촉독수화(co-active tactile sign language)

이 방법에서는 비장애인 파트너가 상대방(시청각장애인)의 손으로 상대방의 수화 범위에서 수화를 안내하며 대화한다. '이끄는 촉독수화'라고도 칭하는 이 방법은 주로 촉독수화 초기단계에 활용되는데, 화자(비장애인)가 청자(시청각장애인)의 양손을 수화 형태로 만들어 주며 대화를 이끌어 간다.

3. 촉독수화의 유형별 장단점

여기서는 앞서 다룬 여러 유형의 촉독수화가 갖는 장점과 단점에 대하여 살펴보겠다. 이와 관련하여 Hanne Pittroff와 AGTB(Arbeitsgemeinschaft der

Einrichtungen und Dienste für taubblinde Menschen: AGTB 및 서비스 협회)의 선행연구를 참조하였다.

1) 공동협력 촉독수화(이끄는 촉독수화)

대부분의 사람은 궁극적으로 시청각장애인을 도우려는 취지에서 상대방의 손을 움켜잡고 손의 움직임을 이끌려는 경향을 보이는데, 이런 모습은 그들에게 수화를 제공하는 과정에서도 나타난다. 즉, 파트너가 상대방인 시청각장애인의 손을 잡고 상대방의 몸 가까이에서, 즉 상대방의 수화 범위에서 촉독수화를 진행한다. 그러나 우리가 흔히 시청각장애인을 위해 가장 확실하고 간편하게 여기는 이 방법은 시청각장애인의 인지능력과 의사소통 능력 발달에 지장을 줄 수도 있다.

오랫동안 시청각장애 아동과 이른바 '공동협력으로' 수화를 하는 것이 관례였고 오늘날에도 크게 다르지 않다. 선천적 시청각장애인에게도 (상대방이 조정하고 이끄는) 주로 이러한 형태의 수화가 제공되곤 한다.

그러나 공동협력 촉독수화는 일련의 문제와 위험을 야기할 수 있는데, 무엇보다도 이런 식의 대화는 진솔하고 만족스러운 상호 교류를 저해하기 때문이다.

대부분 시청각장애인의 양손은 상대에게 응답할 때에도 옆 사람의 촉진이 필요하고, 적절한 신체적 도움을 받아 수화로 표현한다. 그러나 이런 식으로 상대방의 조정이나 개입을 통해 반응하고 응답하게 될 경우 진솔한 교류를 기대하기는 어렵다. 나아가 공동협력 촉독수화에서는 시청각장애인의 독립성과 자율성이 제한되기에 외부 통제의 위험이 따른다. 즉, 타인이 내 손의 수화를 이끌기에 내가(시청각장애인) 대화를 쉽게 끊거나 중단하기가 어렵다.

이 외에도 공동협력 촉독수화에는 다음과 같은 제약이 따른다.

• '화자-청자-반응'이 불분명할 뿐 아니라 아예 부재하는 경우도 흔하다. 이와 관련하여 노르웨이 심리학자 B. Bjerkan(1997)은 (유능한) 상대방

의 표현에 대해 아동이 미처 수긍하지도 않은 채 그냥 (아마도 이끌려서) 응답하게 되는 경우를 '일방적 소통(one-way-communicaton)'이라 비판하였다.

- 촉독수화에서도 일반적으로 비장애인 파트너가 대화를 주도하는데, 요청이나 원하는 걸 묻는 등 대화 주제를 제안하는 것도 파트너가 선점한다.

- 이와 같은 일방적인 대화방식은 시청각장애인이 대개는 상호적으로 의사소통하기 어렵다는 사실, 즉 주거니 받거니 하며 상대방의 손을 이끌며 대화를 주도할 수 없기 때문에 발생한다. 소수의 재능 있는 시청각장애 아동만이 파트너의 손 아래서 능동적으로 촉독수화로 표현할 수 있을 것이다.

- 또한 이 방법에서는 오른손잡이인 비장애인 파트너가 시청각장애인의 손에 수화를 만들며 대화할 때 특히 그의 왼손에 집중하는 경향이 있는데, 이는 일반적인 대화 상황에서 비장애인의 오른손이 장애인의 왼손과 바로 마주하기 때문이다. 따라서 시청각장애인이 오른손잡이인지 왼손잡이인지를 고려하여 이를 촉독수화에 반영하고자 노력해야 한다.

- 또 다른 문제는 촉독수화에 대한 이해이다. 의사소통 지원을 명목으로 비장애인 파트너가 시청각장애인의 양손에 수화를 만들고 이끌면서, 여기에 더하여 그의 응답이나 반응까지도 조정하게 된다면, 시청각장애인이 수화를 제대로 이해하고 있는지는 더 이상 점검할 필요도, 점검할 가치도 없다. 사회적으로 유능한 (비장애인) 파트너가 혼자 묻고 혼자 답하는 셈이다. 이때 겉으로 보이는 양자 간 촉독수화 정도를 의사소통 지원의 결과라 할 수 없다.

- 공동협력 촉독수화에서도 대부분 시청각장애 아동이 이미 부호화된 수화를 습득하도록 지원한다. 그러나 이런 경우, 수화 움직임 자체가 촉각-체성감각적으로 어떻게 표현되는지, 나아가 서로 나누는 수화가 어떤 의미인지 파트너와 함께 탐색하고 발전시킬 수 있는 좋은 기회를 놓치기 쉽다. 달리 말하면, 대화과정에서 촉독수화의 의미를 양자가 서로

협상하고 조율할 수 있는 기회가 사라지는 것이다. 촉독수화에 필요한 (손) 움직임이라는 것은 대부분 원인 사건이 발생한 시점 전후의 맥락 안에서 만들어지는 것이다. 그러나 이미 부호화된 수화를 아동이 조건화를 통해 습득할 경우, 아동이 사용할 수 있는 촉독수화의 가용 범위는 대부분 그리 넓지 않다. 아동은 아마도 이런 식으로 배운 몇몇 촉독수화를 인지하고는 있겠지만, 실제로 이를 활용하여 대화를 실행하거나 오래 기억하는 데는 한계가 있을 것이다. 특히 전맹아동의 경우 이렇게 배운 촉독수화는 쉽게 헷갈린다.

그러나 심지어 자발적 학습동기가 낮고 지적장애가 심한 사람에게 이러한 공동협력 촉독수화를 지원한다 하더라도 자율적인 대화를 위한 소통의 길은 항상 열려 있고, 계속 모색되어야 한다. 예를 들어, 우리는 (어떤 방식이든) 상대방이 답변할 시간을 충분히 주고, 상대방에게 중요한 삶의 주제를 파악하여 대화하는 것이 바람직하다.

2) 손 교환이 있는 촉독수화(독백 포지션)

화자는 청자의 양손 아래에 두 손을 대고 수화를 한다. 청자와 화자가 바뀌면 양손의 위치도 바뀌어야 한다.

이때 파트너 각자가 상대방의 손 아래에서 수화하더라도 자신의 손과 팔을 사용하고, 자신의 수화 범위 내지 자신의 몸에 밀착하여 수화할 경우 그 내용이 화자와 청자 모두에게 관련된다는 점을 알아야 한다. 예를 들어, 화자가 자신의 수화 범위에서 "너 뭐 먹고 싶어?"라고 질문할 경우, 이는 화자의 몸에서 표현되는 질문과정임을 이해해야 한다. 즉, 수화표현에서 어느 경우 '나'와 '너'를 의미하는지 잘 파악해야 한다.

장점

- 대화파트너 모두 동일한 형태로 수화한다.
- 의사표현을 하고 싶은 사람이 주도적으로 수화한다.
- 따라서 청자와 화자의 관계가 명확하고 분명하다.
- 성인은 아동의 양손 촉독수화를 효과적으로 지원할 수 있는데, 성인이 '듣는 손' 위치에서 화자인 상대방 아동이 지금 표현하는 수화의 형태를 교정하고 조절해 줄 수 있다.

단점

- 앞서 언급한, 성인 청자의 '듣는 손'을 통해 도움을 받을 수 있다는 장점은 역으로 단점이 될 수 있다. 성인의 청자 손이 밑에 놓인 아동 화자의 손을 과도하게 교정할 경우, 이는 앞서 말한 '공동협력 촉독수화'로 변질될 위험이 따른다. 특히 성인 청자가 이를 의식하지 못하고 행할 경우 더욱 위험하다.
- 화자와 청자의 역할이 교체될 때 팔을 '크게' 움직여야 한다. 청자는 화자 위에 있던 자신의 양손을 떼어 재빨리 화자의 손 아래로 집어넣어야 하는데, 이러한 과정은 평소 움직임에 소극적인 사람에게 매우 힘들 수 있다. 따라서 두 사람의 대화가 사회적 능력이 앞선 (비장애인) 파트너의 손에서만 일방적으로 이루어질 위험이 따른다.
- '서다(stehen)' '돈을 내다(bezahlen)' '사다(kaufen)' 등과 같이 대부분 양손을 비대칭적으로 표현하는 촉독수화 단어의 경우 이에 능숙하지 않으면 단어를 빠르게 인식하기 힘들다.
- '수영하다(schwimmen)' 또는 '~을 타고 가다(fahren)'와 같은 단어는 공간 오리엔테이션이 필요한 개념이기에 시청각장애 아동이 이해하기 힘들 수 있다.

3) 손 교환이 없는 촉독수화(양손 대화 포지션)

대화파트너 각자가 한 손은 '말하는 손', 다른 한 손은 '듣는 손'으로 사용하기에, (독백 포지션처럼) 화자와 청자 역할이 바뀔 때마다 손을 바꿀 필요가 없다. 양손이 비대칭적인 상태로 각자의 역할을 하기에 이러한 촉독수화는 쉽게 습득할 수 있고, 수화를 감지하는 것이 훨씬 수월하다. 촉독수화를 익힐 때 한 손은 청자 손 역할을 하며 대화에 즉각 관여하기 때문이다. 다년간의 경험을 통해 증명되었는데, 이러한 대화방식은 능숙한 수화 사용자일수록 빠르게 받아들이고 이해한다. 나아가 '~을 타고 가다' '걸어가다' '수영하다' 등과 같이 방향을 강조하는 수화 단어의 경우 대화자 사이의 측면 공간을 활용하여 표현할 수 있다.

장점

- 독백 포지션에서의 손 교환과 달리 여기서는 대화 흐름이 끊기지 않으므로 두 파트너 모두 동등하고 적극적으로 대화에 참여할 수 있다.
- 두 파트너 모두 동일한 방식으로 수화를 한다.
- 양손 촉독수화 시 파트너의 '말하는 손'에 집중하면 독백 포지션으로 대화를 할 때보다 훨씬 명확하고 간결하게 인식할 수 있다.
- 공동협력 촉독수화에서 대화 포지션(Dialogpostion)으로 전환하는 것은 어렵지 않다. 아동의 양손 중 한쪽 손을 잡아 내려 뒤집으면, '청자 손'과 '화자 손'의 상태로 위치하게 된다. 아동의 '화자 손' 위에 성인 '청자 손'을 올려놓고 아동이 기대했던 수화를 말하도록 촉진할 수 있으며, 또한 아동의 '청자 손' 아래에 위치한 성인 '화자 손'으로 정확한 수화를 제시할 수 있는 것이다.
- 대화 포지션으로 대화할 경우, 성인은 아동이 몸에/몸으로 나타내는 수화표현을 명확히 확인할 수 있으며, 연이어 성인이 몸으로 나타내는 수화표현 역시 아동에게 명확해진다. 이렇게 하면 발달수준이 낮은 아동도 자신의 표현을 상대방이 인식했으며 의미 있게 받아들이고 있음을 경험하게 된다. 나아가 성인 파트너가 아동 자신의 표현을 수화로 따라 해 줄 경우, 그 발언이 어떤 모양을 '띠는지'도 피드백을 받게 된다. 이는 파트너가 모방해 준 표현이 곧 아동 자신과 직결됨을 확인할 수 있는 아주 좋은 방법이다.
- 일반적으로 대화 포지션의 양손 배치 덕분에 대화 주제나 내용이 쉽게 공유되고, 대화의 동시성, 대칭성 및 상호성이 더욱 향상된다.

단점

- 양손을 사용한 대화 포지션 촉독수화는 우선 파트너의 손 없이 따로 습득하고 연습해야 한다. 특히 대화 포지션에서 독백 포지션으로 전환이 필요한 경우 연습이 필요하다.
- 한 파트너가 왼손잡이이고 다른 파트너는 오른손잡이인 경우에 대화 포지션으로는 촉독수화를 할 수 없다. 이 경우는 두 사람이 독백 포지션으로 전환하는 것이 낫다.
- '수영하다' 또는 '~을 타고 가다'와 같은 촉독수화 시 공간 오리엔테이션을 확보하는 것이 시청각장애 아동에게는 어려울 수 있다.

이 글을 마무리하며 강조하고 싶은 점은 촉각으로 인식하는 것이 우리 모두에게 매우 중요하다는 점이다. 손은 단순한 도구가 아니라 '표현수단'이다. 자신을 표현하고 의사소통을 하는 것은 인간의 기본 권리이며, 우리는 이러한 권리를 실현하기 위해 노력해야 한다.

참고문헌

AGTB (2002). *Hörsehbehindert Taubblind. Informationsbroschüre: Taktil Gebärden-Empfehlungen.* Hannover: Bildungszentrum für Taubblinde.

Bjerkan, B. (1997). When do congenital deafblinds communicate? The development of communication. Actes du Cours international Suresnes, 23 – 26. juin, Suresnes.

Mesch, J. (2001). *Tactile Sign Language.* Turn taking and questions in signed conversation of deafblind people. Hamburg: Signum.

Miles, B. (2000). Talking the language of the hands to the hands, www.trou.edu/dblink/products.htm.

Pittroff, H. (2000). Mit hörsehbehinderten und taubblinden Menschen taktil gebärden. *Hörgeschädigte Kinder, 37*(2), 59-61.

Vonen, A. M. (2000). *Kongenitale Taubblindheit und natürliche Sprache.* Das Zeichen. Zeitschrift für Sprache und Kultur Gehörloser, 52. (Übersetzung H. Pittroff)

Zimmer, R. (2002). *Handbuch der Sinneswahrnehmung.* Freiburg i. Br.: Herder.

제11장

인공호흡기 사용 아동·청소년의 의사소통과 자기결정 및 참여

Sandra Krenz & Michael Schwerdt (산드라 크렌츠 & 미하엘 쉬베어트)

1. 인공호흡기 사용 아동·청소년의 실태

소아과 집중치료의학이 진보함에 따라 장기간 인공호흡기를 사용하는 어린 환자들이 점차 증가하는 추세이다. 이들은 대부분 다양한 질환과 복합장애를 갖고 있다. 오랜 시간 병원에 입원하여 치료를 받는 경우, 어린 환자의 건강상태와 호흡이 안정화 단계에 들어서면 그 다음 문제가 하나 생긴다. 퇴원 후 아동이 꾸준히 간호·간병을 받으며 거주할 장소를 정해야 하기 때문이다. 일반적으로 가정은 아동에게 가장 이상적인 생활공간이다. 그러나 사회(문화)적·공간적·개인적 이유 등으로 부모가 자녀를 전적으로 가정에서 간호하지 못하는 경우도 많다. 인공호흡기 사용 아동이 지난 수년간 지내 왔고 현재도 생활하는 공간은 바로 집중치료실이다(Schwerdt, 2001). Schwerdt(2001)는 신체장애 아동 외에도 지적장애 아동을 위해, 나아가 2~19세까지의 모든 연령대에게 지원 혜택의 폭을 지금보다 확장할 필요가 있다고 지적한다. 현재 주요 장애인복지시설조차 인공호흡기 사용 아동·청소년에게 적합한 지원 서비스를 제공하지 못하기에, 이들을 위한 폭넓은 서비스에 대해 본격적으로 논할 시점이 되었다.

2002년 창립된 '안드레-슈트라이텐베르거-하우스(André-Streitenberger-Haus, 이하 A-S-H)'는 노르트라인 베스트팔렌주 소재 다텔른 아동·청소년병원의 소속기관으로, 현재 7명의 장기 인공호흡기 사용 아동이 거주하고 있다. 이곳에는 단기체류 환자를 위한 방도 하나 마련되어 있다. A-S-H는 신체기능 저하로 영구적으로 인공호흡기에 의존해야 하는 아동·청소년을 케어하고 지원하는 주거 및 재활시설이다. 이 기관이 표방하는 '총체성 콘셉트'는, 첫째, 아동이 자신의 장애에 자신감 있게 대처하고, 둘째, 자기결정과 적극적인 참여가 보장되는 최대한 평범한 삶을 살아가는 것을 주요 목표로 하며, 이를 위해 특히 의사소통 능력 지원에 중점을 둔다. 의사소통은 욕구와 감정을 표현하는 인간의 기본 욕구이며, 인간은 본질적으로 협력과 통합을 추구하는 존재이기에 의사소통은 삶에서 반드시 필요하다. 하지만 척수마비, 호흡기 및 근육계 질환, 뇌성마비 등을 앓고 있는 경우 (특히 영유아의 경우) 상대방이 당사자의 의사소통 신호를 제대로 이해하기란 매우 어려운 일이다. 그 결과, 당사자뿐 아니라 보호자도 불확실하고 힘든 의사소통으로 좌절하는 경우가 많다. A-S-H는 그러한 의사소통으로 인한 부정적 경험을 최소화하고자 다양한 분야의 전문가와 협력하여 기관 고유의 보완대체의사소통(AAC) 콘셉트를 개발하였다.

A-S-H에서는 아동·청소년의 의사소통 발달을 지원하기 위해 다학제적 팀이 상호 협력하고 적극 소통한다. 의사소통 발달지원이 성공하기 위해서는 반드시 이론과 현장의 접목과 교류가 필요한데, 실제로 A-S-H와 도르트문트 대학교 특수교육학과 및 재활학과 간에 긴밀한 네트워크가 구축되어 활발히 운영 중이다.

자기결정과 참여, 의사소통은 인간의 삶에 필수불가결한 요소이다. 서로 밀접하게 연관된 이 세 가지 요소는 A-S-H 아동·청소년을 위한 교육활동에서 중심 축을 이룬다.

간병과 간호 요구가 높은 사람들의 자기결정과 참여를 장려하고 보장하는 것이 현재까지도 여러 보호 영역에서 제대로 구현되지 못하는 실정이다. 인공호흡기 사용 환자는 복잡한 기계 장치와 간호·간병 인력에 전적으로 의존하여 살아간다. 따라서 이들은 대부분 주체적이고 능동적으로 행동하지 못할 거라고 쉽게 단정짓곤 한다. 그러나 오히려 이러한 오해와 편견이 인공호흡기 사용 환자의 자기결정권을 심각하게 제한하는 결과를 초래한다.

인공호흡기 사용 환자를 지원하고 동행하는 사람은 자신의 행위를 자기비판적으로 성찰하는 가운데 환자를 존중하고 공감하는 태도를 가져야 한다. 특히 의사소통 능력이 현저히 저하되어 오로지 보조장치나 신체표현만으로 소통이 가능한 환자는 자신을 이해하려는 의지와 능력이 있는 대화파트너가 반드시 필요하다.

아동·청소년을 동행하는 전문보조인은 먼저 자신의 내적 태도를 공고히 한 후 공동으로 설정된 교육목표에 맞추어 지원해야 한다. 그래야만 인간중심적 관점에서 아동·청소년의 행동을 인지·해석하고 성공적인 의사소통 및 아동발달을 위한 구체적인 노력을 하면서 아동·청소년의 현실에 가까워지게 된다.

음성 언어는 인공호흡의 형태에 따라 특징이 다양하다. 가령, 마스크형 인공호흡 경우 기관절개를 통한 침입성 인공호흡만큼 음성 언어가 크게 손상되지 않는다. 그러나 중도·중복장애 아동의 경우 대부분 개별 행동방식과 신체표현, 생체징후 해석을 통해서만 의사소통이 가능하다.

2. 생명유지장치인 인공호흡기

장기간 인공호흡기를 사용하는 사람은 언제든지(겉보기에는 안정단계일지라도) 생명이 위태로워질 위험이 있다. 따라서 예기치 않은 문제와 위험을 방지하기 위해 24시간 전문적인 모니터링이 필요하다.

자신의 의지와는 상관없이 '사회의존적' 삶을 살아가는 인공호흡기 사용 아동·청소년은 시설에 거주하는 동안 다양하고 형태의 타인결정에 노출되어 있다.

이들은 인공호흡기를 사용한다는 사실 하나만으로, 사회복지시설이나 재활시설이 아닌 요양시설에 가야 한다. 정작 당사자는 자신이 생활할 공간을 스스로 선택할 권리조차 없는 것이다. 즉, 인공호흡기 사용 여부로 아동을 어느 시설에 수용할지를 결정하게 되는데, 이는 다름아닌 타인결정에 의한 것이다. 아동이 갖고 있는 다양한 능력과 욕구, 요구 등을 총체적으로 고려하지 않은 채 '인공호흡'이라는 기준이 아동의 전체 생활환경을 결정짓기 때문이다.

인공호흡기 사용 아동은 수개월 내지 수년 동안 집중치료실이라는 매우 제한된 환경에서 성장하기에 간혹 사람들은 인공호흡기 아동의 그러한 삶과 생명유지 자체를 문제 삼기도 한다. 극히 제한되고 고립된 삶은 살 가치가 없다는 식으로 폄하하곤 한다. 그러나 정작 문제 삼아야 할 대상은 아동의 삶 자체가 아니라 삶이 진행되는 생활환경이어야 한다(Schwerdt, 1999: 77). 답답한 집중치료실에서 벗어나 A-S-H에 거주하는 아동들은 새로운 생활환경 속에서 삶의 기쁨을 느끼며 살아간다.

독일의 「병원대체간병에 관한 법률(Gesetz zur Krankenhausersatzpflege)」과 요양보험서비스(Pflegedienst)는 인공호흡기 사용 아동이 병원 밖에서도 간병를 받을 수 있는 근거를 제공한다. 자택 간병을 통해 병원입원을 면하거나 단축할 수 있고 또는 병원치료가 필요한 경우라도 의사는 환자가 자택 간병을 통해 전문인력이 제공하는 의료서비스를 제공받도록 할 수 있다(「사회법전」 제5권 제37조).

2007년 「자택간병에 관한 법률(Gesetz zur häuslichen Krankenpflege)」의 개정에 따라 이제는 장애인복지시설도 간병 서비스를 제공할 수 있다.

> 피보험자는 병원치료가 필요하지만 병원에 가지 못하는 경우 또는 자택 간병을 통해 병원치료를 면하거나 단축할 수 있는 경우에 가정이나 기타 적합 장소(보호시설이나 학교, 유치원, 요양 등급이 높을 경우 장애인보호작업장도 가능하다)에서 전문인력이 실시하는 자택 간병 서비스를 받을 수 있다(「사회법전」 제5권 제37조).

2008년 「의사처방에 관한 규칙(Verordnungsreglung für Ärztinnen und

Ärzte)」의 개정으로 이전에 가정에서만 가능했던 자택 간병의 범위가 확대되어 현재는 유치원 및 학교를 직접 찾아가는 방문형 간병 서비스도 기본 급부 범주로 인정된다.

3. 아동의 성장터(가 아닌) 집중치료실

오늘날 인공호흡기 사용 아동은 수년간 집중치료실에만 입원할 필요가 없게 되었지만, 여전히 집중치료실은 대부분의 인공호흡기 사용 아동이 성장·발달하는 데 핵심 역할을 한다. 수차례 입원과 퇴원을 반복하며 그 어느 곳보다 친숙하고 익숙해진 생활공간이기 때문이다. 따라서 집중치료실에서 보내는 시간은 아동의 발달과 부모-자녀 간 관계 형성에도 결정적인 영향을 미친다.

일반적으로 환자가 병원에 (단기간) 입원하면 비록 제한된 범위이기는 하나 나름 개인적 활동이 가능하다. 그럼에도 불구하고 환자는 일상적 관계 및 주변 환경과 고립되는 느낌을 받는다. 하물며 장기간 집중치료실에 입원해야만 하는 환자의 고립감과 외로움은 더욱 심할 수밖에 없는 데다 여러 심리적인 부담이 추가된다.

집중치료실은 환자가 제대로 된 감각경험을 거의 할 수 없는 인위적인 세계이다. 예를 들어, 에어컨으로 실내 온도가 유지되므로 날씨와 기온 변화 같은 가장 기본적 신체체험이 불가능하다. 각종 기계 신호음, 사람들의 음성, 아이들 우는 소리 탓에 주변 세계의 다양한 소리를 미세하게 감지하거나 분간하기도 힘들다. 그리고 집중치료실 내 기계 신호음과 기타 소음에 24시간 노출되어 있기에 밤에도 숙면을 취하기가 힘들다. 또한 신속한 응급처치를 위해 항시 비상등이 밝게 켜진 탓에 환자의 밤-낮 리듬이 깨져 버리고 만다.

게다가 각종 수술이나 의료처치도 환자의 심적 부담을 가중시키는데, 가령 기관절개 환자에게 필요한 기관흡인 처치는 환자의 신체적 고결성을 침

범하고 취약성을 드러낸다. 또한 다른 환자의 (사망으로까지 이어지는) 응급
상황을 경험한 아동은 심각한 트라우마를 겪기도 한다.

아동의 일과는 각 병동의 계획표에 의해 결정된다. 특히 집중치료실은 수
시로 회진과 병실 순회가 이루어지고 지정된 병동 시간표가 우선시될 수밖
에 없는 구조이므로, 사실 아동을 위한 교육목표까지 고려할 여유가 없는 게
현실이다.

4. A-S-H 콘셉트

1) 거주재활시설

안드레 슈트라이텐베르거 하우스(A-S-H)는 사회(문화)적·공간적·개인적
이유로 가족과 함께 살 수 없는 인공호흡기 사용 아동·청소년에게 병원을 거
점으로 하는 병원 밖 간호·간병모델을 제공한다. 특히 유아·소아를 주대상으
로 조기치료 및 조기지원을 제공한다. 가정에서 자녀를 돌보고 싶어 하는 부
모는 A-S-H에서 간병교육을 받거나 자녀를 단기간 입원시킬 수도 있다.

2) 총체적·다학제적 접근

A-S-H에는 [그림 11-1]의 톱니바퀴로 묘사되는 네 가지 독립 체계(교
육, 간호, 의학, 치료)가 아동의 전인적 성장(Bildung)을 위해 긴밀히 상호작용
한다.

의학은 A-S-H에서 제공하는 지원의 토대를 이루기는 하지만 핵심은 아
니다. 의학 외에도 간호·간병, 치료, 교육이 서로 긴밀히 연계될 때 비로소
아동이 진정한 의미에서 배우며 삶을 살아가기 때문이다. 인공호흡기 사용
환자가 '삶을 배우기' 위해서는 우선 의료적·간호적·치료적 지원이 확실히 보
장되는 가운데 건강상태가 비교적 양호해야 한다. 그래야만 아동은 자신을

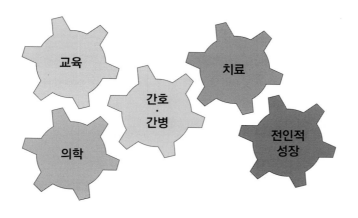

그림 11-1 다학제적 접근

보살피는 사람을 신뢰하고 자율성을 신장할 수 있다.

　다학제적 팀이 성공적으로 협력하기 위해서는 다양한 전문가 간의 상호작용과 의사소통이 원활히 이루어져야 한다. 물론 각 직업군(의학, 간호, 치료, 교육 분야)의 전문 견해가 종종 상충하기도 한다. 이를테면, 의학적 측면에서 척추측만 예방을 위하여 아동을 똑바로 일으키면 안 된다는 주장이 있다고 하자. 그러나 이러한 자세는 인지적 측면에서 볼 때 아동의 능력을 현저히 제한하는 결과를 초래할 가능성이 있다. 따라서 각 전문가들이 의견 교환을 통해 다학제적으로 아동의 장애에 관해 의논할 때 비로소 아동을 위한 최상의 해결책을 찾고 실행할 수 있다.

　다학제적 팀 협력과정에서 집단 내 적절하고 긍정적인 긴장감이 형성되기 위해서는 각 직업군이 각자의 학문적 이론과 그에 따른 가치와 목표를 서로 보고하는 과정이 필요하다. 그래야만 불필요한 갈등을 최소화하고 서로의 전문성을 침범하는 일 또한 피할 수 있다.

　여러 직업군이 모인 팀 협력은 서로가 끊임없이 소통하고 상대 직업군을 인정하며 서로 다른 사고방식과 전문성을 존중하고 이해하는 과정이 요구된다. 모두가 함께 적극 고민하고 논의할 때 비로소 서로의 가치를 존중하고 이를 바탕으로 모두가 지향하는 공동목표를 실현할 수 있는 법이다.

그러므로 전인적 도야를 위한 교육은 이러한 팀 협력은 물론 진정성 있는 지원과 동행에서 실현될 것이다. 이를 통해 아동·청소년이 자율성을 갖고 사회생활에 참여하며 의사소통을 배워 나간다.

3) 자기결정의 일부로서의 교육

교육의 목표는 독립적·자기결정적 삶을 영위하기 위한 능력을 습득하는 데 있다. 그러나 앞서 언급하였듯, 사회의존적 삶을 살아가고 건강상태가 불안정한 인공호흡기 사용 환자나 간병이 많이 필요한 사람의 경우, 이러한 교육목표 중 일부만이 달성될 가능성이 크다. 그러므로 인공호흡기 사용 아동·청소년을 간호하고 동행하는 사람은 높은 책임의식과 전문성을 갖고 이들의 현실에 맞추어 자율성을 신장시키기 위해 노력해야 한다. 의사표현이 매우 제한적인 인공호흡기 사용 아동·청소년은 상대방이 자신의 표현을 어떻게 인지하고 해석하는가에 크게 의존하기 때문이다.

4) 자기결정과 자립성

'자기결정(Selbstbestimmung)'이란 의존성, 타인결정, 장애인을 향한 온정주의와 반대되는 개념이다. 이는 또한 '자립성(Selbstständigkeit)'과는 다른 개념이며, 도움이 필요는 하지만 외부 압력이나 타인결정 없이 스스로 책임지고 결정함을 의미한다. 자기결정은 자발적으로 목표를 설정, 계획하고 스스로 결과를 평가하며 스스로 선택을 할 수 있음을 의미한다. 반면에, 자립성이란 스스로 행동함을 의미하지만 이때 어떠한 선택을 하고 목표를 설정하며, 평가하는 주체는 타인이다.

A–S–H에 거주하는 9세 소년 한스를 예로 들어 보겠다. 한스의 경우, 그의 이해능력 및 사고능력을 정확히 파악하기는 힘들며 의사표시는 생체징후를 해석해야만 짐작 가능하다. 따라서 한스는 상대방의 공감능력과 상대가 자신의 행동을 해석하는 방식에 전적으로 의존하는 상황이다.

다음 상황을 예로 들어 보자. 한스가 붓이 연결된 헤드 포인터(Headpointer)를 머리에 쓰고 그림을 그리고 있다. 갑자기 한스가 동작을 멈추자 치료사는 혹시 다른 색이 필요한지 물어본다. 한스와 몇 차례 눈빛교환을 하며 한스가 원하는 색을 짐작한 치료사는 붓에 새로운 색을 묻혀 준다. 그런데 여전히 한스가 머리를 움직이지 않고 가만히 있을 경우, 치료사는 이러한 행동이 한스의 의사표현이라고 해석한다. 치료사는 자신의 느낌을 언어로 표현하며 한스의 (치료사가 예측하는) 의사표현에 따라 이제 그림 그리기를 마치자고 말해 준다.

인공호흡기 사용 아동의 자기결정 능력 발달을 지원할 때의 핵심은 전문 인력이 어떠한 윤리적 시각과 어떤 마음가짐과 태도로 아동에게 임하는가이다. 즉, 어떤 책임감을 가지고, 얼마나 반성적으로 아동의 요구를 수용하는지, 나아가 아동이 표현한 의사나 의도를 얼마나 만족시킬 준비가 되어 있는지가 중요하다.

5) 소통하는 능력보다 더 값진 일은 상대가 나를 이해하는 것이다

자신의 욕구와 바람을 충족하고 사회적 관계를 형성하고 싶은 인간의 본질적 욕구는 의사소통의 근간을 이룬다. 즉, 의사소통이란 인간이 근본적으로 필요로 하는 것이다. 인간의 기본 욕구에는 신체 욕구(수면, 배고픔, 갈증, 온기), 안전 욕구(보호와 질서), 사회관계 욕구(사랑과 의지), 사회적 인정과 자기결정, 사회참여를 향한 욕구 등이 있다. 그런데 인공호흡기에 의존하거나 중도·중복장애가 있는 사람의 의사소통 신호를 제대로 인지하거나 욕구 및 의도를 정확히 해석하는 일은 대단히 어렵다. 사실 이들과 어떤 식으로든 의사소통을 할 수는 있겠지만, 이들의 의사소통 신호를 인지하고 제대로 해석할 때 비로소 이들을 진정으로 이해하게 된다. 아동은 의사소통을 못하는 게 아니다. 상대방이 자신을 (아직) 이해하지 못할 뿐이다.

6) 의사소통 촉진 또는 의사소통 저해 관련 나선형 모형

일반적으로 부모 등 보호자는 아동의 의사소통 신호를 예민하게 감지하고 모성본능으로 아동에게 반응하고 답한다(Papoušek, 2001: 31 ff.). 무의적으로 진행되는 이러한 과정 속에서 보호자는 본능적으로 의사소통을 아동의 구어적·비구어적 신호에 맞추게 되고 각각의 행동에 나름의 의미를 부여한다. 이때 보호자가 적당한 긴장감을 조성하면 아동은 훨씬 쉽고 재미있게 언어를 인지하게 된다. 아동이 서서히 언어적 자극에 관심을 갖게 되면 이때부터 본격적인 언어습득이 가능해진다.

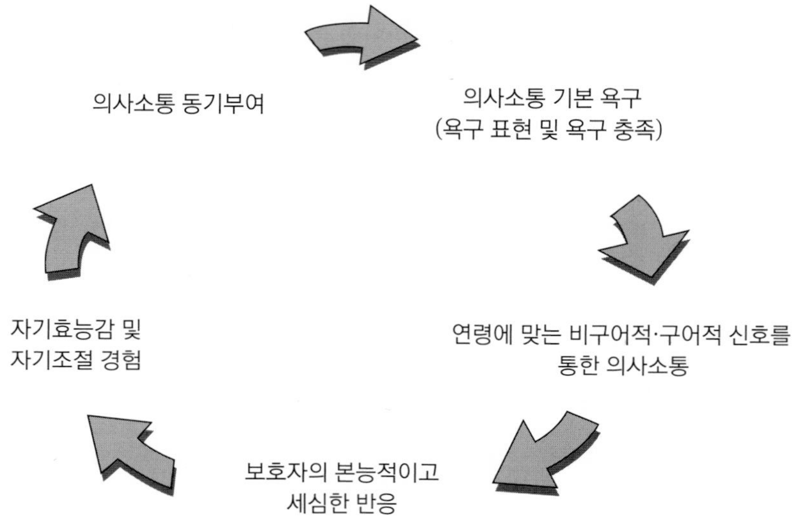

의사소통 동기부여

의사소통 기본 욕구
(욕구 표현 및 욕구 충족)

자기효능감 및
자기조절 경험

연령에 맞는 비구어적·구어적 신호를
통한 의사소통

보호자의 본능적이고
세심한 반응

그림 11-2 의사소통을 촉진하는 나선형 모형
(Konrad, 2002; Grossmann & Grossmann, 2008)

아동의 모든 발달단계에서 보호자가 늘 세심한 관심으로 반응할 때 대인 관계의 질이 향상되고 안정적인 애착이 형성된다(Grossmann & Grossmann, 2008: 224 f.). 애착은 인간의 기본 욕구이다. 성인은 아동의 구어적·비구어적 신호를 인지하고 해석한다. 특히 영유아기에는 상대가 즉각적이고 적절하게 반응해야 아동이 자기효능감을 경험할 수 있다. 그리고 아동은 의사소통 능력을 통해 주변 사람의 행동에 적극 영향을 주거나 통제하는 법을 배우게 된다. [그림 11-2]에서 볼 수 있듯, 아동의 욕구 표현 및 의도적인 행위가 길수록 다양해지고 아동이 점차 차별화된 의사소통적 상호작용 패턴을 원하게 되는 과정을 거쳐 의사소통 발달을 촉진하는 나선이 구축된다.

의사소통 기본 욕구
(욕구 표현 및 욕구 충족)

좌절감, 의사소통 동기 하락

학습된 무기력,
아동과 보호자 간 의사소통 부재

연령에 맞지않고 단조로운
비구어적·구어적 신호를
통한 의사소통

이해받지 못한 느낌,
자기효능감 및
자기조절 경험 부족/부재

보호자의 혼란: 보호자가
세심함과 모성본능으로 행동하고
반응하기 어려움

그림 11-3 **중도·중복장애가 있는 인공호흡기 사용 아동의 경우**
의사소통을 저해하는 나선(Konrad, 2002)

그러나 인공호흡을 하는 중도·중복장애 아동의 의사소통 신호는 대체로 불확실하다. 게다가 보호자가 의사소통 신호를 잘못 해석해도 아동은 제대로 저항조차 못한다. 대부분의 중도·중복장애 아동과 일부 인공호흡기 사용 아동은 언어습득 초반에 어려움을 많이 겪는다. 잦은 입원과 각종 치료 등 여러모로 심적 부담이 큰 상황에서 초기 의사소통을 경험하기 때문이다 (Krenz et al., 2007: 69). 게다가 단조롭고 불분명한 의사소통 신호로 인해 아동과 보호자 간에 관계를 형성하는 데에도 어려움이 많다. 특히 인공호흡기 사용 영유아의 의사소통 신호는 더욱 모호한 탓에 보호자는 아이의 의사소통 신호를 적절하게 인지하고 해석하는 데 애를 먹는다. 현재 A-S-H에 거주 중인 인공호흡기 사용 아동 중 1명은 중증장애로 인해 눈과 입 움직임이 부정확하다. 그러므로 이러한 아동들의 경우 우선 보호자와의 애착이 안정적으로 형성되어야 한다. 그래야만 자기결정 측면에서 최대한 빨리 자기효능감을 경험하기 때문이다. 이를 테면, "나는 뭔가에 영향을 줄 수 있어. 상대방이 내게 반응하고 있어. 상대방은 나를 이해하고 있어."와 같은 내적 경험을 하게 된다. 대화상대방이 의사소통 신호를 충분히 감지하지도 이해하지도 못한다면 아동은 좌절감과 무력감을 느끼게 된다. 그리고 자신이 시도하는 의사소통 역시 대수롭지 않게 여기게 된다. 그 결과, 아동은 [그림 11-3]처럼 수동성과 무기력을 학습하게 되고 만다.

7) 의사소통 신호 감지와 해석의 어려움: 대처방안

인공호흡을 하는 중증장애 아동 사이먼은 첫눈에 봐서는 움직임을 통해 의사표현을 하거나 기타 의사소통 신호를 전달하는 게 불가능해 보인다. 그러나 사이먼의 맥박을 자세히 관찰하면, 가령 아침 유치원 등원 길에 맥박이 증가한다는 사실을 알 수 있다. 문제는 이 신호를 해석하는 방식인데, 과연 사이먼은 등원 길이 즐거워서 기분이 들뜬 상태일까 아니면 두려워서 흥분하고 있는 걸까?

이렇듯 중증장애 아동의 의사소통 신호를 해석하기가 힘든 이유는 아동의 신호가 상당히 불확실하고 애매모호하게 느껴지기 때문이다. 게다가 아동의 신호에 일관성까지 없다면 상대방은 매우 혼란스러울 밖에 없다. 폴은 정말 기분이 좋아서 미소 짓는걸까? 사이먼의 눈이 강아지 장난감을 향한 것은 의도적 행동일까 아님 우연일까?

A-S-H는 공감과 세심한 관찰, 아동의 자원 중심적 접근, 다학제적 조기치료를 통해 위에 언급한 '의사소통을 저해하는 나선'에 미리 대응하고자 노력한다.

인공호흡기 사용 아동, 특히 유아·소아의 의사소통 신호는 특히나 불분명하기 때문에 A-S-H에서는 자율신경계 신호를 포함한 모든 종류의 신호를 진지하게 수용하고 이를 의사소통으로 이해한다.

대표적인 자율신경계 신호는 다음과 같다.

- 인공호흡 정상 범위 이탈
- 맥박 증가/감소
- 혈압 증가/감소
- 발한/오한
- 근 긴장도 상승/하강
- 반사성 경련 내지 움직임

그 외에도 미세한 움직임이나 음성, 몸이 나타내는 다양한 소리도 의사소통 범주에 들어간다. 예를 들어, 어떠한 결정을 선택하거나 질문을 받았을 때 아동이 눈동자, 머리, 손가락, 팔, 입 꼬리 등을 미세하게 움직이거나 이마를 찌푸리는 행위 등이 있다. 인공호흡을 하는 유소아의 경우 혀로 입천장을 치는 소리, 헛기침, 하품, 한숨 등 다양한 신체소리 및 음성표현이 있다.

A-S-H에서는 어떤 아동이든 보호자에게 자신이 어떤 방식으로 의사소통하는지 보여 줄 능력이 있다고 전제한다. 관찰자 시점은 아동의 행동을 해석하고 이를 바탕으로 맞춤형 치료 및 지원을 하기 위해 반드시 필요하다. 이때 중요한 것은 아동의 자원과 능력을 정확히 파악하는 일이다. 즉, "아동은 무엇을 할 수 있는가?"라는 질문의 답을 찾기 위하여 일상 속 다양한 의사소통 상황(예, 아침식사나 목욕 중 또는 또래와 노는 모습 등)을 자세히 관찰한다. 아주 작은 의사소통 능력도 긍정적인 발전으로 평가한다. 반대로 퇴화하거나 소위 정체된 발달상태는 인정하고 수용하되, 반드시 극복해야 할 대상으로 간주하지는 않는다.

아동의 관심사에 초점을 맞춘 상호작용과 흥미로운 놀이활동은 아동의 참여를 도모하고 의사소통을 고무한다. 아동이 좋아하는 분위기를 조성하려면 우선 편안함과 안정감을 제공함과 동시에 즐겁고 자유분방하게 움직일 수 있는 조건을 마련해야 한다. 구체적으로 언제, 어떠한 상황이 적합한지는 아동마다 다르다. 이때 각 아동이 과거에 어떠한 환경자극을 경험하였고, 그때 반응이 어떠했으며, 그 당시 분위기가 어떠했는지 등을 고려해야 한다. 아동의 의사소통 신호에 적절하게 반응하기 위해서는 공감능력과 높은 민감성이 필요하다. 공감능력이란 중증장애 아동의 생각과 감정을 인식하고 이를 아동의 시각에서 해석하는 능력을 의미한다.

공감능력은 인공호흡기 사용 아동과 의사소통 시 인내심을 갖고 기다리는 것을 의미하기도 한다. 어떠한 질문이나 요구를 한 후 아동의 반응을 차분히 기다리는 태도는 매우 중요하다. 아동과 상호작용 중 갑자기 정적이 흐를 때에도 침묵을 수용하고 차분하게 견디며 적극적으로 기다리는 자세가 필요하다. 여기에서 '적극적'이란 말은, 눈맞춤을 유지한 상태에서 차분히 기다리고 아동에게 계속 관심을 보이면서 의사소통을 고무하는 자세를 의미한다. 물리적 경계를 유지한 상태에서 아동을 존중함으로써 상호 신뢰가 깊어지게 된다. 이처럼 보호자가 적극 노력하는 모습을 통해 아동은 '나는 대답할 시간이 **충분해요. 왜냐하면 당신은 나를 이해하고 싶어 하니까요.**'라는 느낌을 경험하게 된다.

인공호흡기 사용 아동과 의사소통 및 상호작용을 하는 과정에는 이러한 침묵단계 외에도 간호처치 단계가 있다. 정규적인 석션 및 그 외 생명유지에 필수적인 간호처치는 아동의 삶에서 실존적인 공간을 차지한다. 따라서 보호자는, 특히 유아의 욕구표현을 해석하는 데 어려움이 많은 보호자는 인공호흡 수치와 각종 의료기계를 수시로 관찰하는 가운데 간호처치를 의사소통의 일부로 활용해 볼 필요가 있다. 이를테면, 석션이나 약물주입 직후 놀이나 대화를 계속 이어 나가는 것이다. 그러면 아동은 대화상대방을 계속 신뢰하고 생존에 필요한 간호처치를 꿋꿋하게 견뎌 낼 수 있다. 간호처치 단계에서 상대방은 최대한 주도권을 갖고 아동에게 '괜찮아, 잠시 후에 계속 놀 거야. 네 옆에 계속 머물 테니 걱정 마.'라는 느낌을 전달해야 한다.

8) 다학제적 팀애서 치료목표 협의

인공호흡기 사용 아동의 치료, 교육, 간호와 관련해 모든 전문가가 투명하게 협력하기 위해서는 신중하고 체계적으로 조직된 업무 구조가 필요하다. A-S-H 콘셉트는 정규적인 치료회의 및 치료평가(부모와 의사의 의견도 함께 반영된다)를 포함한다.

A-S-H에서 다학제적 팀을 구성하는 직업군 및 학문 분야는 소아간호·간병, (특수)교육, 언어치료 및 AAC, 작업치료(동물 매개 치료도 포함), 물리치료, 음악치료, 특수학교교사 등이다.

인공호흡기 사용 아동을 제대로 이해하려면 아동의 신호를 일관되게 해석해야 한다. 아동을 치료, 교육, 간호·간병하는 모든 전문가가 협력하여 아동과 동일한 방식으로 의사소통을 할 때 비로소 최상의 상호작용이 가능하다. 팀 회의에서는 아동이 다양한 상황에서 어떤 식으로 행동하는지 이야기 나누고 그 행동을 어떻게 해석할지 다 함께 고민한다. 그런 다음 의사소통을 통한 자기결정과 참여 및 사회통합 실현을 최종 목표로, 개별 아동 맞춤형 치료목표를 결정한다. 그 밖에도 치료 콘셉트, 협력(예, 치료사-특수학교교사 또는 간호사-간병인 간 협력), 보조장치 제공을 논의한다. 아동에게 가장 적합한 토커와 기기 조절장치, 어휘가 무엇일지 함께 모색해 보는 것이다.

5. AAC의 조기 활용

> 사람이 숨쉬고 (또는 인공호흡을 하고) 있다는 사실만으로,
> 사람이 살아 있다는 사실만으로,
> AAC 방법을 활용할 이유는 충분하다(Kristen, 2002: 20).

인공호흡기 사용 아동·청소년은, 가령 언어 이해력은 좋은 편이지만 인공호흡 내지 중증신체장애(척수마비, 뇌성마비, 근육퇴행위축 등)로 인해 언어표

현을 아예 하지 못하거나 언어표현이 매우 불분명하다. 이러한 경우 (비)전자 의사소통 지원장치를 음성 언어에 추가하여 또는 음성 언어를 대체하여 사용할 수 있다. 인공호흡기 사용 아동·청소년 중 뇌손상으로 지적장애가 있는 경우 AAC를 대체언어로 활용할 수 있다. 이러한 아동은 음성 언어를 의미 있게 수용하고 표현하기가 힘들기 때문에 AAC를 언어습득 과정에서 임시적으로 또는 영구적으로 활용한다(Braun, 2008).

인공호흡 사용 아동은 일찍이 영아기부터 AAC 경험을 쌓아야 음성 언어 능력을 효과적으로 보완하고 확장할 수 있다. 의사소통 보조도구를 조기에 사용할수록 (앞서 언급한) '의사소통을 저해하는 나선'을 예방할 수 있으며, 아동은 의사소통 및 언어의 중요성과 즐거움을 느끼게 된다. 영아기에 AAC 지원방식을 도입함으로써 유독 학습 속도가 빠르고 언어를 스펀지처럼 흡수하는 초기 발달단계를 적극 활용할 수 있다.

인공호흡기 사용 아동의 신호와 움직임을 면밀히 관찰하면 개별 맞춤형 의사소통 수단을 선택하는 데에 도움이 된다. 그렇지만 AAC를 시작하는 것에 특별한 전제조건이 필요한 것은 아니다(Kristen, 2002: 20). 심지어 상징이해력이나 인과관계 경험이 없어도 가능하다(ebd.) 설령 아동이 아직 '예/아니요'에 관한 뚜렷한 도식이 없더라도 AAC는 이러한 도식에 접근하도록 도와줄 수 있다. 안타깝게도, 여전히 많은 사람이 AAC가 음성 언어 발달에 방해가 된다는 견해를 가지고 있는데, 최신 연구결과들은 이러한 견해가 타당하지 않음을 입증하고 있다(Bönisch, 2008: 451).

A-S-H에서는 인공호흡기를 사용하는 2세 아동에게도 AAC를 시작하였다. 카세트 녹음기에 외부로 연결된 스위치를 누르는 동작을 통해 아동은 처음으로 인과관계를 경험할 수 있었다.

[그림 11-4]는 3세 된 폴이 AAC에서 최초로 인과관계를 경험하는 모습을 보여 주고 있다.

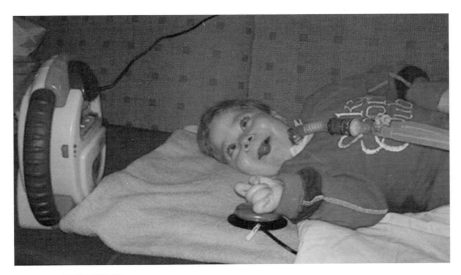

그림 11-4 3세 폴이 AAC에서 최초로 인과관계를 경험하고 있다

인공호흡기 사용 아동이 성장하면서 보다 정확하게 의사소통 신호를 사용하는 법을 습득하게 되면 점차 복잡한 의사소통 보조장치도 사용할 수 있다. 따라서 아동이 갖고 있는 자원에 기반을 두고 개별 발달 상황을 지켜보는 것이 중요하다.

하지만 아동이 토커나 의사소통판 사용법을 하루아침에 터득할 것이라 섣불리 기대해서는 안 된다. 보조장치 사용법 습득과정은 외국어 학습과 유사하다. 오랜 반복과 훈련을 거친 후에야 손과 머리, 다리, 눈동자 등으로 보조장치를 자유자재로 조절하게 된다. 이때 토커에 입력된 어휘는 사용자의 요구수준에 맞게 지속적으로 수정/보완되어야 한다.

아동이 의사소통 보조장치를 효율적으로 익히고 사용하기 위해서는 언어치료적 지원이 필요하다. 이때 대화상대방은 아동과 동일한 방식으로 의사소통해야 한다. 그래야만 아동은 상대방이 의사소통 보조장치를 사용하는 모습을 모델로 삼아 모방하며 언어 및 언어표현을 습득하게 된다. 아동이 의사소통 보조장치를 활용하기 위해서는 모방과정이 필수이다.

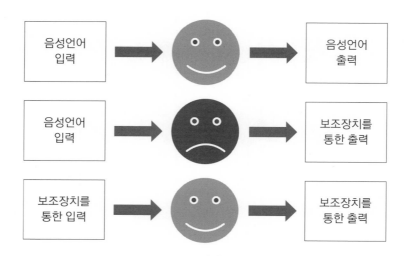

음성언어 입력	→	😊	→	음성언어 출력
음성언어 입력	→	😞	→	보조장치를 통한 출력
보조장치를 통한 입력	→	😊	→	보조장치를 통한 출력

그림 11-5 입력-출력 모델(Burkhart & Porter, 2006)

　　인공호흡기 사용 아동이 의사소통을 폭넓게 활용하도록 A-S-H에서는 Kirsten 이론(2002)을 바탕으로 '복합의사소통 시스템'을 고안·적용한다. 여기에는 아동이 보이는 모든 표현방식과 의사소통 형태를 고려하는데, 앞서 언급했던 다양한 신체 신호(인공호흡수치, 맥박, 미세한 움직임 등)나 신체적·비신체적 의사소통 형태(전자/비전자 의사소통 보조장치)가 포함된다.

　　인공호흡기 사용 아동·청소년에게 AAC를 성공적으로 지원하기 위해서는 학교와 간호·간병, 치료 간의 긴밀한 협력 또한 중요하다. 이를 위해 AAC를 언어치료 파트가 담당할 과제로 정립하는 것이 필요하다. 수시로 생명유지와 직결된 간호처치를 받는 인공호흡기 사용 아동·청소년이 정규적으로 언어치료실을 방문하기가 현실적으로 불가능하므로 언어치료사가 가정이나 시설 또는 병원을 직접 방문하는 시스템이 필요하다(Krenz et al., 2007; A-S-H 콘셉트).

　　인공호흡기 사용 아동·청소년이 의사소통 보조장치를 활용하며 또는 활용하지 않고도 의사표현하는 법을 배움으로써 보호자가 아동을 제대로 이해하게 될 때, 비로소 자기결정적 삶에 한층 가까워질 수 있다.

6. 인공호흡기 아동 대상 언어치료의 질 관리

인공호흡기 사용 아동을 위한 언어치료의 질은 Donabedian 이론(1982: 70 ff.)에 근거하여 구조의 질, 과정의 질, 결과의 질로 분류할 수 있다.

(1) 구조의 질은 인공호흡기 사용 아동을 대상으로 하는 언어치료의 '기본 조건'과 관련된 것으로, 예를 들면 다음과 같다.
- 다학제적 팀 존재 여부
- 높은 전문성을 갖춘 팀(정규적인 연수, AAC 자격증 소유 등)
- 언어치료 도구 및 보조장치(전자/비전자 의사소통 장치)
- 재정적·공간적 조건

(2) 과정의 질은 특히 다음의 언어치료적 행위 및 조치와 관련이 있다.
- 환자 및 자원 중심 치료
- 치료사–특수학교교사–간호·간병인력 간의 협력
- 개별 맞춤형 의사소통 시스템 개발 및 구축을 위한 다학제적 노력
- 다학제적 팀 회의
- 부모 협력

(3) 결과의 질은 다음과 같은 언어치료의 '효과'에 중점을 둔다.
- 인공호흡기 사용 아동의 의사소통 능력 유지 및 향상
- 대화상대방의 아동 이해능력 향상
- 자립성
- 자기결정
- 사회생활 참여
- 삶의 질

환자 중심적 접근 및 결과 중심적 접근은 언어치료 질 관리의 핵심이 되어야 한다. 물론 언어치료에서 구조 및 과정의 질도 중요하지만 이 두 가지가 충족된다고 저절로 결과의 질이 보장되지는 않는다.

언어치료사는 자신의 경험과 문제점을 분석하고 해결방안과 치료목표를 검토하며 이를 실행한 후 비판적으로 성찰해야 한다(Plan-Do-Check-Act: PDCA 순환체계)(Deming, 1986). 이러한 문제해결 지향적 접근을 통해 치료사는 자신의 행위의 질을 끊임없이 분석하고 개선하며, 최종적으로 환자 치료를 개선해 나가야 한다.

따라서 언어치료사는 인공호흡기 사용 아동의 의사소통 신호를 정확히 해석했는지, AAC를 어떤 면에서(예, 기기 조절기술 측면에서) 개선할지를 정규적으로 질문하며 점검해야 한다.

7. A-S-H에서 의사소통하고 생활하기

A-S-H 내 주거생활은 정상화 원리(Nirje, 1974)와 자기결정, 사회참여, 통

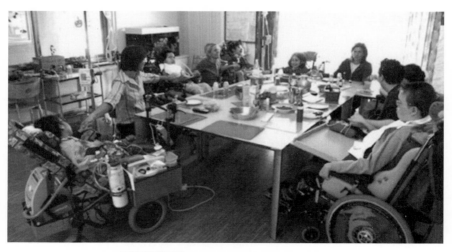

그림 11-6 A-S-H의 평범한 하루일과

합을 원하는 개인의 욕구를 기본 축으로 진행된다. 이러한 삶의 목표 및 기본 욕구는 아동과 타인이 서로 소통하고 타인이 아동을 제대로 이해할 때 달성 가능하며, 이것이야 말로 '교육의 열쇠'가 된다.

1) 의사소통은 삶의 질, 방향 정립, 능동적 참여이다

A-S-H에는 규칙적인 하루일과에 따라 생활을 하고 주거생활과 여가 선용, 학습을 위한 공간이 각각 분리되어 있다. 식사시간에는 거주자와 간호사, 간병인이 다 모여 식당에서 함께 식사를 한다.

자기결정이란 외부의 강요 없이 능동적으로 삶에 참여하는 것을 의미한다. 따라서 가령 거주자가 자신보다 어린 아동들과 함께 식사하기를 거부한다면 그 요구는 적극 수용된다.

모든 거주자는 각자의 방이 있고 개인의 취향에 따라 방을 자유롭게 꾸밀 수 있다. 거주자의 방은 지극히 개인적인 공간이자 모든 직원과 방문객이 존중해야 하는 공간으로, 예를 들어 방에 들어가기 전 반드시 노크를 하고 방 주인의 허가를 받는 과정이 필요하다.

그림 11-7 의사소통이란 원하면 자기 방에 혼자 머물러도 됨을 의미한다

A-S-H에서는 아동이 방 안에 부착된 초인종을 직접 눌러 담당 인력을 호출하는 방식으로 자기결정적 삶을 실천한다. 각 방에 부착된 초인종은 A-S-H 거주자의 삶의 질과 자기결정을 향상시키는 데 큰 몫을 한다. 가령, 기관흡인 처치를 원하거나 듣고 있던 음악 CD를 교체하고 싶을 때마다 아동은 초인종을 누르면 된다.

2) 간호처치 중 의사소통은 자기결정 및 공동결정이다

석션이나 경관영양, 약물투입 등을 위하여 아동의 신체경계를 넘어서는 간호처치는 아동이 피할 수 없는, 생명유지에 필수적인 조치이다. 이때 아동은 신속하게 자기 의사를 전달할 수 있도록 하여 참여와 자기결정을 경험해야 한다. 이를테면 의사소통 보조장치로 "코 새로 해 주세요." "지금 석션해 주세요."라고 자신이 원하는 간호처치를 표현하는 행위는 생명과 직결된 일이기에 매우 중요하다.

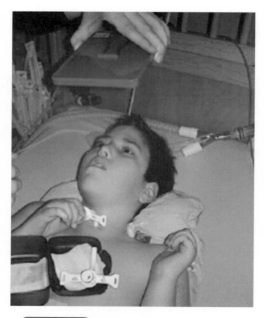

그림 11-8 | 캐뉼라 교체과정의 자기결정

A-S-H에서는 캐뉼라(cannula) 교체 같은 정기적으로 반복되는 간호처치도 매우 의식적으로 주의깊게 실시한다. 아동은 간호처치를 받기만 하는 수동적인 대상이 아니며, 캐뉼라 교체는 의무적으로 반복되는 간호처치 그 이상의 의미를 지니기 때문이다.

인공호흡기 사용 아동은 캐뉼라 교체 같은 간호처치가 자신의 생존과 직결된다는 사실을 잘 알고 있다. 그동안 숱하게 경험한 응급상황 속에서 간호인력이 캐뉼라를 교체하는 데 매우 신중을 가하는 모습을 끊임없이 보아 왔기 때문이다. 그런데 일반적으로 캐뉼라 교체과정에서 아동은 간호인력에게 실존적으로 의존하는 가운데 수동적으로 머무는 경우가 대부분이다.

캐뉼라 교체는 최대한 신속하고 정확하게 이루어지는 게 원칙이기는 하지만, 그 과정에서 아동이 조용히 참고 견뎌야만 하는 수동적인 역할에서 벗어나 보다 능동적으로 참여하는 방법이 하나 있다. 아동이 캐뉼라를 직접 손으로 잡고 있거나 손수 주입하고 빼내면서 캐뉼라 교체과정에 적극적으로 같이 참여하도록 하는 것이다. 이때 간호인력은 아동이 이해하기 쉽게 캐뉼라 교체과정을 찬찬히 설명해 주어야 한다. 더불어 기초적 자극(Basale Stimulation)을 적용하여 한 손으로는 아동과 신체접촉을 유지해야 한다.

간호처치 단계에 아동을 참여시킴으로써 아동은 그 과정에 직접 영향을 미칠 수 있고, 동시에 간호인력은 아동의 욕구를 세심히 고려하고 존중할 수 있다. 이러한 방식은 모든 아동에게 천편일률적으로 적용되는 표준절차만을 따르지 않고, 먼저 아동을 세밀히 관찰한 후 개별 아동에게 적합한 절차를 마련한다는 데 의의가 있다. 설령 운동능력과 언어능력이 거의 없는 아동이라 할지라도 아동에게 말을 걸고 표정과 생체징후를 자세히 관찰하며 간호처치 단계에 참여시키는 것이 가능하다.

이러한 과정은 상대방이 아동을 현재 컨디션과 특성 등 있는 그대로를 지각하고, 아동 역시 능동적으로 영향력을 행사하고 자기결정을 실천하는 데 초석이 된다.

3) 의사소통은 방향 정립과 명확한 구조, 안정감을 제공한다

A-S-H에는 침대 위에 세워 놓아도 무난한 크기에 형태가 단순한 액자를 제작한다. 아동과 함께 만든 액자에는 직원들 프로파일 사진이 부착된 일일계획표 및 주간계획표가 들어 있다. 따라서 몇 시에 어느 치료사가 오는지, 직원들의 교대근무 시간표가 어떠한지 한눈에 파악이 가능하다. 액자를 바라보며 자신이 좋아하는 직원이 오기를 기대하기도 하고, 어떤 직원이 오면 좋을지 표현도 할 수 있다.

액자라는 단순한 구조는 아동에게 마음의 안정감을 주고, 누가 와서 자신을 간호해 줄지 미리 알고 마음의 준비를 하도록 도와준다. 또한 대화 소재를 찾기 어려울 때 소위 '대화의 다리' 같은 기능을 하며, 아동과 상대방을 연결하는 기능을 한다.

4) '파악'하며 의사소통하기

[그림 11-9]는 상대방을 지각하고 모든 감각을 총동원해 상대방을 파악하

그림 11-9 말하지 않아도 가능한 또래그룹 경험

는 것이(장애 정도가 매우 상이하더라도) 과연 무엇을 의미하는지 잘 보여 주는 예이다. 왼쪽 여아는 손 감각은 없지만 3명 중 유일하게 누구나 들어도 이해할 정도로 음성 언어를 잘 구사하는 아동이다. 위쪽 남아는 3명 중 유일하게 양팔을 움직일 수 있다. 세 아동의 장애 종류와 정도는 상이하지만 아동들은 실제로 의사소통을 하며 서로를 이해하는 듯하다. 이처럼 자기결정은 개인적 요소와 사회적 요소가 동시에 작용하는 가운데 실현된다.

　의사소통은 서로 눈빛을 교환하고 유대가 형성될 때 가능해진다. 손으로 무언가를 잡을 때 필요한 눈-손 협응은 문자 그대로 세상을 '파악'(손으로 잡아 쥐다)하기 위한 필수요소이다.

5) 그림책 읽어 주며 의사소통하기

　그림책은 오락적 가치를 지닐 뿐 아니라 아동발달에 여러모로 도움이 되는 매체이다. 아동에게 책을 읽어 주면 아동의 수용어휘와 활용어휘가 증가할 뿐만 아니라, 공감능력과 상상력, 의사소통 능력이 향상된다(Riehmann, 2006: 169).

　A-S-H는 모든 아동이 (장애 정도와 상관없이) 이야기를 이해할 수 있고, 아동에게 이야기를 들려주며 행위를 설명해 주는 과정이 의사소통을 도모한다고 본다. 또한 이야기는 일상 의례(ritual)와 같은 기능을 하는데, 가령 잠자기 전 동화책을 읽어 주면서 아동이 하루를 차분하게 마무리하고 편안함과 안정감을 느끼도록 한다.

　이때 아동에게 동일한 책을 반복해서 읽어 주는 것이 중요하다. 중도·중복 장애로 음성 언어를 구사하지 못하는 아동에게 매번 새로운 이야기를 읽어 주는 경우가 많은데(Sachse, 2008: 464), 동일한 책을 반복해서 읽어 주어야 아동이 내용을 이해하고 특정 사건을 서로 연관지으며 책 읽는 동안 능동적으로 참여하는 것이 가능하다(ebd.).

　이러한 맥락에서 자기결정이란 아동이 읽고 싶은 책을 스스로 선택하고 어떤 페이지를 읽고 싶은지 직접 결정하는 것을 의미한다. 비장애 영유아를 잘 관찰해 보면 책을 첫 장부터 마지막 장까지 차례대로 보는 경우는 거의 없다. 마지막 페이지부터 넘겨 보거나 페이지를 중간중간 뛰어넘기도 하면서 자신에게 가장 흥미 있는 페이지를 펼쳤을 때 아동은 가장 오래 집중할 수 있다.

인공호흡기 사용 아동의 경우 동화책에서 들었던 단어나 사건의 연관성을 이해하지 못해도 이를 분명히 표현할 수 없기 때문에 어려움을 겪는다(ebd., 465). 또한 제한된 감각경험으로 인해 동물과 사물, 상황, 감정 등을 실제 현실에서 체험하기보다는 이야기를 통해 간접적으로 접하게 되는 경우가 대부분이다. 가령, 바다는 무엇인지, 비가 얼굴에 떨어지는 느낌은 어떠한지, 소는 어떤 냄새가 나는지, 달팽이를 만지면 어떤 느낌이 드는지 등을 오로지 이야기를 통해 체험하게 되는 것이다.

6) 의사소통은 신나는 놀이이다

그림 11-10 파워링크

'파워링크(Powerlink)'는 사용자가 부엌일이나 공예작업 같은 사회활동에 참여하고, 일상생활이나 치료 시 인과관계를 학습하고 훈련하는 데 사용할 수 있는 기기이다. 필요시 신속하게 사용할 수 있도록 부엌과 거실에 놓고 사용하기도 한다. 축제 같은 놀이행사에서도 아동과 성인의 팀워크가 요구되는 게임에 활용되기도 하는데, 가령 아동이 기기에 연결된 스위치를 누르면 헤어드라이어에서 바람이 나오도록 해서 가벼운 물체를 바람에 띄워 목적지까지 이동하는 방식으로 게임을 할 수 있다.

이러한 역할놀이를 통해 아동의 사회적 의사소통 능력이 향상될 수 있다. Wygotski는 아동 놀이가 갖는 중요한 특징으로 '비목적성(Zweckfreiheit)'과 '놀이에 대한 내적 동기(innerer Anreiz der Spieltätigkeit)'를 든다. 장애아동이든 비장애아동이든 놀이를 하는 동안 '몰입 체험(Flow-Erlebnis)'을 한다. 즉,

놀이의 재미가 증가하면서 아동은 시간 가는 줄도 모르고 놀이에 푹 빠지게 되는 경험을 한다. '놀이 주체와 주변 세계가 융합하는 현상'이 나타나는 것이다(Oerter, 1999: 7). 놀이하는 동안 아동은 놀이 행위를 스스로 조절하고 적극적으로 구성한다고 느끼게 된다. 음성 언어를 구사하지 못하는 인공호흡기 사용 아동은 역할놀이를 매개로 의사소통을 할 수 있다.

7) 의사소통은 자서전 작업이다

'자서전 작업(Biografiearbeit)'은 기관이나 시설에서 성장하는 아동에게 반드시 필요한 요소이다. 사진 앨범이 가진 의사소통적 가치가 매우 크기 때문이다. [그림 11-11]을 보면, 휠체어에 탄 소녀가 구어표현이 가능한지 아닌지 파악하기 힘들지만, 소녀를 둘러싼 사람들이 활발하게 소통에 참여하고 있음을 알 수 있다.

사진은 아동의 과거 체험을 상기시켜 주는 도구이다. 만약 사진과 같은 단

그림 11-11 사진 앨범을 통한 자서전 작업

순한 도구가 없다면 구어표현 능력이 없는 아동은 자신의 체험을 금세 잊어 버릴 것이다. 근무 직원들이 종종 바뀌고 거주 아동도 자주 교체되는 시설생활의 특성상 만약 아동에게 사진 앨범을 제작해 주지 않는다면 아동의 삶 일부가 사라지고 말 것이다. 또한 아동이 거주지를 이동할 경우 그동안의 추억이라고는 찾아보기 힘든 딱딱한 문서만 뒤따라오게 될 것이다.

자서전 작업의 다른 형태로는 일기 쓰기도 있다. A-S-H 직원들은 방학 기간 중 아멜란트 섬과 쿡스하펜 도시에서 휴가를 보내며 아이들과 함께 일기를 작성하였다. 아이들은 일기장을 휴가 사진첩만큼이나 자주 들여다보고, 시설 종사자들이나 방문객들이 찾아오면 일기장을 펼쳐 보여 준다. 또한 벽에 걸린 사진들 역시 기억력 장애가 있는 아동에게 안정감을 선사한다.

8) 의사소통은 정보와 학습이다

의사소통 보조장치에 입력되는 어휘는 아동 개인의 성향에 맞추어 유동적으로 구성되어야 한다. 일반적인 '핵심어휘'와 '주제별 부수어휘'(Bönisch, 2008, 455)가 인공호흡기 사용 아동의 관심사에 맞춰져야 한다. 주어와 동사만으로 이루어진 의사소통은 다양한 어휘가 사용되는 일상 속 의사소통을 대신할 수 없기 때문에 결과가 만족스럽지 못하다(ebd.).

개인의 성향에 맞춘 의사소통 시스템과 음성출력장치를 통해 (구어능력을 대체 또는 보완하며) A-S-H 아동은 여가활동이나 휴가 다녀온 이야기 등을 할 수 있다.

이러한 의사소통을 통해 학습 또한 가능한데, 의사소통 보조장치를 여가 시간뿐 아니라 학교에서도 활용 가능하다. 이로써 인공호흡기 사용 아동·청소년은 신체를 활용한 의사소통 방식을 벗어나 언제 어디서든 의사소통 시스템을 활용할 수 있다.

9) 의사소통은 통합이다

또래와의 의사소통은 (사회)통합에도 기여한다. 통합유치원에 다니는 폴(4세)은 음성 언어를 구사하지 못하지만 미소와 눈빛 교환, 손가락 움직임 등 몇 가지 제스처와 얼굴표정으로 또래 친구들과 의사소통을 한다. 친구들의 호기심과 관심은 폴이 의사소통을 하도록 끊임없이 자극한다.

예를 들어, 폴은 마사지 기계와 연결된 버튼을 눌러 전원을 끄고 켤 수 있는데, 평소 마사지 기계에 관심이 많은 친구들은 폴을 통해 다양한 신체부위에 마사지를 받곤 한다. 폴과 아이들 간의 의사소통이 전제가 되는 활동이다. 이때 교사는 해당 신체부위의 명칭을 알려 주며 아동들의 어휘력 확장에도 도움을 줄 수 있다. 이러한 활동은 폴이 학습과정의 중심에서 적극 참여할 수 있다는 데 의의가 있다.

보다 연령이 높은 아동·청소년이나 젊은 성인도 사회생활에 적극 참여할 수 있다. 예를 들어, 간병인과 함께 시내에 쇼핑하러 가거나 카페에서 아이스크림을 주문하는 과정에서 활동의 주체가 된다.

10) (인공호흡기 사용에도 불구하고) 휴가 중 의사소통하기

A-S-H에 거주하는 아동들은 방학 중 함께 여행을 떠나 시설 밖 세상에서 다양한 감각적 경험을 쌓는다. 2007년 여름에 아동들은 네덜란드에 위치한 아멜란트 섬에서 특별한 휴가를 보냈다. 유람선 타기, 바다에서 수영하기, 고무보트 타기, 모래사장에서 일광욕하기 등, 비장애아동이라면 누구나 한번 경험했을 다채로운 감각 체험이었다. 셀캔은 태어나 처음으로 바닷물에 발을 담궈 보았다. 이렇듯 A-S-H 아동들은 '인공호흡기 사용에도 불구하고' 휴가도 떠나고 시설 밖에서 다채로운 경험을 쌓을 수 있다. 아동의 발달을 도모하고 사회참여와 통합에도 기여하는 소중한 경험인 것이다.

참고문헌

Bönisch, J. (2008). Sprachförderung unterstützt kommunizierender Kindern. *Zeitschrift für Heilpädagogik, 59*(12), 451-460.

Braun, U. (2008). Was ist Unterstützte Kommunikation? In: ISAAC-Gesellschaft für Unterstützte Kommunikation e. V. (Hrsg.). *Handbuch der Unterstützten Kommunikation*. Karlsruhe: Von Loeper, Losebl. Ausg.

Deming, W. E. (1986). *Out of the Crisis. Massachusetts Institute of Technology.* Cambridge: Center for Advanced Engineering Study.

Donabedian, A. (1982). An Exploration of Structure, Process and Outcome as Approaches to Quality Assessment. In: Selbmann, H.-K. & Überla, K. (Hrsg.). *Quality Assessment in Medical Care*, Gerlingen, 69-92.

Gieseke, J. (2000a). Finanzierung der ambulanten Pflege bei maschineller Beatmung, Teil 1. In: not, 5, 22-28.

Gieseke, J. (2000b). Finanzierung der ambulanten Pflege bei maschineller Beatmung, Teil 2. In: not, 6, 22-28.

Grossmann, K. & Grossmann, K. E. (2008). Elternbindung und Entwicklung des Kindes in Beziehungen. In: Herpertz-Dahlmann, B., Resch, F., Schulte-Markwort, M. & Warnke, A. (Hrsg.). *Entwicklungspsychiatrie.* Biopsychologische Grundlagen und die Entwicklung psychischer Störungen. Stuttgart, 221-241.

Konrad, H. (2002). Spracherwerbsprobleme nichtsprechender Kinder. In: Wilken, E. (Hrsg.). *Unterstützte Kommunikation. Eine Einführung in Theorie und Praxis.* Stuttgart, 47-67.

Krenz, S., Drommeter, S., Seiler-Kesselheim, A. & Schwerdt, M. (2007). "Ich will, dass du mich verstehst!" Unterstützte Kommunikation bei langzeitbeatmeten Kindern. In: Sachse, S., Birngruber, C. & Arendes, S. (Hrsg.). *Lernen und Lehren in der Unterstützten Kommunikation.* ISAAC, Gesellschaft für Unterstützte Kommunikation. Karlsruhe: Von Loeper Verlag, 63-76.

Kristen, U. (2002). *Praxis Unterstützte Kommunikation.* Eine Einführung. Düsseldorf.

Nirje, B. (1974). Das Normalisierungsprinzip und seine Auswirkungen in der fürsorgerischen Betreuung. In: Kugel, R. & Wolfensberger, W. (Hrsg.). *Geistig Behinderte-Eingliederung oder Bewahrung?* Stuttgart: Thieme, 33–46.

Oerter, R. (1999). *Psychologie des Spiels.* Ein handlungstheoretischer Ansatz. 5. Aufl., Weinheim: Beltz.

Papoušek, M. (2001). *Vom ersten Schrei zum ersten Wort.* Anfänge der Sprachentwicklung in der vorsprachlichen Kommunikation. Bern; Göttingen.

Riehmann, S. (2006). Emotionale und (schrift-)sprachliche Förderung mit Bilderbüchern. In: Bahr, R. & Iven, C. (Hrsg.). *Sprache-Emotionen-Bewusstheit.* Beiträge zur Sprachtherapie in Schule, Praxis, Klinik, dgs Kongress Köln 2006. Schulz Kirchner, 168–177.

Sachse, S. (2008). Literacy in der Unterstützten Kommunikation. Chancen für Kinder ohne Lautsprache und Herausforderung für Pädagogen und Eltern. *Zeitschrift für Heilpädagogik, 59*(12), 461–470.

Schwerdt, M. (1999). Wohngruppenkonzept für langzeitbeatmete Kinder und Jugendliche. *Medizinische Klinik, 91*(1), 77–80.

Schwerdt, M. (2001). Fragebogenstudie zur Situation langzeitbeatmeter Kinder und Jugendlicher in Deutschland. In: Gesellschaft der Kinderkrankenhäuser und Kinderabteilungen in Deutschland e. V. (Hrsg.). *Versorgung langzeitbeatmeter Kinder-und Jugendlicher-Dialogtagung betroffener Eltern.* 17–25.

Sozialgesetzbuch (2009). *Bücher I-XII.* Allgemeiner Teil, Grundsicherung, Arbeitsförderung, Gemeinsame Vorschriften, Kranken-, Renten-, Unfallversicherung, Kinder-und Jugendhilfe, Rehabilitation, Verwaltungsverfahren, Pflegeversicherung, Sozialhilfe. 37. Aufl., DTV-Beck.

인터넷 자료 출처

Burkhart, L. J. & Porter, G. (2006). Partner-Assisted Communication Strategies for Children Who Face Multiple Challenges. http://www.lburkhart.com/Isaac_instructional_06.pdf, [aufgerufen am 14. 06. 2009]

http://www.intensivkinder.de/newsinfos.html, [aufgerufen am 14. 06. 2009]

Richtlinie des Gemeinsamen Bundesausschusses "Häusliche Krankenpflege": http://www.bsk-ev.org/news/831/haeusliche-krnakenpflege/, [aufgerufen am 14. 06. 2008]

Urteil des Bundessozialgerichtes zum Thema "Kostenübernahme der Schulbegleitung eines Kindes mit Tracheostoma": http://www.intensivkinder.de/dld/recht_ soziales/b3kr602r.pdf, [aufgerufen am 14. 06. 2009]

제12장

음악으로 접촉하기
음악을 듣고 느끼며 중도·중복장애인과 의사소통 시작하기

Frank Wendeberg (프랑크 벤데베르크)

1. 서론

 비장애인과 중도·중복장애인이 서로 접촉하는 것은 결코 쉬운 일이 아니다. 오로지 언어만 사용하는 의사소통은 금세 한계에 달하기 때문이다. 따라서 직접적인 신체접촉이나 소리와 음악을 활용한 비언어적 의사소통으로 접촉하는 방식이 훨씬 효과적일 때가 많다. 서로의 존재를 인지하고 느끼기 위해서든, 발화훈련을 위해서든(예, 입 움직임 강화를 위해 휘파람 불기), 재미있게 이야기를 주고받기 위해서든 그 어느 경우라도 음악과 다양한 악기를 활용하는 접근법은 중도·중복장애인과 관계를 맺는 데에 큰 도움이 된다. 이 장은 우선 중도·중복장애인을 위한 음악교육 치료의 배경과 아이디어, 특징에 관하여 설명한다. 음악교육 치료현장에서 필자가 경험한 다양한 예시를 의사소통적 측면에서 살펴본다. 이 장의 제목은 이중적 의미를 함축한다. 첫 번째는 '음악으로' 접촉하기이다. 즉, 실제 음악 요소인 소리, 톤, 리듬을 들으며 이를 알아가는 과정이다. 두 번째는 음악으로 '접촉하기'이다. 즉, 음악을 매개로 두 사람 이상이 서로 접촉하는 과정이다. 이 장에서는 청각만을 활용한 듣기가 아닌 모든 신체감각(그리고 정신)을 동원하여 음악을 지각하는 과정을 다룬다. 마지막으로, 소리 진동 악기를 통해 온 몸으로 음악을 느끼는 방법을 설명하고, 실제 치료현장 및 의사소통 과정에서 활용되는 모습을 소개한다.

2. 음악치료의 기초

음악은 어떠한 형태로든 사람의 마음을 움직이는 듯하다. 유사 이래 모든 문화권 사람들이 음악에 몰두하는 데에는 분명 이유가 있을 것이다. 사실 음악이 허기진 배를 채워 주는 것도 아니고, 생존에 직접적으로 유리한 요소도 아닌데 말이다. 이런 식으로 따지면 음악은 아무런 쓸모가 없을지도 모른다. 그러나 과거에도 현재에도 음악은 언제 어디에서나 존재하고 있다. 음악은 사람의 감정에 뭔가 영향을 미치는 게 분명하다. 이미 수백 년 전부터 치유사나 치료 주술사들이 "눈은 외부 세계로 향하는 관문이고, 귀는 영혼으로 향하는 관문이다."라는 말을 해 오듯, 음악이 우리의 영혼과 감정에 영향을 주는 것은 명백하다.

음악을 향한 이러한 관점이 결국 음악치료를 탄생시켰다고 해도 과언이 아닐 것이다. 심리치료의 한 분야인 음악치료는 음악이라는 수단을 통해 내담자가 자신의 정신적·신체적 고통을 느끼고 의식할 수 있게 만드는 과정을 통해 치유한다. 내담자의 고통을 음악적 측면에서 함께 귀 기울인 다음, 이면에 숨겨진 내용을 언어로 표현하는 과정이다.

음악치료는 크게 다음의 두 가지로 나눌 수 있다.

- **능동적 음악치료**: 내담자가 직접 음악을 연주하는 치료 형태이다(예, 음성이나 악기로 즉흥연주하기). 이때 음악은 행위 도구, 정보 수단, 특별한 언어 형태로 이해된다.
- **수용적 음악치료**: 내담자가 수동적으로 음악을 수용하며 경청하는 치료 형태이다. 이때 음악은 우선적으로 지각의 대상이 된다.

능동적 음악치료와 수용적 음악치료 모두 개별치료나 집단치료에서 실시할 수 있다.

3. 장애인과 함께하는 음악

장애인, 특히 중도·중복장애인을 동행하는 경우 '음악치료'의 의미를 보다 확장할 필요가 있다. 필자는 장애란 질병이 아니라고 본다. 내가 마주하는 대상은 환자가 아닌 '사람'이다. 자신이 처한 특별한 생활여건에 따라 세상과 마주하는 고유한 방식이 있고, 자신만의 인지능력과 세계구성 능력을 가지며, 그렇게 자신으로서 존재하는 사람이다. 따라서 필자가 실천하는 음악치료는 상대방과 접촉하기 위한 음악치료이고, 함께 손을 잡고 비언어적 세계로 들어가는 모험과도 같다. 그들과의 음악적 소통은 고통을 치유하는 시도가 아니라 상대방의 삶을 동행하는 방식인 셈이다.

음악치료 중 탄생하는 음악은 다양한 측면에서 지각하고 분석 가능하다(Hegi, 1997). 예를 들어, 다음과 같은 측면에서 살펴볼 수 있다.

- 리듬
- 사운드
- 멜로디
- 역동성
- 구조

치료사가 음악과 즉흥연주에 능숙할 경우 내담자의 음악적 표현에서 최대한 많은 정보를 추출할 수 있고, 이를 바탕으로 내담자에게 적절히 반응할 수 있다.

4. 개인치료에서의 음악적 만남

과연 중도·중복장애인과 성공적으로 접촉하기 위한 전제조건은 무엇일까? 가장 기본적인 조건은 내담자가 우선 치료사를 인지하고, 그런 다음 치료사의 현재 행위가 자신과 연관되어 있음을 인식하는 것이다. 이때 치료사는 신체접촉, 말 건네기, 눈 맞추기를 하며 내담자에게 분명하게 관심을 보여야 한다(Mall, 2002; 2008). 또한 내담자와 처음으로 만날 때 외부 요소도 중요한데, 예를 들어 방 안의 각종 소음 같은 환경적 자극을 최소화한다.

음악치료현장에서 필자가 중도·중복장애인과 음악적으로 접촉하는 과정은 다음과 같다.

1) 개인치료에서 음악적 첫 만남 예시

나는 상대방에게 먼저 인사를 건네고 자기소개를 한다. 그리고 상대방을 자세히 관찰하면서 현재 컨디션을 파악한다. 상대방이 컨디션을 어떻게든 표현하겠지만, 경우에 따라선 상대방의 특정 신체기능(호흡, 맥박, 근육 긴장, 냄새, 얼굴색 등등)에 미루어 기분상태를 짐작해 본다. 그런 다음 비구어적 단계로 넘어간다. 예를 들어, 상대방의 호흡 리듬이나 맥박리듬을 음악으로 전환시킨다. 치료용 모노코드 같은 악기도구를 활용하여 상대방의 호흡이나 맥박을 리듬감 있게 모방함으로써 그와 나는 서서히 하나가 된다. 의사소통이 시작되는 순간이다. 보통 나는 '대화 주제(상대방의 음성, 갑작스러운 리듬, 움직임 등)'가 등장할 때까지 기다린 후 그것을 음악으로 표현한다. 그러기 위해서는 우리 두 사람 모두 사용 가능하고, 소리가 다양한 악기를 활용하는 것이 좋다. 상대방이 혼자 힘으로 연주할 때 내가 약간의 도움을 주는 경우도 있다. 잘해야 한다는 부담감을 버리고 모든 가능성에 마음을 여는 자세야 말로 음악적 만남에서 중요한 기본 태도이다. 언어 한마디 없이도 흥미진진한 대화와 즉흥연주가 얼마든지 가능하다. 연주 시 충분한 시간적 여유를 갖고, 연주 후 침묵의 시간을 가지면서 음악체험 효과를 한층 높인다. 간혹

나는 중간중간에 노래를 부르거나 흥얼거리는 등 목소리를 활용하기도 한다(목소리는 우리가 지니고 있는 가장 개인적인 악기이다). 우리의 음악적 대화가 끝나면 잠시 침묵하며 음악연주가 마음속에 잔잔히 울리도록 한다.

　첫 만남 이후 내담자와 정규적으로 만나게 되면 우리는 규칙을 정한다. 예를 들어, 만날 때 특정 노래를 부르거나 헤어질 때 특정 음으로 악기연주를 하는 식인데, 이런 명확한 구조는 중도·중복장애인에게 심리적 안정감을 주고 관심을 집중시키는 데 도움이 된다.

　소통을 위한 음악적 만남 외에도, 발화훈련 같이 분명한 치료 목적으로 내담자를 만나는 경우도 있다. 그럴 경우 발화훈련이라는 테마를 의사소통 단계에 접목시켜 입 움직임을 자극하는 악기들을 활용한다. 어떠한 형태의 음악적 만남이든, 의사소통 파트너 각자가 갖고 있는 능력을 연결하여 이를 바탕으로 다양한 소리와 리듬으로 가득 찬 흥미로운 여행을 시작할 수 있다.

2) 음악을 통한 발화훈련

　비교적 단순한 악기만으로도 언어발달을 지원할 수 있다. 능동적으로 발화하지 않는 내담자와 접촉할 때 나는 음성으로 상대방이 내는 소리를 모방한다. 이러한 행위는 '여기 (들어) 봐! 나는 너를 이해할 수 있고 너의 표현에 반응하고 있어.'라는 신호와 같다. 이렇게 상대방과 접촉한 후 나는 새피리를 연주한다. 새피리에서 흘러나오는 다채로운 새소리는 상대방을 집중시키기에 충분하다.

　그런 다음 나는 상대방이 직접 연주할 수 있는 새피리를 건네 준다. 새피리는 버튼만 누르면 소리가 나오는 단순한 모델부터, 숨을 내쉬고 들이마시면서 공기의 진동으로 소리가 나오는 모델, 특정 호흡기법을 통해 미세하게 새소리를 표현할 수 있는 전문적인 모델까지 그 종류가 매우 다양하다. 따라서 상대방의 발달수준에 적합한 새피리 모델을 선정할 수 있다. 연주하는 과정에서 새피리 모델의 난이도를 서서히 높이거나, 새피리에 익숙해지면 하모니카나 멜로디카 같은 악기로 넘어가는 등 여러 변화를 줄 수도 있다. 새피리를 통해 입 운동성 발달을 도모함과 동시에 재미있는 소리를 주고받으며 서로 '대화'도 가능하다. 그동안 필자는 전통적인 언어치료 방식이 중도·중복장애 아동의 발화훈련에 큰 도움이 되지 않는다는 사실을 자주 경험하였다. 그런데 새피리를 활용하자 아동들은 피리에서 흘러나오는 독특한 소리에 즉각 관심을 갖고 직접 새소리를 내 보려는 의지를 보였다. 그리고 다양한 방식으로 새피리를 시도하는 가운데 아동의 발화수준도 눈에 띄게 발달하였다.

그림 12-1 다양한 종류의 새피리

새피리 외에도, 따라하기 쉬운 노래를 함께 부르는 활동도 발화훈련에 도움이 된다. 초반에 상대방은 정확하든 부정확하든 어떤 식으로든 치료사의 노래에 맞춰 함께 발음하려고 노력한다. 그러다 점차 멜로디를 따라 부르게 되고 서서히 음절과 단어를 비슷하거나 정확하게 모방하게 된다. 노래의 음절마다 박수치기, 북치기, 춤추기, 점프하기 방법도 있다. 움직임과 음악을 말하기와 접목시키는 이러한 접근법은 효과가 크다.

사람의 음성은 (특히 노래 부를 때) 상대방의 마음을 깊이 움직일 수 있는 도구이다. 우리가 경험하고 내면화 한 최초의 감각경험(뱃속에서 들은 어머니의 음성)이자 영혼의 거울이기도 하다. 목소리 톤에 따라 우리는 상대의 기분상태를 알아챌 수 있다. 언어이해력이 부족한 장애인이라도 상대방 음성의 고저, 억양, 리듬, 강도 등을 통해 상대방이 표현하는 내용을 상당 부분 이해할 수 있기 때문에 치료사는 자신의 목소리를 잘 조절하여 활용할 수 있어야 한다.

5. 집단치료에서의 음악적 의사소통

음악은 여러 사람이 참여하는 의사소통의 수단으로도 적합하다. 장애인과 비장애인이 접촉할 수 있는 통합적 콘셉트를 통해 단순한 사회규범, 자기 인식 및 타인 인식, 창의성 등을 지각하고 발달시킬 수 있다. 무엇보다도 여럿이 함께 하는 음악활동은 즐거움을 선사한다. 개인이 성장하며 삶의 행복을 느끼는 데 큰 기여를 한다.

현재 필자는 통합유치원 아동집단(장애아동 1~2명과 비장애아동 2~3명), 청소년집단(지적장애, 지체장애, 정서행동장애), 정신과 치료를 받고 있는 성인집단을 대상으로 음악치료를 하고 있다.

어떠한 형태의 집단활동이든, 집단치료 도입부에는 참가자들이 서로를 주의 깊게 경청하는 훈련을 한다. 상대방을 인지하고 정확히 경청할 때 비로소 상대에게 적절하게 반응할 수 있기 때문이다. 그래서 집단치료 도입부에는 다음과 같은 활동을 한다.

1) 북치기 단계

모든 참가자는 커다란 북을 중심으로 둘러 앉아 모두 북 가죽 위에 손을 얹는다. 이제부터 다음 세 가지 연주단계가 시작된다.

- 1단계: 집단 리더가 북을 치면 (두 손으로 일정하고 빠른 속도로 두드리며) 나머지 사람들도 그 리듬에 맞추어 북을 친다. 리더가 북 치기를 멈추면 나머지도 즉시 멈춘다(이후 모든 참가자가 한 번씩 시작 연주자가 될 때까지 반복한다).
- 2단계: 참가자 전원이 눈을 감은 채로 1단계와 동일한 방식으로 연주한다(참가자들은 1단계보다 더욱 집중하여 경청하는 태도가 필요하다).
- 3단계: 북 대신 오른쪽에 있는 사람의 등을 두드린다. 부드럽게 등 마사지를 하듯 손에 힘을 뺀 상태에서 두드리고, 또한 다른 사람이 내 등을 두드리는 것을 명확하게 지각한다. 이 상태에서 1, 2단계와 동일한 방식으로 진행한다.

물론 이러한 놀이는 참가자들의 요구와 능력에 맞추거나 기타 다양한 규칙을 도입하여(예, 크고 작게 연주하기, 리듬에 변화주기, 다른 악기 사용하기) 변형 및 확장이 가능하다. 이때 각각의 규칙에 따른 참가자들의 인지방식 및 반응속도를 유의할 필요가 있다. 예를 들어, 북치기에서 2단계(눈 감고 연주하기)로 넘어가면서 시각적 정보가 사라지면 참가자들은 북소리에 더욱 집중하여 경청해야 하기 때문에 북소리가 1단계보다 훨씬 작아지게 된다. 상대방을 경청하기 위해 자기 표현을 외부 자극에 조화시키는 과정은 사회생활에서 성공적인 의사소통을 위해 필요한 경험이다. 3단계의 직접적 신체접촉은 참가자들이 시작 연주자의 신호에 민첩하게 반응하도록 한다. 만약 내 등에서 나를 마사지해 주는 손을 느끼지 못하면 나도 상대방 등을 두드리는 행위를 즉시 멈춰야 하기 때문이다.

다음의 단체놀이는 상대방을 알아 가고 정체성을 강화하는 데 도움이 될 수 있다.

2) 환영의 북치기

참가자 전원이 커다란 드럼(예, 테이블 드럼) 주위에 둘러 앉아 북 가죽 위에 모두 손을 올려 놓는다. 이제 1명씩 돌아가면서 환영인사를 들을 시간이다. 집단 리더는 가장 먼저 환영인사를 받을 사람의 이름을 부른다(예: "토마스"). 이어서 집단 전체는(토마스 제외) 살살 북을 치면서 (양손으로 리듬감 있는 빠른 속도로) 지명된 사람의 이름을 부른다(예, "토마스, 안녕?"). 서서히 북소리를 높이며 시끄럽게 북을 치다가 마지막으로 크게 북을 한 번 치고 동작을 멈춘다. 이제 다른 사람 차례이다. 참가자 전원의 이름이 호명될 때까지 반복한다.

이 놀이는 목표는 참가자들이 서로의 이름을 알아 가고 각 참가자가 잠시 동안 집단의 중심에 부각시키는 데 있다. "우리는 너에게 집중해서 큰 소리로 인사하고 있어."라는 메시지를 전달하는 것이다.

3) 오늘의 리듬

참가자 전원은 각자 자신의 북을 들고 원형으로 둘러 앉는다. 1명이 대표로 자신이 원하는 단순한 리듬으로 북을 치며 원 주위를 돈다. 나머지 참가자들은 경청 후 연주를 따라한다. 시작 연주자가 북치기를 멈추면 나머지도 북치기를 마무리한다. 잠시 침묵한 후 다음 차례가 일어나 자신의 리듬으로 북을 치며 원 주위를 돈다. 참가자 전원이 한 번씩 시작 연주자가 될 때까지 반복한다.

이 놀이는 모든 참가자가 한 번씩 리더가 되어 집단의 중심에 서서 자신만의 어떠한 것을 참가자들에게 전달하는 데 의의가 있으며 아동의 자아 강화에도 도움이 된다. 또한 집단 구성원으로서 타인의 연주에 맞추는 과정을 통해 간단한 사회 규칙을 학습할 수 있다.

집단활동이 본격적으로 진행되면, 자신만의 감정과 체험, 구체적인 상황을 음악으로 승화시키는 공동창작 활동이 가능하다. 예를 들어, 필자는 통합 유치원 집단에서는 다음과 같은 놀이를 진행하였다.

4) '레오발트'의 모험

> 아동들은 커다란 드럼(REMO의 Gathering Drum)을 중심으로 둘러 앉는다. 드럼 몸통에는 열대우림에 서식하는 다양한 동물이 그려져 있고 그중에는 레오발트도 있다(언젠가 유치원 아동들이 레오파드 이름을 '레오발트'라고 지어 준 적이 있어 이 이름을 사용하였다).
>
> 먼저, 잠자는 레오발트를 깨워야 한다. 예를 들어, 다 함께 '형제 야곱(Bruder Jakob) 동요'[1]를 부르며 표범을 깨운다.
>
> > 안녕 레오, 안녕 레오,
> > 일어나! 일어나!
> > 북 소리가 울려! 북소리가 울려!
> > 둥둥둥, 둥둥둥
>
> 단어의 매 음절마다 손으로 드럼을 치며 노래를 부른다.
> 잠에서 깨어난 레오발트는 새로운 모험을 위해 열대우림 속을 엉금엉금 기어 다닌다. 이 모습을 표현하는 의미로 아동들은 다음 문장을 함께 외치며 북가죽을 부드럽게 쓰다듬는다.

---

1) 프랑스 노래 「쁘레레 자끄(Frère Jacques)」를 원곡으로 하는 이 노래의 가락은 '도레미도 도레미도 미파솔 미파솔 솔라솔파미도 솔라솔파미도 도솔도 도솔도'임. 한국어 버전으로는 「우리 서로 학교 길에」가 있음-역자 주

> 엉금엉금 기어가는 레오파드 레오발트(작은 소리로 3회 반복)
> (이번에는 큰 소리로) 조심해! 쉿! 조심해! 쉿! 표범이 누구를 만날까?
>
> 아동 1명이 자리에서 일어나 레오파드가 만나게 될 동물 그림을 선택하면 나머지 아동들은 해당 동물소리를 악기로 표현한다. 또는 레오파드가 앞으로 체험할 이야기를 지어낼 수도 있다(이야기에는 아동 자신이 삶의 모습이 많이 반영되기도 한다). 이때 다채로운 악기를 활용하여 모든 아동이 (장애의 유무, 장애 종류와 정도에 상관없이) 레오파드 이야기에 적극 동참할 수 있다. 예를 들어, 움직임이 많이 불편한 아동은 휠체어에 장착된 버튼을 누르면 새소리가 나오는 새피리를 활용하거나, 마라카스를 흔들면서 나뭇잎이 살랑거리는 소리를 표현할 수도 있다. 아동의 장면 묘사가 끝나면 레오파드는 열대우림 속을 계속 기어 가고 (이때 '엉금엉금 기어가는 레오파드 레오발트'를 부른다) 이제 다음 아동 차례가 된다.
> 이야기가 모두 끝나면 레오발트는 다시 잠을 자러 돌아가고, 아동들은 다 함께 자장가를 연주한다.

'레오발트의 모험' 놀이는 비장애인과 장애인이 음악을 통해 하나가 되어 재미있게 교류하는 모습을 잘 보여 주는 예이다. 물론 참가자 전원이 동등하게 참여하기 위해서는 창의성을 발휘해야 하는데, 이때 아동들이 갖고 있는 다양하고 참신한 아이디어가 놀이의 질을 높여 줄 것이다.

6. 소리와 음악을 느끼며 소통하기

다양한 소리와 음악을 몸으로 느끼며 중도·중복장애인과 의사소통을 하는 데에는 일반적으로 두 가지 방식이 있다.

(1) 몸으로 느끼는 악기(소리진동 악기=체명악기[2])

첫 번째로는 악기 자체가 공명체로서, 뚜렷히 감지할 수 있는 베이스 음역의 저음을 내거나 뚜렷하게 진동하는 접촉 면이 있는 악기이다(싱잉볼, 치료용 모노코드, 베이스 슬릿드럼, 좌식 칼림바 등). 이 악기에서 울려 나오는 음압이 피부로 분명하게 느껴진다. 나아가 모노코드 침대, 음향 흔들의자 등 악기와 가구를 접목시킨 제품들도 있다.

(2) 전기증폭기와 연결된 진동 음향도구

두 번째로는 다양한 도구를 공명체로 활용하여 전기 음향장치(음향물침대, 음향판, 음향상자, 진동폼롤러 등)와 연결하여 사용하는 방식이 있다. 대부분은 사람이 직접 앉거나 누울 수 있을 정도의 접촉 면이 있고, 소리의 울림을 전달하는 부분과 공명을 강화시키는 텅 빈 공간이 포함되어 있다. 음파가 고체음으로 변환되어 접촉 면에서 느낄 수 있게 되는 원리이다. 이러한 도구는 대부분 나무로 구성되어 있으나 소리나는 음향 물침대처럼 물의 음파 전달력을 활용하는 경우도 있다. 특수 전원 공급장치(전기증폭기)를 통해 CD 플레이어, 키보드 같은 다양한 음악장치와 연결하여 사용할 수 있다.

이 중 실제로 음악치료현장에서 중도·중복장애인과 관계를 맺고 의사소통하기 위해 활용하는 악기 및 도구 몇 가지를 간단하게 소개하겠다.

전기증폭기와 연결된 진동 음향도구의 경우, 참가자가 적극적으로 음악을 연주하기보다는 오히려 수용적으로 느끼는 데 초점을 두기 때문에 의사소통보다는 지각능력 발달에 효과적으로 활용될 수 있다. 진동 음향도구(음향물침대, 음향매트, 진동폼롤러 등)의 특징, 구성 방식, 관련 치료 콘셉트(스노젤렌, 산전공간치료, 기초적 자극 등)는 매우 다양하다(Wendeberg, 1997).

----

2) 나무나 금속 등 본래 지니고 있는 탄성으로 진동하며 소리내는 악기를 말함–역자 주

7. 몸으로 느끼는 악기

　다음에 소개하는 악기 사용법은 음악적 소통과 대화를 위한 하나의 제안 정도로 이해해 주기 바란다. 물론 언급된 내용 외에도 악기 연주방식이 다양할 수 있는데, 이때도 참가자의 개별 욕구와 운동능력, 누워 있거나 앉아 있는 자세, 선호도 등을 고려해야 한다. 또한 참가자의 행동과 반응을 정확히 관찰하고 평가하는 과정도 필요하다.

　여기에서 강조할 점은 악기와 소리도구를 활용한 진동자극이 경우에 따라 참가자에게 매우 강하게 느껴질 수 있으므로 모든 사람에게 동일한 수준으로 적용하면 안 된다는 것이다. 예를 들어, 뇌전증 증상이 있는 사람은 강한 진동이 발작을 유발할 수 있으므로 유의해야 한다. 마찬가지로 심한 공포나 정신착란증 같은 정신질환이 있는 사람에게도 진동자극을 조심해야 한다. 이렇듯 자극에 민감하게 반응할 가능성이 있는 사람들의 경우는 진동악기를 사용하기 전에 먼저 전문가와 상담할 필요가 있다.

　그렇다고 불필요한 걱정이나 두려움을 유발할 의도는 전혀 없다. 사실 진동악기 사용이 문제가 되는 경우는 극히 드물다. 대부분의 사람은 적당한 수준과 강도에서 진동음악을 느낄 때 편안함과 즐거움을 경험한다. 이러한 사실을 증명하는 연구가 상당히 많은데, 가령 물-소리-침대의 진동효과에 관한 연구(Wendeberg, 1997)가 대표적이다.

　일반적으로 소리자극과 진동자극을 동시에 체험하는 음악은 소리자극만 체험하는 것보다 훨씬 효과가 크다. 예를 들어, 잔잔한 진동음악을 몸으로 느낄 경우 심신안정 효과가 더 크다. 맥박과 혈압, 근 긴장 및 호흡은 음악을 단순히 귀로 듣기만 할 때보다 훨씬 뚜렷하게 감소하고, 이로 인해 신체이완도 훨씬 더 잘 된다. 반대로 자극적인 진동음악을 들으면 피부에 느껴지는 빠른 진동이 신체기관까지 자극하여 흥분시킨다. 물론 이때도 신체는 진동이 주는 편안한 자극 덕분에 본능적으로 다시 이완할 수 있지만, 보통 이완반응은 음악을 듣고 난 후 휴식을 취할 때 일어난다. 그렇기 때문에 자극이 강한 음악적 의사소통 직후에는 잠시 휴식하는 단계가 반드시 필요하다.

1) 베이스 슬릿드럼(Bass-Schlitztrommel)

몸으로 느끼는 악기는 악기 자체에 커다란 공명동(resonating space)이 있어 진동이 생생하게 느껴지고 악기 위에 앉거나 누울 수도 있는데, 그중 하나가 바로 '베이스 슬릿드럼'[3]이다.

베이스 슬릿드럼은 필자가 치료현장에서 중도·중복장애인들과 관계를 맺을 때 활용하는 필수도구이다. 무엇보다도 두 사람이 동시에 악기 위에 앉을 수 있을 만큼 면적이 넓다는 장점이 있다. 현재 독일 시장에는 Boing (Boehme Music), Schlagwerk 같은 다양한 모델이 출시되어 있다.

그림 12-2 베이스 슬릿드럼

---

3) 나무 표면에 가늘고 긴 H 모양의 슬릿(홈)을 내고 내부를 공동(空洞)으로 하는 체명악기로, 나무막대로 나무 표면을 두드리며 소리를 냄-역자 주

베이스 슬릿드럼은 두 사람이 나무 슬릿을 사이에 두고 마주보고 앉아 연주하기에 적합하다. 두 연주자가 손바닥 만한 북채로 나무 슬릿을 두드리면 깊고 강한 진동의 소리음이 울려 퍼진다. 이 자세로 나는 상대방과 눈맞춤이 가능하고 상대방에게 정확히 반응할 수도 있다. 상대방이 내는 소리와 리듬을 파악하고 모방함으로써 즉흥연주를 할 수도 있다. 연주가 진행될수록 우리의 대화는 점점 더 깊어진다.

　상대방이 나에게 등을 기댄 채 편안하게 앉은 자세에서도 음악적 관계 맺기가 가능하다. 이때 눈맞춤이 다소 어렵기는 하지만, 가령 손으로 상대방의 호흡과 맥박을 느낄 수 있고 이를 리듬에 반영하여 연주할 수 있다.

　슬릿이 옆으로 향하도록 악기를 90도 기울여 활용하는 방법도 있다. 상대방은 악기 위에 누워 있고 나는 슬릿을 두드리면서 상대방에게 직접 반응한다. 상대방은 온 몸으로 강한 진동을 체험하는 재미를 느낄 수 있다.

　베이스 슬릿드럼은 소리자극과 강한 진동자극을 동시에 제공하므로(그리고 기초적인 감각·지각 체험을 제공하므로) 중도·중복장애인과 비언어적 의사소통에 큰 도움이 된다.

2) 좌식 칼림바(Sitz-Kalimba)

　베이스 슬릿드럼과 비슷한 체명악기인 '좌식 칼림바'(제조사: Schlagwerk)도 악기 위에 앉은 상태에서 금속 건반을 두드리며 연주할 수 있다. 특유의 깊고 토속적인 음색을 바탕으로 리듬감 있는 연주가 가능하다. 손가락으로도 건반을 튕기며 연주할 수 있지만(장기간 연주 시 손가락 끝에 물집이 생길 수 있다) 북채로 건반을 두드리면 엉덩이로 진동을 더욱 뚜렷하게 느낄 수 있다.

그림 12-3 좌식 칼림바

3) 싱잉볼(Klangschalen)

음악치료에서 싱잉볼은 어느덧 대중화된 악기 중 하나이다. 싱잉볼의 기원
은 티베트 사원에서 찾을 수 있는데, 음악의 소리와 울림 그리고 진동이 가진
특별한 효과를 이미 오래전부터 알고 있던 티베트 수도승들은 싱잉볼을 활용
하여 일명 '소리 마사지(Klangmassage)'를 실시하고 있다. 오늘날 시중에 판매
되는 싱잉볼의 종류와 재료는 셀 수 없을 정도로 다양하다(제품별 가격 차이도
크다). 싱잉볼을 연구·개발하는 대표적 브랜드는 피터헤스(Peter Hess)이다.

그림 12-4 싱잉볼

4) 치료용 모노코드(Behandlungsmonochord)

모노코드(Monochord)란 '단일 톤을 내는 현(mono: 단일 톤, chord: 현)'이란 뜻으로 나무로 된 공명상자 위에 연결된 여러 줄이 동일한 기본 톤을 내는 현악기 부류를 일컫는다. 현의 개수는 모델과 크기에 따라 매우 다양하다.[4]

여기에 소개하는 치료용 모노코드는 Inge Boehme가 개발한 치료악기 중 하나이다. 특징은 무게가 매우 가볍고 21줄의 금속 현에서 나오는 깊은 소리를 강하게 느낄 수 있다는 점이다. 악기에 몸을 대고 있으면 깊은 울림 및 진동이 생생하게 느껴진다. 악기 하단이 볼록 튀어나온 형태이기 때문에 원하는 신체부위에 악기를 올려놓고 살살 두드리며 진동을 체험할 수 있다.

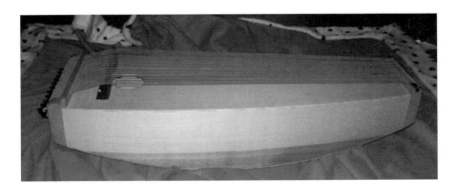

그림 12-5 **치료용 모노코드**

신체가 치료용 모노코드를 인지하는 방식은 싱잉볼과 비슷하다. 손으로 현을 쓰다듬고 두드리며 소리를 낸다는 차이점만 있을 뿐이다. 중도·중복장애인도 손가락을 움직이며 직접 소리를 자아낼 수 있다. 즉, 진동 체험뿐만 아니라 촉각적 지각도 가능하다. 자신의 행위가 직접적인 영향을 준다는 경

---

4) 모노코드는 원래는 '한 줄의 현'이란 뜻으로 음정측정용 기구로 활용될 경우 현이 한 줄이지만, 악기로 활용될 경우 여러 줄의 현이 단일음을 내는 형태를 띰-역자 주

험까지 더해져서 더욱 재미를 느낄 수 있다. 따라서 치료사와 중도·중복장애인이 치료용 모노코드를 함께 연주하면 한결 수월하게 비구어적·신체적 의사소통이 진행될 수 있다.

5) 음향 흔들의자(Klang-Schaukelsitz)

어느새 독일 시장에는 매우 다양한 음향 효과를 내는 일명 '음향 가구(Klangmöbel)'들이 출시되었다. 음향 가구 분야에서 가장 대표적이고 혁신적인 브랜드로 Feeltone 과 Allton을 꼽을 수 있다.

이 중 Allton의 '음향 흔들의자(Klang-Schaukelsitz)'를 예로 들어 보겠다. 음향 흔들의자 뒷면에는 40개의 금속 현이 달려 있고, 금속 현들은 2개의 기본 톤으로 조율되어 있다. 금속 현을 쓰다듬거나 살짝 두드리면 깊고 강한 소리가 울려 펴지고 소리의 진동이 의자 전체로 전해지면서 엉덩이 받침과 등받이에서 생생한 진동을 느끼는 원리이다.

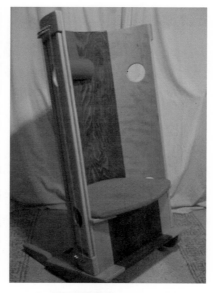

그림 12-6   음향 흔들의자

참가자는 의자에 앉아 있고 치료사는 의자 뒤에서 연주하는 이러한 형태는 음악치료적으로 관계를 맺는 데에 오히려 수용적 형태, 즉 참가자가 경청하는 가운데 편안한 소리 마사지를 제공하는 방식이다. 물론 소리를 통해 의사소통을 계속 진행할 수도 있다. 연주하는 동안 가령 상대방의 호흡 리듬에 귀를 기울인 다음 이를 리듬 삼아 연주하고 노래를 부르는 것도 가능하다.

8. 결론

앞서 소개한 악기는 모두 두 가지 공통적 특징이 있다. 첫째, 누구나 쉽게 다가갈 수 있다. 둘째, 특별한 재능이나 음악적 지식 없이도 소리를 낼 수 있다. 따라서 누구든지 쉽게 악기를 시도해 보고 소리에 귀 기울이며 소리를 직접 느낄 수 있다. 누구든지 편안하게 음악을 연주하고 체험할 수 있는 것이다.

언어적으로 접근하기 힘든 사람들과 음악을 통해 접촉하는 음악치료는 필자에게 매우 특별한 선물과도 같은 일이다. 중도·중복장애인과의 의사소통은 그동안 편하고 익숙한 길에서 벗어나 새로운 경로를 탐색하는 여행과 같다. 상대방과 손을 잡고 소리의 세계로 여행을 떠나는 일은 작은 모험이다. "말은 은이요, 침묵은 금이다."라는 격언은 음악적 대화 속에서 놀라울 만큼 중요한 의미를 갖는다. 음악을 통한 비언어적 접촉은 굉장히 특별하고 고유한 가치를 지니기 때문이다.

부디 앞으로 많은 사람이 고귀하고 새로운 이 길을 걸어 가길 바란다. 따로 전문음악(치료)교육을 받을 필요는 없다. 타인을 향한 세심한 관심과 열린 마음으로 새로운 시도를 감행하는 자세가 더 중요하다. 낯선 영역에 발을 들여놓기가 두려울 지도 모른다. 그러나 그 대가로 당신은 진정한 보물을 발견하게 될 것이다.

참고문헌

Becker, M. (2002). *Begegnungen im Niemandsland*. Musiktherapie mit schwer mehrfach behinderten Menschen. Weinheim: Beltz-Verlag.

Berendt, J.-E. (1991). *Muscheln in meinem* Ohr. Frankfurt am Main: ORF Wien und Network Medien-Cooperative.

Boehme, I. (2008). *Einführung in die Klangmassage* (DVD). Heuchelheim: Boehme Music.

Decker-Voigt, H.-H. (2001). *Schulen der Musiktherapie*. München: Reinhardt Verlag.

Decker-Voigt, H.-H., Oberegelsbacher, D. & Timmermann, T. (2008). *Lehrbuch Musiktherapie*. Stuttgart: UTB.

Decker-Voigt, H.-H. & Weymann, E. (2009). *Lexikon Musiktherapie*. Göttingen: Hogrefe Verlag.

Edleditsch, H. (2001). *Entdeckungsreise Rhythmik*. München: Don Bosco Verlag.

Friedemann, L. (1973). *Einstiege in neue Klangbereiche durch Gruppenimprovisation*. Wien: Universal Edition.

Friedemann, L. (1983). *Trommeln – Tanzen – Tönen*. 33 Spiele für Große und Kleine. Wien: Universal Edition.

Fröhlich, A. (1996). *Basale Stimulation*. Düsseldorf: Verlag selbstbestimmtes Leben.

Fröhlich-Hagemann, I. (2007). *Receptive Music Therapy*. Wiesbaden: Reichert Verlag.

Gray, P. M. et al. (2001). The music of nature and the nature of music. *Science, 291*, 52-54.

Hegi, F. (1997). *Improvisation und Musiktherapie*. Paderborn: Junfermann-Verlag.

Hess, P. (2006). *Klang und Klangmassage in der Pädagogik*. Schüttorf: Verlag Peter Hess.

Hess, P. (2008). *Klangschalen für Gesundheit und innere Harmonie*. München: Südwest Verlag.

Huyser, A. (1999). *Klangschalen in der therapeutischen Praxis*. NL: Verlag Binkey Kok.

Jansen, E. R. (2009). *Das Klangschalen-Handbuch*. Hintergrund, Wirkung, Gebrauch. Diever, NL: Verlag Binkey Kok.

Mall, W. (2002). *Kommunikation mit schwer geistig behinderten Menschen*. Ein Werkheft. Heidelberg: Universitätsverlag Winter.

Mall, W. (2008). *Kommunikation ohne Voraussetzungen mit Menschen mit schwersten Beeinträchtigungen*. Ein Werkheft. Heidelberg: Universitätsverlag Winter.

Meyberg, W. (1989). *Trommelnderweise*. Trommeln in Therapie und Selbsterfahrung. Hemmoor: Großer Bär Verlag.

Müller, E. (2008). *Das Trommel-Erlebnis-Buch*. Klanggeschichten und Rhythmus-experimente. München: Don Bosco Verlag.

Oerter, R. & Montada, L. (2008). *Entwicklungspsychologie*. Ein Lehrbuch. Weinheim: PVU, Beltz.

Reichle-Ernst, S. & Meyerholz, U. (2003). *Heiße Füße, Zaubergrüße*. Tanzgeschichten für Kinder. Bern: Zytglogge Werkbuch.

Schmidt, R. F. (1993). *Grundriss der Sinnesphysiologie*. Berlin: Springer Verlag.

Spitzer, M. (2007). *Musik im Kopf*. Stuttgart: Schattauer Verlag.

Teirich, H. R. (1958). *Musik in der Medizin*. Stuttgart: Fischer Verlag.

Vogel, B. (1987). Musik Hören und Spüren-Der Pränatalraum für Schwerst-und Mehrfachbehinderte. *Musiktherapeutische Umschau, 8*(3), Frankfurt am Main: Verlag Erwin Bochinsky.

Vogel, B. (1991). *Lebensraum Musik*. Praxis der Musiktherapie. 10. Gustav Fischer Verlag.

Wanke-Griener, K. (2008). *Lieder schaffen Beziehung*. Musiktherapie mit schwer behinderten Menschen. Stuttgart: Verlag Dr. Müller.

Wendeberg, F. (1997). *Musikwahrnehmung auf Wasser-Klang-Betten*. Hintergründe, Grundlagenforschung und therapeutische Konzepte. Diplomarbeit an der Technischen Hochschule Darmstadt.

악기 생산 및 제공 업체

Allton (Harbeke & Hauser OHG), www.allton.de

Feeltone & Boing Klangkörper über Boehme Music, www.boehmemusic.com

REMO, www.remo.com, Vertrieb in Deutschland über www.gewamusic.com

Rhythmuswelt (Helmut C. Kaiser), Instrumentenbau und-vertrieb, www.
　　　rhythmuswelt.de

Schlagwerk Percussion, www.schlagwerk.de

TOYS 4 ALL, Hersteller & Vertrieb der Vogelpfeifen, www.toys-for-all.de

첨부사진 관련 사항

이 글에 첨부된 모든 사진의 저작권은 저자 Frank Wendeberg에게 있으며, 첨부된 사진 속 악기들 역시 저자 소유임을 밝힌다.

제13장

보조장비 제공에 관한 사회보장법
사회보장법 속 의사소통

Werner Gruhl (베르너 그룰)

1. 서론

이 장은 의사소통에 장애가 있는 사람[1]을 상담·지원하는 현장경험을 토대로 이들을 상담·진료·지원하는 급부에 관한 독일의 법적 근거를 소개한다. 필자는 법률가가 아니므로 이 장에서 언급되는 법적 근거는 완전성을 보장하지 않으며, 의사소통장애인 각자가 처한 상황과 조건에 따라 구체적으로 (재)검토될 필요가 있음을 강조한다. 이 장은 의사소통장애인을 위한 상담·지원 서비스를 개발하고 재정확보를 목표로 하는 '라인란트팔츠 의사소통 지원센터'(Landesarbeitsgemeinschaft Beratungsstellen für Kommunikationshilfe in Rheinland-Pfalz: LAGBKO Rh.-Pf.)의 활동 내용을 바탕으로 구성되었다.

의사소통은 인간의 기본권이자 기본 욕구이다. 인간의 기본권과 기본 욕구에는 타인과의 접촉이 있다. 장애인권리는 인권, 특히 독일 「기본법(Grundgesetz)」 제3장 제3조("어느 누구도 장애를 이유로 차별을 받아서는 안 된다")에 근간을 둔다.

---

1) 이하 '의사소통장애인'이라 함-역자 주

2. 보완대체의사소통이 필요한 대상

이 글에서 사용하는 '보완대체의사소통(Unterstützte Kommunikation)'이란 음성 언어를 전혀 또는 거의 사용하지 못하는 사람의 의사소통 방식을 확장하는 교육적·치료적 조치를 말한다. 보다 넓은 의미에서는 의사소통을 가능하게 하는 운동감각기능이나 기타 감각기능을 사용·지원하는 것, 보완대체의사소통을 다루는 다학제적 전문 분야를 일컫기도 한다(Schmidt-Ohlemann, 2008).

'Unterstützte Kommunikation'은 영어 개념 'Augmentative and Alternative Communication'의 독일식 표현이다. 이 용어를 문자 그대로 번역하면 '보완하고 대체하는 의사소통'이 되는데, 이때 보완하고 대체하는 대상은 음성 언어이다(Ibid.).

보완대체의사소통(AAC)이 필요한 사람의 특징은 대체로 다음과 같다.

- 현존하는 음성 언어를 활용하여 의사표현을 거의 또는 아예 하지 못하는 경우
- 중추신경계 기능장애로 인하여 언어사용과 언어이해력이 제한된 경우
- 심리적 또는 신경정신적 장애로 인하여 의사소통에 제약이 많은 경우 (함묵증, 자폐증도 포함)
- 운동장애·감각장애·신경심리장애·뇌 손상 등으로 쓰기와 읽기가 안되는 경우
- 이동이 불가능하거나 이동에 제약이 심해(기존의 보조기구를 활용하더라도) 자신이 원하는 위치와 상황에서 의사소통을 할 수 없는 경우
- 지체장애로 인하여 자신의 생활환경(주거환경 포함)에 영향력을 충분히 행사할 수 없는 경우
- 장애로 인하여 기존의 필기 보조장치·의사소통 보조장치를 사용하지 못하는 경우(LAGBKOM Rf.-Pf. 2008)

3. 국제 기능, 장애 및 건강 분류에 근거한 자원과 장애

'국제 기능, 장애 및 건강 분류(International Classification of Functioning, Disability and Health: ICF)'는 건강상태와 관련된 기능수행 및 장애를 분류하는 체계로서 기능적 건강 콘셉트(기능성)에 기초한다.

개인이 기능적으로 건강하기 위해서는 다음 세 가지 요소를 만족해야 한다(이때 배경요인도 항상 고려해야 한다).

- 신체기능(정신기능 포함)과 신체구조가 건강한 사람의 정도와 일치한다.-신체기능과 구조 요소
- 모든 행위를 건강상 문제가 없는 사람의 정도만큼 수행할 수 있다.-활동 요소
- 자신에게 중요한 모든 생활영역에서 자신의 자아를 신체기능과 구조 또는 활동제약이 없는 사람의 정도만큼 실현할 수 있다.-생활영역 참여 요소(WHO, 2005)

ICF 분류체계는 신체기능과 구조의 손상을 근간으로 활동과 참여의 측면을 설명하는 데에도 도움이 된다. 이때 환경요인과 개인요인 역시 고려된다. ICF 체계는 장애인이 갖고 있는 자원과 능력에 중점을 두며, 동시에 각종 급부에 관한 법적 근거를 마련하고 분류하는 지침이 된다.

1) 기능손상

의사소통장애인이 갖고 있는 손상(ICF의 개념체계)은 대표적으로 다음의 신체구조와 관련된다.

- 중추신경계

- 말초신경계
- 호흡계
- 신경근뼈대와 움직임 관련 신체기관
- 음성과 말하기 관련 신체기관
- 시각

이러한 신체구조는 다음의 기능을 손상할 수 있다.

- 정신기능
- 감각기능과 통증
- 음성과 말하기 기능
- 신경근골격과 움직임 관련 기능(LAGBKOM Rh.-Pf. 2008)

2) 활동제한과 참여제약

ICF가 분류하는 세 가지 구성요소(신체 기능과 구조, 활동과 참여, 환경요인) 중 '활동과 참여'는 의사소통 영역(제3부)을 단독으로 다룬다.

신체기능과 구조의 손상과 이에 따른 기타 기능손상으로 인하여 다음 분야에서 활동제한과 참여제약이 나타날 수 있다.

- 학습과 지식 적용(예, 감각경험에 대한 의식, 기초학습)
- 의사소통(예, 수신자/발신자 입장에서 의사소통하기, 대화 및 의사소통 장치와 기술 사용)
- 가정생활(예, 생활필수품 마련, 집안일 등)
- 대인 상호작용과 대인관계(예, 가족관계)
- 주요 생활영역(예, 교육과 노동, 직업)
- 지역사회생활, 사회생활 및 시민생활(예, 지역사회생활, 레크리에이션과 여가, 종교 및 영적 활동)

4. 의사소통장애 극복전략

의사소통장애 극복전략, 즉 인간의 기본 욕구를 충족하는 방식은 구어적·비구어적 의사소통을 하고 의사소통 장치·이동장치·생활환경 조절장치를 활용하는 데 목표가 있다. 이러한 극복전략은 다음 분야의 행동역량을 발달시킨다.

- 학습 및 지식 활용 능력
- 자립적 이동능력
- 신변자립·가정생활·일반과제 수행에서의 자립성·조절능력·통제능력·행동역량
- 대인 상호작용 및 대인관계 실현
- 다양한 주요 생활영역에서의 자립성·행동역량
- 지역사회생활, 사회생활 및 시민생활에의 참여

기능손상으로서의 의사소통장애와 이에 따른 활동제한과 참여제약을 해소하거나 경감하기 위해서는 다양한 전략을 활용할 수 있다. 대표적으로 다음과 같은 전략이 있다.

- **치료전략**: 제거, 개선 또는 유지가 목표
- **교육적 지원전략**: 자아발달 및 사회화 과정, 특정 사회 맥락(학교·직업·여가·사적 관계) 속 의사소통 발달지원이 목표
- **일상 속 실천전략**: 학습 및 훈련 내용 실천, 잔존 의사소통 능력 실행(일상에서 보조를 받으며)이 목표
- **보상전략**: 현존하는 손상에도 불구하고 다음 방식을 통해 의사소통을 하거나 조절하는 것이 목표
  - 대안적 의사소통 전략

- 대안적 의사소통 형태
- 대안적 조절 형태
• **보조**(개인별 보조 및 지원 서비스)
• **보조공학 기술 사용 전략**: 음성 언어 및 운동조절 기능 활용이 목표
  - 의사소통 보조
  - 조절능력 보조
  - 생활환경 제어
• **세팅 관련 전략**: 생활환경과 사회 네트워크에 영향주기, 장애 수용하기, 보완대체적 의사소통 전략 활용능력 강화가 목표(LAGBKOM Rh.-Pf. 2008)

그러나 중도·중복장애인과 함께 하는 실제 현장에서는 앞서 언급한 전략 중 어느 하나만 제공하는 게 불가능하다. 이 말은 교육이나 치료 같은 보편적인 사회지원 체계에서는 복합적인 의사소통장애가 있는 사람들에게 일부 국한된 서비스밖에 제공할 수 없다는 반증이기도 하다. 복합 장애가 있고 의사소통에 제약이 많으며 다방면의 극복전략을 요구하는 의사소통장애인이 현재 사회지원 체계 속에서는 지원을 충분히 받을 수 없는 현실이므로, 이들을 위한 특별 상담·지원 급부가 시급히 제공되어야 한다.

5. 급부 관련 법적 근거

장애인의 재활과 사회참여는 의학적·교육적·직업적·사회복지적 조치와 지원이 요구되는 매우 복합적인 과제이다. 독일 사회보장 체계에는 이러한 과제를 단독으로 전담하는 부서가 없다. 장애인의 재활과 사회참여는 19세기 말 제정된 「사회법」의 핵심 요소로서 자리 잡았고, 이에 관련한 급부는 사회법 속 다양한 사회복지분야에 걸쳐 있으며 오늘날 다음과 같은 담당기구(Trägergruppen)가 책임지고 있다(DAU, 31).

- 재해보험(Unfallversicherung)
- 사회적 보상(Soziale Entschädigung)
- 의료보험(Krankenversicherung)
- 연금보험(Rentenversicherung)
- 연방노동청(Bundesagentur für Arbeit)
- 사회부조(Sozialhilfe) 아동·청소년 부조(Jugendhilfe)

이러한 급부에 관한 법적근거는 대표적으로 장애인을 위한 「사회법전」에서 찾을 수 있다.

- 「사회법전」 제3권: 근로생활 참여 촉진(제97조 이하)
- 「사회법전」 제5권: 질병 관련 급부(제27조 이하)
- 「사회법전」 제6권: 요양 급부(제36조 이하)
- 「사회법전」 제7권: 산업재해보상 급부(제26조 이하)
- 「사회법전」 제11권: 의료적 재활 급부

일반적으로 이러한 사회급부는 「사회법전」 제1권 제2조 1절 "사회권에 근거한 청구권은 그 조건과 내용이 사회법전의 특별규정에 구체적으로 명시된 경우에만 주장 또는 도출될 수 있다."가 적용된다. 그러나 「사회법전」 제4권 (장애인의 재활과 참여)과 제12권(사회부조)은 이와 상관없이 계속해서 청구권을 명시한다. 부차성의 원칙(Nachranggrundsatz)에 따라 사회부조 급부기관은 일반 사회급부기관이 담당하거나 일반 사회급부에 구체적으로 규정된 서비스만 담당할 수 있다. 즉, 의사소통장애인을 위한 지원을 살펴볼 때 일반 사회급부기관이 구체적으로 어떠한 서비스를 담당하는지를 함께 검토해야만 한다. 대부분의 관련 법률은 의사소통장애인을 별도로 언급하지 않기 때문이다.

앞서 언급한 의사소통장애 극복전략을 바탕으로, 여기서는 「사회법전」 제5권과 제9권을 예로 들어 급부 관련 법적 근거를 살펴보도록 하겠다.

독일의 법적 의료보험이 제공하는 급부 형태는 대표적으로 다음과 같다 (「사회법전」 제5권: 법적 의료보험).

- 치료수단 제공(「사회법전」 제5권 제32조)
- 보조수단 및 보충적 급부 제공(「사회법전」 제5권 제33조)
- 의학적 재활 및 보충적 급부 제공(「사회법전」 제5권 제40조)

이러한 사항들을 의사소통장애인에게 적용하면 다음과 같은 표현이 가능하다.

- 언어치료와 작업치료는 치료수단이다.
- 개별 의사소통 보조장치는 「사회법전」 제5권 제33조 및 제9권 제31조에서 의미하는 보조수단이다.

굳이 법적 의료보험의 세부사항을 일일이 분석하지 않아도, 언어능력이나 운동성 조절기능이 부족한 상태는 치료가 필요한 질병이며 질병에 따른 장애나 장애의 결과는 제거되거나 완화되어야 한다는 점은 분명하다. 따라서 법적 의료보험 역시 의사소통장애인에게 적합한 사회급부를 제공해야 하는 중대 임무를 안고 있다.

6. 장애인의 재활 및 참여

「사회법전」 제9권 제1부는 모든 사회급부에 적용되는 일반규정을 명시한다. 관련 사회급부의 기존 체제는 원칙상 유지되는데, 가령 연금보험급부는 연금보험에 가입한 사람에게만 적용되는 것이다. 그러나 사회급부가 구체적으로 이행·보장되는 방식은 각각의 급부기관에 달려 있다.

제1조 (자기결정 및 사회생활참여)

장애인 또는 장애 위험이 있는 사람은 자기결정권 및 완전하고 동등한 사회
참여를 촉진하고 차별을 방지하거나 차별에 대응하기 위하여 이 법과 재활
기관에 적용되는 급부 관련 법령에 따라 급부를 지급받는다. 급부를 지급할
때에는 장애가 있는 여성 및 아동, 장애 위험이 있는 여성 및 아동, 정신적 장
애가 있는 사람 또는 정신적 장애 위험이 있는 사람의 특별한 사정을 고려하
여야 한다.

제4조 (사회생활참여를 위한 급부)

(1) 사회생활을 위한 참여급부는 장애 원인과 상관없이 다음 사항을 위하여
필요한 사회급부를 포함한다.

······ (중략) ······

4. 전반적인 인격 발전을 도모하고, 사회생활 참여와 최대한 자주적이고 자
기결정적인 생활방식이 가능하거나 용이하게 만듦

「사회법전」 제9권은 장애인 재활 및 참여 관련 법 규정을 요약하고 있기
때문에 (「사회법전」 제1권과 마찬가지로) 모든 사회보장분야에 직접적인 효력
이 발생한다(GAU et al., 2009: 36). 「사회법전」 제9권은 장애인을 위한 의료
적·직업적 급부 외에도 사회적 참여급부도 포함되어 있음을 명시한다.

제42조 (의학적 재활을 위한 급부)

(1) 다음 각 호의 경우 장애인 또는 장애 위험이 있는 사람의 재활을 위하여
필요한 급부를 지급한다.

1. 만성질환을 포함한 장애를 예방, 제거, 완화 및 조정하기 위한 경우와 악
화를 방지하기 위한 경우

2. 생계능력 제한과 수발 필요성을 피하고 극복하며 완화하기 위한 경우와
악화를 방지하기 위한 경우 그리고 진행 중인 사회급부의 사전적 관련을 피
하고 줄이기 위한 경우

(2) 의학적 재활을 위한 급부는 특히 다음 각 호의 사항을 포함한다.

······ (중략) ······

2. 장애아동과 장애 위험이 있는 아동의 조기 발견 및 조기 지원

(3) 제1항에 언급된 목적을 달성하기 위해 필요한 경우 의학적·심리적·교육
적 지원도 제1항에 따른 급부의 구성요소에 해당한다. 특히 다음 각 호의 사

항이 해당한다.

...... (중략) ......

3. 수급권자가 동의할 경우 파트너나 친족, 상관과 동료의 정보 제공과 자문

제49조 (근로생활 참여급부)

(6) 제1항에 규정된 목적을 달성하고 보장하기 위해, 질병의 후유증을 피하고 극복하며 줄이기 위해, 그리고 그 악화를 방지하기 위해 개별 사례에서 급부가 필요한 경우 급부는 의학적·심리적·교육적 지원도 포함한다.

제76조 (사회참여급부)

동등한 공동체생활 참여를 가능하게 하거나 용이하게 하기 위해 사회참여급부가 지급된다. (중략)

특히 다음 각 호가 사회참여급부에 해당한다.

...... (중략) ......

6. 의사소통을 장려하기 위한 급부

제82조 (의사소통 장려를 위한 급부)

청각장애 또는 언어장애가 있는 수급권자가 특정 상황에서 주변 사람들과 의사소통을 가능하게 하거나 용이하도록 하기 위해 의사소통 장려를 위한 급부가 제공된다. 이 급부는 수화 통역자와 그 외 의사소통 보조인을 통한 특별 지원을 포함한다.

앞서 언급된 내용을 요약하면, 의사소통장애인은 의료적·직업적·사회복지적 재활 급부를 요구할 권리가 있다. 그러나 총 12권으로 구성된 「사회법전」을 훑어본 결과, 의사소통장애인에게 필요한 '복합 서비스'를 뚜렷하게 규정하는 법적 근거는 어디에도 찾을 수 없다. 따라서 의사소통장애인 각자에게 적합한 극복전략을 바탕으로 이에 알맞은 법적 근거를 찾아내는 과정이 필요하겠다.

참고문헌

Dau, D. H., Düwell, F. J. & Haines, H. (2009). *Sozialgesetzbuch IX, Rehabilitation und Teilhabe behinderter Menschen, Lehr-und Praxiskommentar.* Baden-Baden: Nomos-Verlag.

Münder, A. u. a. (2008). *Sozialgesetzbuch XII, Sozialhilfe, Lehr-und Praxiskommentar.* Baden-Baden: Nomos-Verlag.

World Health Organization (2005). (deutsche Fassung: Deutsche Institut für Medizinische Dokumentation und Information (DIMDI)) ICF. Internationale Klassifikation der Funktionsfähigkeit, Behinderung und Gesundheit. Neu-Isenburg: MMI Medizinische Medien Informations-GmbH.

Schuntermann, M. F. (2007). *Einführung in die ICF.* Grundkurs Übungen offene Fragen. ecomed Medizin. Landsberg/Lech: Verlagsgruppe Hüthig Jehle Rehm GmbH.

Schmidt-Oohlemann, M. (2008). *Personenkreis mit Bedarf an Unterstützter Kommunikation und technischen Hilfen.* Vortrag auf dem Workshop 'Unterstützte Kommunikation im System der Gesundheitsversorgung (SGB V und SGB IX) am 18. 01. 2008 DVFR-Tagung, Frankfurt.

Landesarbeitsgemeinschaft Beratungsstellen für Kommunikationshilfen in Rheinland-Pfalz (LAGBKOM Rh.-Pf.) (2008, 2009). unveröffentlichte Positionspapiere.

제6부

당사자들의 경험담

제14장 "당신과 말하는 방식이 다를 뿐이에요"

제15장 "친구와 연락해요"

"당신과 말하는 방식이 다를 뿐이에요"
내가 의사표현을 배운 방법에 대하여

Jens Ehler (옌스 엘러)

저는 여러분처럼 언어를 자유자재로 구사할 수 없습니다. 그래서 오늘 발표 원고를 집에서 미리 준비해 왔습니다. 저는 토커(Talker)와 의사소통 파일(communication folder)을 활용해 말을 합니다. 이때 도움이 조금 필요한데, 무엇보다 필요한 것은 상대방의 인내심입니다. 오늘 여러분께서 인내심을 갖고 제 말을 경청해 주시면 감사하겠습니다! 저는 직접 손으로 토커 버튼을 누를 수 없어 의사표현을 하는 데 시간이 오래 걸리는 편입니다. 왼손으로 조이스틱을 움직여 원하는 버튼을 선택한 후 무릎으로 스위치를 누르면 토커가 음성을 출력하지요. 오늘 발표 원고는 의사소통 파일을 활용해 작성했습니다. 전달하고 싶은 상징기호를 손가락으로 가리키면 상대방은 제가 의도하는 문장이 나올 때까지 자세히 질문을 하고 이로써 문장이 하나둘 완성됩니다. 마지막으로 텍스트블록(textblock)을 저장할 버튼 조합을 설정하고 나면, 원하는 순서에 맞게 모든 내용을 표현할 수 있게 됩니다.

저는 AAC 방식을 통해 의사표현을 합니다. 여러분의 방식이 아닌, 저만의 방식으로 말을 하는 것이지요. 저는 말을 못하는 게 아닙니다. 여러분과 다른 방식으로 말할 뿐입니다. 제가 표현하고 싶은 내용을 상대방이 음성으로 들을 수 있도록 토커 사용법을 배웠습니다. 제가 말을 할 수 없다고 주장하는 사람들이 있는데, 그러한 말은 제 얼굴에 침을 뱉는 격입니다. 저는 말할 수 있습니다! 그저 다른 방식으로 말이지요!

저는 주어진 모든 수단을 동원해 말을 합니다. 눈과 표정, 목소리, 웃음, 팔, 다리, 의사소통 파일, 파워토커(Power Talker)를 적극 활용하지요. 예전에는 그저 "예."라고만 말할 수 있었고, "아니요."를 표현할 때는 머리를 흔드는 게 전부였습니다.

그림 14-1 AAC로 의사소통하는 옌스

그 당시 저는 상대방에게 전적으로 의존한 채 상대방이 정확한 질문을 던질 때까지 마냥 기다려야 했습니다. 그럴 때마다 '말을 할 수 있다면 얼마나 좋을까!'라는 생각을 수도 없이 했습니다. 휠체어에 의존하는 현실은 그리 슬프지 않았습니다. 하지만 말을 할 수 없는 슬픔은 참으로 견디기 힘들었습니다.

예전에는 어떤 말을 하고 싶을 때마다 상대방의 팔을 붙잡거나 발을 길게 뻗어 사람들을 멈추게 했습니다. 어떻게든 타인의 관심을 끌려고 휠체어에 앉은 채 격렬하게 몸부림을 치기도 했지요. 대부분의 사람은 저의 이러한 모습을 이해하지 못했고, "제발 어린아이 같이 굴지 말라."라며 다그치기만 할 뿐이었습니다. 너무 답답했습니다. 도대체 어떻게 하란 말입니까? 도대체 어떻게 해야 제가 하고 싶은 말을 상대방이 이해할 수 있단 말입니까? 슬프고 분노가 치솟았습니다!

사람은 적어도 '예/아니요'를 분명하게 표현할 수 있을 때 대화가 가능합니다. 그러나 '예/아니요'만으로 대화를 나누기란 결코 만만치 않습니다. "예."와 "아니요."만으로 대답하기 힘든 질문이 많기 때문입니다. 그리고 제가 오로지 "예." 또는 "아니요."라고 대답하려면 상대방은 그에 맞는 질문을 할 수 있어야 합니다. 제가 도대체 무엇을 전달하려는지 짐작하며 끊임없이 질문해야 합니다. 이러한 과정은 화자와 청자 간에 상당한 시간과 인내심을 요구합니다. 만약 여러분이 이런 경험이 없다면 한번 시도해 보세요. 어떤 느낌일지 바로 이해가 될 것입니다.

제가 유독 힘들었던 순간은, 가령 휴가 다녀온 이야기를 하거나 다음 주 계획을 묻고 싶을 때였습니다. 제가 과거형으로 말하는지 미래형으로 말하는지 상대방이 알지 못한 채 계속 엉뚱한 질문을 던지면 너무 답답하고 화가 났습니다. 도무지 어떻게 표현해야 할지 몰라 막막했습니다. 그럴 때면 저는 심하게 짜증을 내며 온몸으로 분노를 표출했습니다. 많은 사람이, 아니 대부분의 사람이 그러한 저의 모습을 이해하지 못했습니다. 저의 불만과 불안한 행동의 원인을 납득하지 못했습니다. 이러한 일은 지금도 가끔 발생합니다. 그럴 때마다 사람들은 저 보고 가만히 좀 앉아 있으라고, 제발 말썽 부리지 말라고 당부합니다. 당장 어떠한 말을 하고 싶은데 사람들은 제 말을 듣거나 이해하려는 노력조차 하지 않는데 도대체 어떻게 조용히 앉아만 있으란 말인가요? 그럴 때마다 정말 답답해 미칠 것만 같습니다.

그림과 상징을 활용해 의사표현을 하기 전에는 오로지 몸짓과 수화를 사용했습니다. 하지만 이러한 의사소통법은 저에게도 주변 사람들에게도 모두 버거웠습니다. 가령, "모렌코프[1] 먹고 싶어요."라는 말을 몸짓과 수화만으로 어떻게 표현하란 말인가요? 상상력과 몸짓을 총동원해도 겨우 전달될까 말까 한 일입니다. 그 당시 저를 가장 잘 이해해 준 사람은 어머니였습니다. 하지만 어머니도 제가 상징을 사용해서 새로운 방식으로 의사표현하기를 원했습니다. 그때까지만 해도 저는 어머니가 도무지 이해되지 않았습니다. 어느 날 어머니가 제 신호에 전혀 반응하지 않자, 저는 급한대로 새로운 의사소통법을 받아들일 수밖에 없었습니다. 그런데 상징을 사용하는 의사소통은 예상보다 어렵지 않았습니다. 이제 저는 친구들과 대화할 수 있고, 카페에서 혼자 아이스크림을 주문할 수도 있습니다.

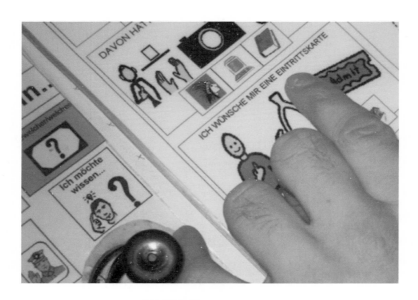

그림 14-2 의사소통 파일

의사소통 파일에 들어 있는 사진과 상징기호를 활용해 의사소통을 할 때

---

1) Mohrenkopf, 얇은 초콜릿 막 안에 생크림이 가득 채워진 작고 둥근 형태의 케이크-역자 주

대화상대방은 늘 제 곁에 서 있어야 합니다. 제가 무슨 그림을 가리키는지 볼 수 있어야 하고, 제가 구체적으로 의도하는 게 뭔지 끊임없이 질문해야 하기 때문이지요.

그러나 대화상대방이 언제나 저만 바라보고 있을 수는 없기에 저를 이해하지 못하는 경우도 종종 발생합니다. 음성 언어를 사용하면 저도 상대방도 한결 편합니다. 하지만 음성 언어를 통해 의사표현하는 법을 배우는 과정은 결코 쉽지 않았습니다. 처음에는 새로운 소통방식에 도전하고 싶은 마음이 전혀 없었습니다. 왜 음성 컴퓨터로 말하는 법을 배워야 하는지, 그 필요성을 오랫동안 느끼지 못했습니다. 음성으로 의사표현을 하고 안 하고가 대체 무슨 차이인지 알지도, 이해하지도 못했지요.

저는 열 살 때 처음으로 토커를 사용했습니다. 하지만 그 당시 학교에서는 옆에서 토커 조작을 도와줄 사람이 아무도 없었습니다. 저는 버튼을 직접 누를 수 없기 때문에 특별한 조작법이 필요하지요. 초반에는 버튼 2개를 가지고 스캐닝 방식으로 토커를 활용했습니다. 그러나 이 방식으로 토커를 조작하는 과정은 굉장히 번거롭고 시간도 오래 걸렸습니다. 어머니는 저와 방과 후 집에서 매일 연습하고 싶어 했습니다. 그러나 저는 싫었습니다. 방과 후 집에 도착하면 몸도 피곤하고, 지루한 연습보다는 재미있는 놀이를 하고 싶었죠. 마음 같아서는 얼른 독립하여 혼자 살고 싶은 마음이 굴뚝 같았습니다. 그러다가 열두 살 때 조이스틱으로 모든 버튼을 선택할 수 있는 조작법을 사용하게 되면서 이전보다 훨씬 수월하고 빨리 의사표현을 하게 되자 소통하는 재미가 점점 커져만 갔습니다.

한동안 저는 단어 몇 개만 겨우 말할 정도였습니다. 버튼 3개 정도를 눌러야 토커가 단어 하나를 말했지요. 따라서 저는 버튼 조합하는 방법을 마치 새로운 어휘를 학습하듯 익혀야 했습니다.

가령 '자동차가 빠르다'를 표현하려면 토커에서 다음과 같은 그림을 순차적으로 선택해야 합니다.

하지만 이렇게 힘들게 배우는 게 지루하고 싫었습니다. 그렇다고 손도 까닥하지 않고 토커로 말하기란 불가능했지요. 문제는 '무엇을' 배워야 하나가

자동차   빠르다

그림 14-3 '자동차가 빠르다' 표현의 토커 버튼 조합

아니라 '어떻게' 배워야 하나였습니다.

　평소 제가 일상생활에 필요한 단어들은 그림과 상징 형태로 의사소통 파일에 들어 있었습니다. 책상에 늘 놓여 있던 파일이지요.

포멜 1(자동차 경주)   배고프다

그림 14-4 의사소통 파일 속 상징의 예

　그래서 어머니는 의사소통 파일 속 단어들이 음성 컴퓨터에도 입력되면 좋겠다고 생각했습니다. 그때부터 어머니의 고생이 시작된 것이죠. 수많은 단어를 토커에 저장하고 의사소통 파일을 단어장처럼 사용할 수 있게끔 체계적으로 정리해 주었습니다. 그림과 상징 아래에는 해당 버튼 조합을 추가하여 버튼을 순서대로 누르면 단어 하나가 음성으로 출력되었습니다. 그렇게 어머니는 몇 주 동안 작업에 몰두했습니다.

그림 14-5 의사소통 파일 상징과 토커 버튼 조합의 예

어머니의 힘든 작업이 마무리 되었을 때, 과연 한 페이지에 담긴 숱한 그림과 버튼 조합 등을 제가 잘 이해할 수 있을지 어머니는 장담할 수 없었습니다.

하지만 어머니의 예상은 보기 좋게 빗나갔습니다! 사실 토커를 본격적으로 사용하기 시작한 계기가 있었습니다. 포뮬러 1 자동차 경주대회에 관하여 이야기를 하고 싶은데 곁에 아무도 없었습니다. 처음에는 답답하고 화가 났습니다. 그러자 토커를 한번 사용해 봐야겠다는 생각이 스쳤습니다. 그림 아래에 있는 상징을 누르자 어머니는 제가 말하는 것을 들었습니다. 제법 멀리 떨어져 있었는데도 말이지요. 희열을 느꼈습니다. 어머니가 멀리서도 곧바로 반응하는 모습에 저는 감동을 받을 정도였습니다.

친구들이 제가 토커로 이야기하는 내용을 즐겁게 경청하는 모습을 보자 저는 토커 사용법을 더 열심히 배우고자 마음을 먹었습니다. 머지않아 문장 전체를 말하게 되었고, 짧은 편지도 작성할 수 있었습니다. 정말 기분이 좋았습니다. 이제는 의사소통 파일이 거의 필요 없을 정도입니다. 누군가에게 속삭이고 싶거나 조용히 물어보고 싶을 때 등을 제외하고는 말이지요.

이 모든 걸 해낼 수 있어서 기쁘고, 많은 사람이 저를 도와주어 기쁩니다. 현재는 제가 일하는 장애인작업장에서 방문객들이 오면 토크를 사용해 작업장 구경을 시킬 수도 있고, 오늘과 같이 발표를 하기 위해 여러 곳을 방문하기도 합니다. 저만의 의사소통법이 없었더라면 저는 정말 불행한 삶을 살았을 것 같습니다.

토커로 말할 수 있게 된 이후 제 삶은 변했습니다. 음성으로 표현할 수 있다는 것은 저에게 최고의 일입니다.

그림 14-6 토커 버튼 조합이 첨가된 의사소통 파일

제가 상징을 가리키고 있으면, 낯선 사람들은 제가 무엇을 말하고자 하는지 모릅니다. 제가 몸짓과 수화로 어떤 표현을 하고 있으면, 대부분 '쟤는 왜 저리 안절부절못하는 거야.'라고 생각하기 쉽습니다. 대부분 제가 이런 방식

을 통해 의사표현을 하고 싶다는 걸 눈치채지 못합니다. 음성 언어를 구사할 수 없거나 자신만의 의사표현법을 가지지 못한 사람들은 그저 휠체어에 앉은 채 주변세계를 관망할 수밖에 없습니다. 대인관계에서 강한 외로움을 느끼고, 자신의 삶에 무기력하게 방치되고 맙니다. 누군가가 말을 걸거나 질문하지 않는 한 아무런 소통도 일어나지 않습니다. 그 사람이 무엇을 원하던 간에 말이지요. 더운지 추운지, 목이 마른지 배가 고픈지, 기분이 슬픈지 좋은지는, 자신을 아주 잘 파악하고 있는 소수의 사람만이 알아차릴 수 있지요.

그림 14-7 몸짓으로 '최고'를 표현하는 옌스

예전에는 토커를 사용할 마음이 조금도 없었습니다. 지금은 상상도 못할 일이지요. 다행이 어느 순간 깨달았습니다. 음성으로 말할 때 사람들이 저에게 귀 기울인다는 것을. 저는 누군가를 부를 수 있고, 이웃 사람들에게 인사를 건넬 수도 있습니다. 멋진 일이죠! 누군가에게 도움을 요청하고 누군가를 초대하고 파티를 준비하고, 심지어 강의나 발표도 할 수 있습니다. 작은 기적과도 같은 일입니다. 저는 더 이상 타인이 제 고민과 요구사항을 파악할 때까지 기다리지 않아도 됩니다. 제 요구사항을 비록 일부라도 스스로 만족시킬 수 있습니다.

음성 언어를 거의 구사하지 못하는 사람들도 하고 싶은 말이 있는 법입니다. 그들은 자기 의사를 표현하기 위해 몸짓과 수화, 심볼, 토커를 활용합니다. 그들은 자기 말에 귀 기울이고 인내심을 갖고 어떤 경우라도 차분하게 경청하는 사람들이 필요합니다. 또한 토커에서 흘러나오는 기계 음성에 부담을 느끼지 않을 대화상대방이 옆에 있어야 합니다.

사람이 의사표현을 할 수 있는 일이 얼마나 중요한지, 오늘 이 자리를 통해 여러분이 이해하셨기를 바랍니다.

Brigitte Schefold & Konrad Schütte (브리기테 쉐폴트 & 콘라드 쉬테)

제15장

친구와 연락해요
connecting friends

"일단 시작해 보는 것이 최선책이다."

-Erich Kästner

1. 도움의 손길 협회

　중도·중복장애를 이유로 어느 시설에도 들어가지 못하는 자녀를 둔 부모들은 1969년 독일 뮌헨 서부지역에 '도움의 손길(Helfende Hände)' 협회를 설립하였다. 이후 성장과 발전을 거듭하여 비영리 사단법인으로 자리잡은 이곳은 산하기관으로 주간보호센터를 갖춘 특수학교 1곳과 중증장애인 직업재활센터 1곳, 장애인거주시설 1개를 운영 중이며, 현재 약 150명의 장애인이 돌봄과 지원을 받고 있다. 이들은 일상생활의 전 영역에 도움이 필요하고 구어 의사소통이 매우 제한적인 중도장애인이다.

2. 프로젝트 아이디어: 기업과 연구소 협업을 통한 혁신 네트워크

"일단 시작해 보는 것이 최선책이다."라는 Erich Kästner의 말을 모토로 삼아, 세계적인 전기통신장비기업 Nokia Siemens Network의 프로그램 관리자인 Konrad Schütte는 'connecting friends'라는 사회적 프로젝트를 올해 세 번째 운영·감독하고 있다.

connecting friends 프로젝트의 가장 큰 성공 요인은 기업과 협회 간 긴밀한 네트워크이다. 기업의 재정적인 지원과 기업 내 자원봉사자들의 헌신이 없었다면 프로젝트가 성공적으로 실현되지 못했을 것이다. 지난 수년 간 적극적인 활동을 통해 사회적 책임을 실현하는 데 앞장선 Konrad Schütte는 중도·중복장애인들이 친구들과 우정을 쌓는 새로운 방법을 모색하던 가운데 connecting friends라는 혁신적인 프로젝트를 고안해냈다.

'도움의 손길' 협회의 산하기관들은 connecting friends 프로젝트 일환으로 여러 사회적 기업의 지원을 받았다. 우선 2008년 10월 100여 명의 자원 봉사자

그림 15-1 응모전을 위한 프로젝트 홍보 포스터

와 함께 성인거주시설의 정원에 바비큐 공간, 벽난로, 체험산책길 등을 조성하였다. 그리고 시설거주자들의 방에 딸린 테라스를 개조·수선하여 좀더 아늑한 분위기에서 친구들과 가족을 초대하여 함께 시간을 보내도록 기여하였다.

connecting friends의 하위 프로젝트인 'be connected'에서는 파트너 회사와 '도움의 손길' 협회 간의 장기적인 협력을 통해 중도·중복장애 청년과 성인을 위한 새로운 의사소통 프로그램을 구안하였다.

이 절에서는 중도장애인들도 인터넷을 사용하여(지원을 받으면서) 지금은 각자 다른 성인시설에 거주하는 학교 동창들과 대화하고 가족들과도 소통할 수 있는 방법이 있음을 보여 주고자 한다.

connecting friends 프로젝트 실행을 위해 우리는 1년이 넘는 기간 동안 수차례의 미팅과 전화회의를 거쳐 아이디어를 구체화하였다. 이와 더불어 Nokia Siemens Network의 직원 중 수많은 자원봉사자가 여가 시간을 할애하여 거주시설 건물에 무선랜망을 설치하고 이동이 가능한 컴퓨터 거치대도 제작해 주었다. 프로젝트를 본격적으로 실행하는 기간에는 다함께 네트워크 작동을 개시하였고, 지속 가능한 프로젝트 운영 콘셉트로 단장하여 장비확장을 위한 스폰서를 찾는 노력도 적극 이어 나갔다.

또한 be connected 프로젝트는 2009년 '아이디어의 땅, 365개 랜드마크'라는 독일 전국 공모전에서 2000여 개의 응모자를 제치고 'Selected Landmark 2009'를 수상하였다.

3. 우리의 기본 입장과 출발점

사실 우리는 '중도장애'가 구체적으로 어떠한 장애이며 당사자에게 어떤 식으로 영향을 미치는지 제대로 알지 못한다. 그러므로 중도장애인이 발화 능력이 떨어져 보인다고 언어이해 능력이나 의사소통 욕구도 적을 거라 쉽게 단정해서는 안 된다.

따라서 우리의 기본 태도는 다음과 같다. 우리는 긍정적인 시각과 높은 기대를 안고 우리가 지원하는 사람들을 만난다. 즉, 우리는 상대방의 능력을 무조건적으로 신뢰한다. 물론 상대방의 특징을 과대평가하는 경우도 생긴다. 그러나 이미 영아기 발달연구에서도 증명되었듯, 바로 긍정적 기대 속에서 상대방의 의사소통 능력이 발달하게 되는 법이다. 우리는 원칙적으로 장애를 가진 아동·청소년, 성인들도 비장애인인 또래집단과 동일한 욕구와 필요 그리고 관심을 갖고 있다고 믿는다. 따라서 우리의 과제는 장애인이 비록 타인에 대한 의존도가 높다 할지라도 장애인 역시 가능한 한 스스로 결정하고 사회 다방면에 참여하도록 여건을 마련해 주는 데 있다.

프로젝트 초기에 '도움의 손길' 협회 직원들은 우선 새로운 컴퓨터 기기가 필요하다고 요구하였다. 그 당시 장애인 성인거주시설에는 컴퓨터 장비가 거의 없거나 구식 모델이 전부였기 때문이다. 진지한 토론을 거치면서 우리는 단순히 최신 컴퓨터 기기를 도입하는 것을 넘어서 완전히 새로운 방향으로 아이디어를 발전시켜 나갔다. 장애를 가진 아동·청소년들도 학교나 주간보호소에 다니며 친구들과 긴밀한 우정을 맺는다. 그러나 졸업 후 성인시설로 거주지가 바뀌는 순간 장애인은 일종의 '단절'을 경험한다. 사회복지사나 부모, 교사들의 노력에도 불구하고, 장애인이 친구들과의 우정을 유지하기가 매우 힘든 게 현실이다. 바로 이 점에 우리는 초점을 두고 컴퓨터를 활용하면 이러한 문제를 개선할 수 있는지, 어떤 컴퓨터 프로그램을 사용해야 거주자들도 관심을 가지고 적극 참여할 수 있을지 등을 구체적으로 고민하기 시작하였다.

시장 조사 기관 Forsa의 설문조사에 따르면, 독일 국민의 72%와 30세 미만 연령대 97%가 컴퓨터를 사용한다고 한다. 30세 미만 중 35%가 하루 중 PC 앞에서 보내는 시간은 6시간 이상이며, PC 활용 목적은 주로 업무, 정보 탐색, 이메일과 글 쓰기, 영화, 쇼핑, 채팅, 음악감상, 음악 및 사진 파일 관리, 게임 등이었다(Computerbild, 2008).

이와는 반대로, 우리가 지원하는 사람들이 컴퓨터로 어떤 경험을 하는지를 살펴보면 분명한 차이가 드러난다. 우리는 그들에게 기껏해야 1~2개 버튼으로 작동하는 단순 컴퓨터 게임을 제공하거나, 계속 버튼을 눌러 페이지를 넘기는 슬라이드 쇼 정도를 경험하게 한 것밖에 없다. 중도장애학생이 PC로 글 쓰는 경우도 매우 드문 게 현실이다. 컴퓨터가 흥미로운 도구임은 분명하나, 우리가 지원하는 사람들이 컴퓨터를 어떻게 더 다양한 방식으로 활용할 것인 지에 대해서는 사실 제대로 고민해 본 적이 없다. 바로 이 부분에서 Konrad Schütte는 패러다임 전환을 요구하며, 고질적인 사고방식(예, '그건 불가능해.') 에서 벗어나 새로운 것을 시도하고 시야를 확장하도록 동기를 부여하였다.

여기에서 Beukelman과 Mirenda가 AAC 의사결정 및 중재 구성을 위한 '참 여모델(participation model)'에서 언급한 다음의 두 가지 장벽이 분명해졌다 (Antener, 2001, 261 ff.).

- 기회 장벽: 장애인의 참여기회를 개선하기 위한 온갖 노력에도 불구하고 우리는 지금까지 컴퓨터 장비 개선에는 거의 노력을 하지 않았다. 거주 시설 내 빠듯한 일상 구조와 지원인력 부족으로 시설 자체에 장벽이 존 재하고 있었다. 거주시설 직원들은 대체로 장애성인을 향한 기대치가 낮았다. "그걸 하기엔 장애가 너무 심해요."와 같은 기본 태도를 갖고 있 었던 것이다. 또한 우리는 보조공학 기기 관련 제품시장 현황이나 개개 인에게 적합한 소프트웨어에 대해서도 잘 알지 못했다.
- 접근 장벽: 주변 환경은 의사소통이 제한된 사람일지라도 그들의 잠재력 을 확인하고 그에 적합한 보조수단을 찾아 지원해야 한다.

또한 대부분의 직원이 여전히 보조공학 분야에 대해 지식과 확신이 부족 했기에 직원 교육이 시급함이 드러났다.

이러한 장벽을 극복하고자 우리는 인터넷 정보를 검색하고 München과 Bremen, Berlin에 있는 AAC 지원센터에 문의하였다. 그러나 기존의 AAC 지 원센터에는 중도장애인의 특성에 맞는 프로그램이 아직 존재하지 않았고, 그렇다고 중도장애인을 위해 새로운 프로그램을 고안하는 것은 우리 예산 범위를 초과하는 일이었다. 대신 AAC 지원센터 담당직원들은 우리가 좀 더 단순한 기기와 장비를 활용하여 시도해 보기를 권하였다.

4. 장비 갖추기

이러한 기기 조합을 통해 새로운 가능성이 열립니다.

장비

- 기본 pc
- 인터넷 연결
- 웹캠, 마이크, 박스
- Free ware '스카이프'
- 터치스크린
- 조이스틱/controlbox
- 다양한 크기의 버튼
- 멀티박스와 키보드
- pc 이동용 책상

버튼 하나로 새로운 (가상의) 세계로

멀티박스와 여러 버튼:
외부 버튼을 통한 마우스 기능 또는 자판 기능
외부 버튼을 통한 인터넷 주소 연결

그림 15-2 활용되는 장비

우리는 어느 재활기업의 지원을 받아 다양한 입력보조 장치를 사용해 보았다. [그림 15-2]의 장비는 우리 경험 상 나름 효과가 있었다.

특히 Dipax가 개발한 '멀티박스(Multibox)'가 도움이 되었다. 멀티박스는 작은 상자에 내장된 USB 포트에 8개의 버튼을 연결할 수 있는 장치로, 명확한 메뉴 지침을 따라 8개의 각 버튼에 특정 기능을 설정할 수 있다. 가령, 마우스 기능 버튼, 인터넷 주소 및 이메일 주소를 클릭하는 버튼 등으로 각 버튼에 기능을 용이하게 설정 및 변경 가능하다.

우선 초기 경험을 수집하고, 나아가 재정 투입을 신중하게 고려하고자 '도움의 손길' 협회 산하 3개 기관이 참여한 가운데 우선 1개의 PC 작업대를 중심으로 프로젝트를 개시하였다.

5. 유튜브를 통한 첫 시도

'도움의 손길' 협회의 특수학교 직업반 학생들은 교내 연극 프로젝트를 준비하며 집에서 즐겨 듣는 음악을 가져와 학교에서도 같이 듣는 것을 무척 좋아했다. 우리는 여기에서 아이디어를 착안하여 학생들이 유튜브(Youtube)에서 '자기가 좋아하는 음악'에 대한 비디오 영상을 찾아보는 작업을 시작해 보았다. 반응은 의외로 좋았다.

우리는 다음과 같은 접근방법을 시도해 보았다. 우선 버튼을 누르면 프로그램이 열린다. 그런 다음 노래나 아티스트를 선택한다. 이때 일부 학생은 가수나 노래 이름의 일부를 말하거나 해당 CD 커버를 손이나 시선으로 가리키며 선택할 수 있었다. 학생이 직접 선택할 수 없는 경우에는 '파트너 스캐닝'을 통해 원하는 것을 전달하였다. 즉, 보조원이 여러 CD가 제시된 화면을 동일한 순서로 계속 보여 주거나, 직접 노래 제목을 차례대로 읽어 주면서 장애학생이 어느 지점에서 명확한 신호나 동의를 표시하면 그것을 선택하는 방식이다. 그런 다음 보조원은 선택한 가수 이름이나 노래 제목을 컴퓨터 자판으로 입력한다. 일부 학생은 조이스틱을 사용하여 스크린에 나온 비디오 그림을 제어할 수 있었다. 이를 위해서는 학생의 신체 자세가 안정적인 가운데 숱한 연습이 필요했다. 다른 학생들은 터치 스크린을 직접 손가락으로 누르며 작동하는 방식을 선호하였다. 이때도 팔뚝을 지지하여 터치 강도를 조절하도록 도움을 주었다. 또한 버튼 누르기만 가능한 학생에게도 직접 선택할 수 있는 방법을 발견했다. 즉, 비디오 영상을 전체 화면 크기로 설정하여 띄우고 마우스 커서를 메뉴판 막대에 배치하였다. 비디오 영상이 진행되는 가운데 관심이 가는 부분이 있으면 마우스 버튼을 눌러 영상을 멈추면 되는 것이었다. 정말 멋진 방법이었다.

6. 스카이프를 통한 첫 시도

참가자들이 컴퓨터를 통해 친구들과 만나도록 우리는 스카이프(Skype)를 설치하였다. 스카이프는 웹캠과 마이크만 있으면 가능한 화상통화 방식이다. 상대방의 영상 이미지가 화면에 크게 나타나며 왼쪽 하단에는 자신의 얼굴 영상을 볼 수 있다. 참가자들은 유튜브 버튼 작동 방식과 유사하게 프로그램을 열 수 있는데, 이때 보조자는 녹색 통화버튼에 마우스를 설치하고 발신자가 통화를 시작하고 싶을 때 스스로 버튼을 누르면 된다. 마찬가지로 화면 크기를 전체 화면이나 보다 작고 선명한 작은 화면으로 변경 가능하다. 물론 터치 스크린이나 조이스틱을 사용하여 작동하도록 조정도 가능하다.

첫 스카이프 영상통화를 하기로 한 날이 다가오자 우리는 무척 긴장하였다. 과연 영상통화 기술이 우리의 기대만큼 충분히 작동할지, 참가자들은 화면 상의 상대방을 해상도가 낮은 상태에서도 제대로 인식할 수 있을지, 화면의 상황이 이미 촬영된 영상이 아니라 실시간으로 진행되고 있음을 충분히 이해할지, 컴퓨터를 통해 소통능력을 제대로 발휘할지 등 긴장의 끈을 놓을 수 없었다.

그러나 이러한 걱정은 기우였고, 우리는 기대치보다 훨씬 높은 결과를 경험하였다.

- 참가자 중 소수만이 전혀 관심을 보이지 않거나 관심이 적었다.
- 참가자 대부분은 통화가 연결되자 잠시 '당황'했지만 곧바로 화면상의 대화상대방을 알아차렸다는 신호를 보였다.
- 참가자들은 높은 집중력을 발휘하며 오랜 시간동안 소통하였다.
- 참가자들은 자신의 의도를 명확하게 표현하려는 의지가 매우 컸다. 평소 머리를 똑바로 지탱하는 것이 힘든 데이비드는 20분 넘게 고개를 세웠고, 평소에 거의 소리를 내지 않지만 영상통화 시에는 강한 목소리로 발음하려고 노력하였다. 티나는 평소에 '네'라는 표시로 팔을 살짝 들어올리곤 하는데, 통화 시에는 아주 선명하게 팔을 들어올리며 표현을 하였다.
- 로라는 남자친구인 데이비드와의 통화에서 최근에 전동휠체어를 갖게 되었다고 이야기를 했다. 그 말을 들은 데이비드는 처음에는 믿을 수 없다는 듯 고개를 가로저었다. 그래서 우리는 웹캠으로 로라가 전동휠체어를 직접 운전하는 모습을 데이비드에게 보여 주었다. 데이비드는 감명받은 듯하였고 로라 역시 매우 자랑스러워 하는 모습이었다.
- 스텝-바이-스텝(Step-by-step) 음성출력장치(이전에 개별적으로 저장한 녹음 내용을 버튼을 눌러 '단계적으로' 재생하는 장치)를 통해 데이비드는 현재 성인 기숙사에 만족스럽게 살고 있다고 말하였다. 이에 로라는 그곳에 빈방이 있는지 물으며 자신도 그러한 공동 기숙사에 살고 싶다고 전하였다. 그러나 당장은 빈방이 없다고 하자 로라는 "Oou-Mannnnn(아~정말)!"이라고 답하며 아쉬움을 나타내었다.
- 스벤은 팔 지지대를 이용하여 스카이프 채팅창에 문장을 쓰며 대화를 했다. 스벤이 티나에게 "주간보호센터에서 잘 지내니?"라고 묻자, 티나는 "응."이라고 답하며 수어로 '음식을 먹다'를 표현하였다. 이에 우리가 "주간보호센터 음식은 괜찮아요?"라고 질문하자 티나는 "네! 네!"라고 소리치며 상체를 흔들었다(아주 즐겁다는 표현이다). 스벤이 또 물었다. "그럼 너는 기숙사에서 지내니?" 이에 티나는 고개를 가로저었다. 이런 식으로 한동안 대화가 오고 간 후 부모님 집에서 독립하는 내용에 대해

그림 15-3 스카이프로 친구와 통화하기

대화를 이어 나갔다.
- 우리는 함께 모여 모자나 스카프 등으로 변신을 하고 상대방은 사진판을 활용하여 우리가 누구인지 알아 맞추는 게임을 하는 등 소통에 즐겁게 참여할 수 있었다.
- 스카이프 영상통화는 특히 장애인요양시설의 거주자들이 부모와 형제, 기타 가족구성원과 연락을 유지하는 데 매우 좋은 기회를 제공한다. 스카이프 영상통화는 음성 전화에 비해 장점이 많다. 우선 상대방과 서로 얼굴을 보며 대화할 수 있고, 부모가 자녀의 얼굴표정이나 신체자세에서 많은 것을 읽어 낼 수 있다. 우리는 스카이프 방식이 특히 부모집에서 나와 정서적으로 분리되는 시기에 장애인들에게 큰 도움이 되리라 믿는다. 물론 모든 장애인 가족이 영상기기를 갖추고 있는 건 아니다. 그러나 일부 부모나 형제들은 집에 스카이프 프로그램과 웹캠을 설치하여 대화를 시도하고 있다.

7. 발화가 가능한 대화상대방, 중재자, 지원자의 역할

　의사소통 지원자나 중재자는 대부분 발화가 가능하다. 이때 의사소통 지원자가 특히 AAC 사용 대화자 2명 사이에서 이들의 의사소통을 중재할 경우 매우 특별한 조건에서 다양한 작업을 수행한다. "발화언어인 말로 의사소통하는 사람은 보통 1분에 약 80~120개의 어휘를 사용하는 속도로 대화한다. 반면 AAC를 통한 의사소통은 무척 느리게 진행된다. 문헌에 따르면, 1분당 2~26개의 어휘가 사용된다."(Braun, 2005) 이 간단한 인용문은 말로 대화하는 상대방, 특히 의사소통 지원자에게 매우 많은 것을 요구한다. 의사소통 지원자는 AAC 사용자의 표현을 창의적으로 해석하여 AAC 사용자가 의도한 메시지를 파악해야 하고, 또한 자신이 제대로 이해했는지 끊임없이 피드백을 구해야 한다. 이러한 형태의 의사소통 지원을 우리는 '공동 구성(co-construction)'이라고 칭한다.

　또한 의사소통 중재자는 자신의 (언어적) 행동을 끊임없이 반성하고 자문해야 한다.

- 내 언어 수준이 상대방에게 적절한가?
- 나는 상대방이 명확히 대답할 수 있는 방식으로 질문하는가? (예, 이중질문이나 거부적 질문은 아닌가?)
- 나는 상대방의 모든 의사소통적 단서를 충분히 인식하는가?
- 상대방과 소통하며 어떤 (비언어적) 도움을 더 줄 수 있을까?
- 내가 의도한 점의 핵심을 정확히 전달하며 말하는가?
- 대화할 때 나는 소음이나 소란 등 외부의 장애에 어떤 식으로 대응하는가? (금방 주의가 산만해지는가? 대화를 쉽게 중단하는가?)

　AAC 사용자와의 대화에서 매우 중요한 요소는 시간을 다루는 법이다. "대화에서 보통 화자가 바뀔 때 … 최대 1초 정도가 소요된다. 이 순간을 초과

하면 상대방이 화자로서 답변을 원치 않는다고 간주해 버린다."(Braun, 2005)
그 결과, 우리는 대화에서 침묵을 견디지 못하고 상대방에게 말할 기회도 주
지 않고 쉴새없이 계속 말을 이어가는 경향이 있다. 이것은 AAC 사용자가 화
상통화를 할 때에도 마찬가지로 발견된다. 따라서 우리는 화상통화 상황을
촬영한 비디오 분석을 통해 우리의 행동을 관찰하고 끊임없이 개선해 나가
야 한다. 대화 상황을 미리 준비하고 각자 역할을 시뮬레이션해 보는 방식도
도움이 된다는 것이 입증되었다.

주중에 로라는 주말 화상통화에서 데이비드와 이야기 나누고 싶은 내용을
우리에게 상세히 알려 주곤 하였다. 하지만 막상 실제로 화면 앞에 앉게 되
면 무엇을 얘기할지 더 이상 기억나지 않아 무력한 몸짓을 보이며 물러나 앉
곤 하였다. 그래서 우리는 그림의사소통상징(Picture Communication Symbols:
PCS)을 활용하여 로라가 원하는 대화 주제를 메모지 형태로 판에 붙여 주었
다. 화상통화 시 어떠한 주제에 대해 얘기할지는 로라가 상황에 따라 스스로
결정하면 되는 것이다.

데이비드나 다른 이들의 경우, 사전 대화를 통해 미리 전달한 내용을 '잡담

그림 15-4 로라의 화상통화에 사용한 그림의사소통상징

계획(Social skript)' 형태로 모아 스텝-바이-스텝 음성출력장치를 사용하여 스크립트 대본을 녹음하여 사용하였다(Böddeker, 2004: 12). 이런 식으로 어떠한 대화 주제를 언제 시작할지 등을 대화 상황에서 스스로 결정하는 기회를 가질 수 있었다.

8. 프로젝트를 마치며

컴퓨터를 활용하는 새로운 시도는 우리가 동반하는 많은 사람에게 매우 매력적인 도전이자 과제였다. 참가자들은 큰 관심을 가지고 어떤 작업보다 더 오래 집중하는 모습을 보였다. 이러한 '새로운 자극'이 사회적으로 '정상적인 현상'으로 정착할지는 아직 알 수 없다. 그러나 참가자가 체험한 다양한 성공경험이 자신감을 강화시켰음은 자명하다. 가령, 로라는 화상통화 시 자신의 활동보조원이 남자친구 데이비드와 너무 이야기를 많이 한다며 '쉬 ~ 블라블라'라는 식으로 활동보조원에게 불만을 표시하였다. 이를 반영하여 활동보조원이 대화 중 '공동 구성' 차원에서 정보를 전달하고 싶을 때는 스카이프의 채팅창을 이용하여 화상 대화가 로라와 데이비드를 위주로 진행되도록 조정하였다. 로라는 매우 만족하는 모습이었다.

화상통화 지원을 비디오로 녹화하여 분석하는 작업은 직원들이 자신의 의사소통 행동을 반성하는 데 좋은 자료가 된다. 자기 모니터링을 통해 우리가 실제로 얼마나 말을 많이 하는지를 알게 되었고, AAC 사용자에게 말할 시간을 충분히 주는지, (명확한) 의사소통적 단서를 놓치진 않았는지 등을 정확하게 분석할 수 있다. 따라서 우리 또한 배우고 성장할 수 있는 기회였다.

게다가 경제 분야, 사회복지 분야 등 다양한 '세계'와의 협업은 매우 고무적인 경험이었다. 이를 통해 우리 모두 정말 많은 점을 느끼고 배웠으며, 프로젝트에 참여한 모든 이가 즐거움과 보람을 누린 뜻 깊은 시간이었다.

이제 우리가 기대했던 패러다임 전환이 서서히 일어나고 있다. 그동안 노력하여 뿌린 씨앗이 싹을 틔우고 서서히 성장하고 있다. 우리 프로젝트는 아직은 '연약한 풀'에 불과하지만 앞으로 계속 성장하고 발전하리라 확신한다. 특히 보다 개선된 개인 맞춤형 의사소통 서비스를 앞으로 제공할 수 있기를 기대해 본다.

9. 전망

현재 우리는 작업이 가능한 컴퓨터 수를 확대하고 컴퓨터와 네트워크를 안정적으로 관리하기 위해 프로젝트의 지속 가능성을 담보하는 새로운 운영 관리체계를 연구 중이다. 그래야만 현 경제 상황에서도 지속적으로 프로젝트를 후원할 스폰서를 확보할 수 있을 것으로 보인다. 우리는 또한 여러 기관 및 전문가가 모여 협력하는 가운데 우리 아이디어가 더욱 발전하길 기대한다. 우리가 경험했던 노하우를 기꺼이 공유할 준비가 되어 있다.

참고문헌

Antener, G. (2001). Und jetzt? Das Partizipationsmodell in der Unterstützten Kommunikation. In: Boenisch J. & Bünk, C. (Hrsg). *Forschung und Praxis der Unterstützten Kommunikation*. Karlsruhe: Von Loeper Verlag.

Böddeker, M. (2004). Can we chat?, Co-Planned Sequenced Social Skripts/ Plauderpläne. *Zeitschrift Unterstützte Kommunikation, 1*, 12.

Braun, U. (2005). *Besonderheiten der Gesprächssituation, Handbuch der Unterstützten Kommunikation, 2*. Nachlieferung. Karlsruhe: Von Loeper Verlag.

Braun, U. (2006). Bin ich ein guter UK-Gesprächspartner? Über die Notwendigkeit der Selbstreflexion. *Zeitschrift Unterstützte Kommunikation, 1*, 5ff.

Computerbild (2008). Deutsche sitzen lange vor dem Computer: Im Internet unter:

http://www.computerbild.de/artikel/cb-News-PC-Hardware-Bitkom-UmfrageDeutsche-sitzen-lange-vor-dem-Computer-3276484.html [Zugriff am 17. 8. 2009].

Lage, D.(2006). *Unterstützte Kommunikation und Lebenswelt, eine kommunikationstheoretische Grundlegung für eine behindertenpä dagogische Konzeption.* Bad Heilbrunn: Klinkhardt Verlag.

Kästner, E. (1998). Moral. In: Hartung, H. *Zeitgenossen, haufenweise.* Gedichte. Carl Hanser Verlag.

Meyer, D. & Grasshoff, M. (2008). UK-Barrieren in den Köpfen. *Zeitschrift Unterstützte Kommunikation, 2*, 19 ff.

관련 인터넷 주소

Verein und gemeinnützige GmbH Helfende Hände: www.helfende-haende.org

Videotelefonieren: www.skype.de Checkliste für Plauderpläne unter "Step-by-step&Co": www.prentke-romich.de

Musikvideos u. a.: www.youtube.de Multibox: www.dipax.de, auch zu beziehen über www.rehakom.de

Unabhängige Beratungsstellen: In Bayern: www.elecok.de; bundesweit: www.barrierefrei-kommunizieren.de

Umfrage zur Computernutzung: www.computerbild.de/.../cb-News-PC-HardwareBitkom-Umfrage-Deutsche-sitzen-lange-vor-dem-Computer-32764... – 54k (am 23. 02. 2009)

관련 회사 정보

LifeTool gemeinnützige GmbH

Hafenstr. 47 – 51. A-4020 Linz

Telefon: +43 (0) 7 32 90 15 52 00 / Internet: www.lifetool.at

DIPAX Computereingabehilfen für Menschen mit Behinderung

Berliner Str. 69. 13189 Berlin

Tel.: 0 30/50 91 51-30 / http://www.dipax.de/

찾아보기

[인명]

A

Adam, H. 37
Aicher, O. 23
Angelo, D. 116
Argyle, M. 123

B

Bach, H. 60
Baker, B. 39
Baunach, M. 36
Beavin, J. H. 88
Berg, M. H. 56
Beukelman D. R. 116
Bienstein, C. 131
Blackstone, S. 56
Bliss, C. 23
Bodenheimer, A. R. 58, 61
Boenisch, J. 37, 42
Bönisch, J. 240

B

Braun, U. 36, 37, 240
Bundschuh, K. 37

C

Cook A. M. 108
Crickmay, M. 23

D

Dolto, F. 30
Dornes, M. 198
Dowden, P. A. 108
Dreyer, P. 60
Dworschak, W. 119

E

Eibl-Eibesfeldt, I. 24, 55
Eliacheff, C. 30
Elman, P. 25

F

Forest, M. 118

Forgas, J. P. 123

Fornefeld, B. 35, 62, 63

Fox, L. 109

Fried-Oken, M. 109

Fröhlich, A. 20, 24, 25, 29, 35, 37, 38, 56, 59, 60, 64, 67, 74, 75, 76, 77, 78, 80, 82, 83, 99, 124, 130, 131, 198, 205

G

Gabus, J. C. 23

Goldin-Meadow, S. 25

Goldschmidt, P. 23, 37

Grimm, H. 130

Grossmann, K. 234

H

Harris, M. J. 168

Haupt, U. 23, 26, 99

Hegi, F. 259

Heimlich, U. 60

Heinen, N. 35

Helmbold, A. 131

Hudelmayer, D. 146

Huer, M. B. 116

J

Jackson, D. D. 88

Jacobson, L. 167

Janz, F. 73, 95, 98

Jonas, M. 60

Jones, S. 116

K

Kahnemann, D. 169

Keller, H. 130

Klafki, W. 123

Klau β, Th. 94, 95, 98, 99

Kokoska, S. 116

Kölsch, S. 38

Krenz, S. 235, 242

Kristen, U. 23, 37, 124, 130, 240

L

Lamers, W. 35, 73, 95, 98

Light, J. 117

M

Mall, W. 28, 61, 62, 68, 74, 85, 86, 89, 90

McLean, L. K. 124

Mirenda, P. 116

Molcho, S. 56, 199

Mount, B. 118

O

O'Brien, J. 118

Ockelford, A. 155

Oskamp, U. 37

P

Papoušek, M. 200

Parette, H. P. 116

Pearpoint, J. 118

Pfeffer, W. 196

Piaget, J. 85, 86

Pittroff, H. 217

Praschak, W. 74, 91, 92

R

Rath, W. 149

Rauh, H. 130

Renner, G. 38

Ritter, G. 93

Rosenthal, R. 166, 167, 168

Rother, D. 60

Rothmayer, A. 163

Rothweiler, M. 130

Ruben, J. 38

S

Sachse, S. 37

Sachsse, U. 25

Saenz, T. 116

Schäffer, R. 23, 198

Schlosser, R. W. 37

Schmetz, D. 124, 130

Schwerdt, M. 225

Sevenig, H. 38

Sieveking, C. 131

Silverman, F. 37

S (continued / column 2)

Simon, A. 24, 25, 35, 56, 64, 77, 80, 82, 83, 205

Snow, J. 118

Spitzer, M. 25

Stern, D. 205

Szagun, G. 65

T

Theunissen, G. 35, 38

Thiele, A. 38

Thümmel, I. 66

Trembath, D. 39

Tversky, A. 169

V

Volff, T. 30

Vonen, A. M. 211

W

Wachsmuth, S. 37, 43, 68

Watzlawick, P. 21, 88, 94

Weinert, S. 130

Wettstein, A. 23

Wilken, E. 37, 130

Z

Ziemen, K. 38

Zimmer, R. 213

[내용]

4개 손 수화 212

communico 19

ㄱ

감각기능과 통증 282

개인중심계획 118

거주재활시설 230

경련 25

공감 22

공동 구성 313

공동의 침묵 31

공동주의집중 26

공동협력 촉독수화 215

공명동 270

관계 발전 125

관계 테마 125

관계 파트너 125

관습적 의사소통 149

구어 병행 수화 212

구어 보조 수화 212

구어장애 24

구어표현 활용 130

구조 259

국제 기능, 장애 및 건강 분류 281

국제보완대체의사소통학회 24

그림문자 23

근 긴장 대화 91

근 긴장 상태 91

기능손상 281

기본법 279

기초적 의사소통 21, 28, 61, 68, 87

기초적 자극 76

기회 장벽 307

ㄴ

나는 의사소통한다 19

나에 대한 책 187, 190

내용어 44

뇌사상태(코마) 환자 85

눈맞춤 203

느끼는 수화 212

능동적 음악치료 258

ㄷ

다중 언어 29

대뇌운동장애 24

대상참조물 155

대화파트너 107, 109

도움의 손길 303

독립적 의사소통 109

독일 수어 211

동화 86

되비추기 67

ㄹ

라인란트팔츠 의사소통 지원센터 279

로젠탈 효과 166

리듬 259

ㅁ

마비 25
말초신경계 282
멜로디 259
모노코드 273
목소리 157
몸짓 25
무관심 58
무정위 운동 25
문서화하기 68
미각적 의사소통 82
미니어처 155

ㅂ

반영하기 67
발달 총체성 모델 75
발화 능력 24
발화훈련 257, 261
버벌리즘 현상 149
베이비 토크 65, 78
베이스 슬릿드럼 270
병원대체간병에 관한 법률 228
보완대체의사소통 21, 24, 107, 143, 145
보조장비 279
복합장애 35, 36
복합적인 특성 117
부수어휘 38, 40, 44, 46, 47
부여하기 67
부차성의 원칙 285
블리스 상징 23
비대칭성 긴장성 경반사 199
비밀 협상 28

비장애 25
비장애인 257
빅맥 157

ㅅ

사운드 259
사회보장법 279
사회부조 285
사회적 관계망 107, 108, 109, 114, 115, 116, 117, 118
사회적 보상 285
삼각관계망 26
삼각 시선 처리 203
상징적 의사소통 150
상징카드 188
상호작용 195
상황-의존 집단 109
생체징후 21
세계보건기구 116
소셜 네트워크 56
손과 손 접촉 수화 212
손 아래에 손 214
손 위에 손 214
수용적 음악치료 258
스텝-바이-스텝 157, 190
시각 282
시각장애 아동 146
시각적 의사소통 81
시각중복장애 145, 151
신경근골격과 움직임 관련 기능 282
신경근뼈대 282
신체기능 281
신체신호 123

신체언어 55, 56, 63, 65, 66
신체언어적 의사소통 55
신체적 대화 22, 77
신체접촉 131
싱잉볼 272

ㅇ

아동 · 청소년 부조 285
안드레 슈트라이텐베르거 하우스 230
앵커링 효과 168, 169
양손 대화 포지션 215
양손 독백 포지션 215
어셔 증후군 212
언어 19
언어발달지원 41
언어 이해 30
언어지원 35
언어컴퓨터 23
역동성 259
연금보험 285
연방노동청 285
온기를 통한 의사소통 82
유능한 신생아 198
유대를 형성한다 19
음성과 말하기 관련 신체기관 282
음성과 말하기 기능 282
음성표현 123
음향 흔들의자 274
의도적 의사소통 148
의도적 표현 146
의도적 행동 147
의례 68
의료보험 285

의사소통 23, 46, 77, 94, 107, 131, 151,
    161, 195, 200, 201, 203, 296
의사소통 능력 24
의사소통 능력 모델 117
의사소통 순환 87
의사소통의 난관 83
의사소통 장치 115
의사소통 파일 293
의사소통판 47
의사소통하기 248, 249, 253
의사소통하다 19
의사표현 233
이해하기 61
인간상 162
인공호흡기 225, 227
인과관계 203
인본주의적 인간상 163
인지능력 187
인지발달 42
일상 의례 249

ㅈ

자기결정 232
자기충족 예언 58, 166
자립성 232
자택간병에 관한 법률 228
재해보험 285
전동 의사소통 보조장치 156
전반적 무능력 35
접근 장벽 307
정신기능 282
제스처 25
좌식 칼림바 271

주고받는 대화 157

주제별 부수어휘 252

중도장애 75

중도장애인 정의 85

중도 · 중복장애 20, 59, 73

중도 · 중복장애인 31, 55, 56, 68, 85, 143

중도지적장애인 85

중재 계획 112

중증신체장애 239

중증 자폐성 장애인 85

중추신경계 281

즉흥적 유관행동 66

지금-여기 65

지원도구 44

진동을 통한 의사소통 82

진동판 46

진행성 치매환자 85

집중치료실 229

ㅊ

참여 모델 116, 307

체험방식 75

촉각적 의사소통 81

촉독수화 211, 212, 215

침묵 31

ㅋ

콘셉트 91

ㅌ

타겟보드 44

텍스트블록 293

토커 293

ㅍ

파워토커 294

포인팅보드 29

표현방식 75

피그말리온 효과 166, 169

피드백 168

픽토그램 23

ㅎ

학급환경 168

한 손 촉독수화 215

핵심어휘 38, 39, 40, 41, 42, 44, 46, 47

협응교육학 164

호흡계 282

후각적 의사소통 81

편저자 소개

Nicola j. Maier-Michalitsch
물리치료사 겸 특수교육학 박사(Dr. phil.)
현재 Leben pur 재단의 연구 책임자로, 중도·중복장애인 삶의 핵심주제를 다루는 Leben pur 시리즈 책[놀이, 건강, 영양, 도전행동, 사회참여, 성(性), 활동과 창의성, 평생교육, 통증, 노년, 죽음]을 엮었다.

Gerhard Grunick
특수교육학자
전 Leben pur의 연구사로, 주로 중도·중복장애인의 노동, 교육, 도전행동을 연구하였다.

저자 소개

Prof. Dr. Andreas Fröhlich
기초적 자극 콘셉트(Basale Stimmulation®) 창시자
전 독일 Koblenz-Landau 대학교 특수교육학과 교수

Prof. Dr. Jens Boenisch
독일 Köln 대학교 특수교육학과 교수

PD Dr. Susanne Wachsmuth
독일 Justus Liebig 대학교 특수교육학과 교수

Sören Bauersfeld
독일 Heidelberg 교육대학교 강사

Dr. des Kathrin Mohr
독일 Freiburg 대학교 특수교육학과 강사

Uta Herzog
독일 Düren Louis-Braille-Schule(시각장애 특수학교) 교사

Cordula Birngruber
독일 Helfende Hände 협회 부속 중도중복장애 특수학교 교사

Angela Simon
독일 Hardwaldschule(지적장애 특수학교) 교사

Jutta Wiese
독일 Würzburg Graf-zu-Bentheimschule(시각장애 및 중복장애 특수학교) 교사

Sandra Kranz
독일 André-Streitenberger-Haus 직원

Michael Schwerdt
독일 André-Streitenberger-Haus 원장

Frank Wendeberg
심리학자, 음악치료사, 음악가

Werne Gruhl
독일 Heinrich-Haus(치료 전문기관) 상담사

역자 소개

이숙정(Rhie, Sukjeong)
독일 Köln 대학교 특수교육학 박사(Dr. Paed.)
현 단국대학교 사범대학 특수교육과 교수

〈주요 저·역서〉
인간학적 사유를 여는 중도·중복장애 교육학(2011, 집문당)
중도·중복장애인의 교육과 복지(공저, 2012, 학지사)

민세리(Min, Seri)
독일 Humboldt 대학교 특수교육학 석사
현 독일 Humboldt 대학교 특수교육학 박사과정

〈주요 저·역서〉
우리는 죽을지도 모르는 아기를 낳기로 결심했습니다(2017, 위즈덤하우스)
(아동을 치유하는) 심리운동적 관계맺기(공저, 2019, 한국MSGE)

정　은(Cheong, Eun)
독일 Bremen 대학교 특수교육학 박사(Dr. Phil.)
현 영남대학교 사범대학 교육학과 교수

〈주요 저·역서〉
인간발달과 장애(2012, 영남대학교 출판부)
중도·중복장애인의 교육과 복지(공저, 2012, 학지사)

채희태(Chae, Heetae)
독일 Marburg 대학교 특수교육학 박사(Dr. Phil.)
현 나사렛대학교 특수교육과 교수

〈주요 저·역서〉
자폐아동을 위한 지원전략 100 ideas(공저, 2011, 시그마프레스)
중도·중복장애인의 교육과 복지(공저, 2012, 학지사)
지체장애 학생의 이해와 교육(공저, 2016, 시그마프레스)

중도·중복장애 의사소통 이해와 지원

Kommunikation bei Menschen mit
schweren und mehrfachen Behinderungen

2021년 3월 15일 1판 1쇄 인쇄
2021년 3월 25일 1판 1쇄 발행

지은이 • Nicola J. Maier-Michalitsch · Gerhard Grunick
옮긴이 • 이숙정 · 민세리 · 정 은 · 채희태
펴낸이 • 김진환
펴낸곳 • ㈜ 학지사
　　　　04031 서울특별시 마포구 양화로 15길 20 마인드월드빌딩
대표전화 • 02)330-5114　　　팩스 • 02)324-2345
등록번호 • 제313-2006-000265호

홈페이지 • http://www.hakjisa.co.kr
페이스북 • https://www.facebook.com/hakjisa

ISBN 978-89-997-2343-8 93370

정가 18,000원

출판 · 교육 · 미디어기업 학지사

간호보건의학출판 학지사메디컬 www.hakjisamd.co.kr
심리검사연구소 인싸이트 www.inpsyt.co.kr
학술논문서비스 뉴논문 www.newnonmun.com
원격교육연수원 카운피아 www.counpia.com